חיים היא

מיכל טיקוצ'ינסקי

חיים היא

הלכה ונשים בצומתי חיים

עריכה: חיותה דויטש

ספריא
מגיד

Michal Tikochinsky
She Is Life: Halakha and Women at Life's Crossroads

מיכל טיקוצ׳ינסקי
חיים היא: הלכה ונשים בצומתי חיים

עורך אחראי: ראובן ציגלר
עורכת ראשית: אוריה מבורך
עורכת משנה: אפרת גרוס
עריכה לשונית: משה גרוס
הגהה: ינון חן
עיצוב עטיפה: שמואל לעסרי
עימוד: תמי מגר

ספרי מגיד, הוצאת קורן
ת״ד 4044 ירושלים 9104001
טל׳: 02-6330530 פקס: 02-6330534
office@korenpub.com
www.korenpub.co.il

הספר ׳חיים היא׳ הופק בסיוע מועצת הפיס לתרבות ולאומנות.

מפעל הפיס

מסת״ב ISBN 978-965-526-418-0

נדפס בישראל Printed in Israel 2025

בזמן שבין עריכת הספר והוצאתו לאור
פרצה מלחמת חרבות ברזל שגבתה מאיתנו מחיר כבד.

במיטב בנינו שילמנו על הזכות לשבת בארץ הזו
ולהמשיך לנטוע בה שורשים.
חתנה של חיותה, עורכת הספר, האיש של בתה יהודית,
מסר את נפשו בהגנה על גבול הצפון.

רפאל קאודרס הי״ד

היה איש משפחה ואב מסור,
איש חינוך יודע ספר, נמרץ, שמח ואוהב אדם
הספר הזה מוקדש לו,
בלב שבור, בתפילה לנחמה וישועה.

תוכן העניינים

מבוא
החובה והאחריות להורות הלכה

התלבטויות של תחילת הדרך

בשנים האחרונות הולך וגדל מספרן של לומדות התורה. יותר ויותר נערות ונשים רואות במדרשות חלק טבעי ממסלול ההכשרה האישי שלהן. המסלול כולל אפשרות ללמוד גמרא כמו גם להעמיק בתנ"ך, במחשבה או בהלכה. נשים רבות מצטרפות לתנועה הזו, בכל גיל, באמצעות בתי מדרש או שיעורי ערב, הכוללים גם לימוד בחברותא, שיעורים פתוחים או חבורות סגורות.

ההתפתחות אינה רק רוחבית. עם הזמן צמח מתוך הנשים הלומדות הללו גם דור של מנהיגות, מחנכות, ר"מיות או ראשות בית מדרש ומדרשות. לצד הדיון על עצם הלימוד צמחו מאחורי הקלעים ועם התקדמות התהליך דילמות חדשות שהמביט מן החוץ אינו שם לב אליהן, ונדמה שהן גם לא הובאו בחשבון מראש.

איוש תפקידי הוראת תורה בידי נשים למדניות ותלמידות חכמים הוליד אפשרות טבעית לחברותיהן ולתלמידותיהן לגשת אליהן ולהיוועץ בהן. כשם שתלמיד ישיבה ניגש לראש הישיבה שלו כשמתעוררת אצלו שאלה, כך גם נערות ונשים רואות במלמדותיהן

כתובת לליבון סוגיה הלכתית שעל הפרק ואף דמויות לחיקוי. הרצון ללמוד מהן כולל לא רק את הרצון לגמוע את תורתן, אלא גם להכיר את דרך חייהן ואת עולמן הרוחני. באופן אישי עמדתי בסיטואציה הזו כבר בתחילת דרכי בהוראת גמרא, כשעמדתי בראש בית המדרש לנשים בבית מורשה בירושלים. הציפיות באותו שלב היו בדרך כלל לחוות דעת תורנית מלומדת.

מטבע הדברים, השאלות שנשאלתי אני, ומן הסתם גם מקבילותיי בבתי מדרש אחרים בתחילת הדרך, נגעו לכל תחומי החיים. דוגמאות לשאלות ולבטים ישנן למכביר: מבוכה בבחירת בן זוג, התמודדות עם רווקות ממושכת על היבטיה השונים, או תהיות על הזהות המינית. ניהול נכון של מערכת היחסים עם החמות, שאלות הכרוכות בניהול הבית והילדים, כיצד רוכשים את מידת השלווה והרוגע הראויה וכמה ומתי כדאי וצריך לכעוס, האם לשלוח ילדים לבית ספר מעורב או נפרד, לתלמוד תורה או לבית ספר ממ"ד רגיל ולא סלקטיבי, מה ללמוד עם הילדים וכיצד לחנכם ללימוד תורה, וגם כיצד לנהל את משק הבית מבחינה כלכלית. שאלות של הגינות במשא ומתן, אם בניהול החשבון במכולת אם במכירת הרכב המשפחתי, תביעות נגד מעביד או ניהול סכסוכים מולו ושאלות מתחום השבת אבדה. שאלות כשרות של מיקרוגל שהוטרף לכאורה, של כף בלתי מזוהה, או שאלות על הלכות צומות למעוברות ולמיניקות, וכמובן, גם שאלות בהלכות טהרת המשפחה.

את כל השאלות הללו ניתן להגדיר כהלכתיות, אף שחלקן באו כהתייעצות על בסיס של היכרות אישית ואמון. ואף שישנה נטייה לשכוח זאת, התורה לא זנחה עניינים של אהבת הרע, יושר והגינות. בחז"ל מצויות גם הדרכות מסוימות לגבי חינוך הילדים, התנהלות כלכלית וחובות גילוי. ואף אם אין מדובר בהוראה חד־משמעית, פתיחת הדיון מתוך עמדה תורנית היא משמעותית ועושה רושם.

לאור זאת, צפה ועלתה השאלה: כיצד על אותה מורה לנהוג כאשר הגיעה אליה תלמידה ושאלה משאלות אלו בפיה? אותה

תלמידה פונה אל מורתה מכוח היותה תלמידתה, היא מצפה למוצא פיה. היא רואה בה דמות תורנית והיא סומכת עליה.

מה תעשה המורה המכירה את ההקשר ההלכתי הרחב של השאלה? האם עליה להפנות את התלמידה לרב או שמותר לה לקבל אחריות ולהשיב על שאלותיה? מהו מקור הסמכות להורות, והאם יש לתלמידות החכמים החדשות סמכות כזו?

שאלות אלה הטרידו אותי מאוד בתחילת הדרך, וברצוני לפרוס כאן מחשבות אחדות כפתח לדיון בנושא.

על שלושה יסודות מונח הכוח להורות: הידע, המסורת והאחריות. כל אחד משלושת היסודות הללו חיוני ליצירת פסיקה נכונה המכוונת לדרכה של תורה ולדרך הישר.

בהיבט הידע, נדמה לי שאין חולק שבשנים האחרונות עולם הידע התורני התרחב והתפשט ונשים רבות נושאות ונותנות בלימוד. כמו בעולם הישיבות, גם בעולם המדרשות ובתי המדרשות יש נשים שטועמות, מתבשמות ומתפתחות לכיוונים שונים. ריח התורה ומתיקותה דבקו בהן והן מקימות בית על אדני יראת ה׳. חלקן צומחות לכלל הנהגה והוראה וחלקן המועט יותר מתמידות בלימוד מעמיק בש״ס ופוסקים לאורך ימים ושנים. בישיבות מקובל שאברכים צעירים עוברים לכולל ללימודי הלכה, נבחנים בבחינות הסמיכה לרבנות ומקבלים תעודת ״יורה יורה״. זהו בסיס הידע ההכרחי. יש כמה וכמה נשים שכבר עברו את המשוכה הזו והפליגו ממנה הלאה. גם אם לא נבחנו במבחנים הרשמיים של הרבנות, אלא למדו והקיפו את הידע הזה בתוכניות ההלכה הקיימות לנשים. כל אחת עונה כמובן כשיעור קומתה, ומעבר לכך, מתייעצת או מבקשת מן השואלים לפנות לגדולים או גדולות ממנה.

עם זאת, ברור לכול שפסיקה היא מלאכת מחשבת. כשם שלא כל מי שסיים את לימודי ההלכה שלו יכול להחשיב את עצמו לרב ופוסק או מורה הוראה, כך גם לא כל אישה שצברה את הידע המקביל יכולה לאזור עוז ולגשת להוראה.

ובכך טמון היסוד של המסורת. המסורת היא צינור חיוני להעברה חיה ותוססת של השפה ההלכתית המעשית. של קביעת הדרכים וההיסקים ה"מוכרים" לעומת אלו הפסולים. של הבנת השיקולים המלווים את הדיון שמנהל הפוסק מול השואל, ההלכה והמציאות. כשם שאי אפשר לעבור מבחינות התיאוריה לנהיגה מעשית בלי שיעורים מעשיים ונהיגה ואחיזה בהגה במשך שעות, כך החשיפה למערכת העצבים של ההלכה היא שלב חיוני בדרך ל"הרחבת הכתפיים" של הפסיקה. בעולם הרבני מסורת זו עוברת כחלק בלתי נפרד מן הלימוד, וגם אחריו, בתקופות ממושכות של התמחות והתייעצות המכונה שימוש תלמידי חכמים. אצל רבנים צעירים התהליך הזה מתרחש בטבעיות, ואילו אצל נשים רבניות הנקודה הזו מצריכה ביקורת ובדיקה. ישנו קושי ומיעוט הזדמנויות לשמש תלמידי חכמים, להיחשף לדרכי הפסיקה ולמסורת. רבניות שהן נשות רבנים הולכות עם "כתפיים" צמודות, ומאז ומתמיד הרשו לעצמן להורות לשואלות על סמך היכרותן הקרובה עם פסיקת הבעל-הרב. אולם נשים, שתואר הרבנות שלהן הושג מכוח לימודיהן ולא מכוח נישואיהן לרב, חייבות להיות מודעות לפער, ובמאמץ מודע ומתמשך ליצור קשרי לימוד, שיתוף והתייעצות עם תלמידי חכמים ופוסקים בעלי ניסיון ושיעור קומה.

ומכאן ליסוד האחריות. כפי שרמזתי לעיל, התהליך של צמיחת נשים מורות הלכה לא התפתח על רקע של שאיפות לתיקון ולשיפור מעמדן, אלא החל כמענה לצורך שהגיע מהשטח. הצורך הזה חלחל, והציפיות מנשים שהידע התורני שלהן רב חייב מחשבה על השלב הבא. שכן הכוח של מורה ההוראה והסמכתו בפועל תלויים בהיותו נשאל שאלות. יסוד האחריות כבר קיים והוא עובדה בשטח. מכאן שהמוטיבציה לסייע בתהליך הזה, להרחיב את היקף הידע ולספק לנשים המורות והמחנכות תמיכה וליווי נובעת מן ההבנה הפשוטה שקשה מאוד לשתק את תפקודן הטבעי בתוך המערכות שבהן הן פועלות, באולפנה ובמדרשה, בבית המדרש ובקהילה. לא סביר שנשים אלה תישאנה באחריות שהיא אחריות לחינוך

והובלה מבלי שתינתן לתלמידותיהן אפשרות הגישה לעולמן הרחב והייחודי.

בשולי הדברים אני רואה אל נכון להדגיש שאף שהכניסה של נשים לעולם של לימוד תורה נדמית לפעמים כהעתקה של דפוסי ההתקדמות בעולם הרבני הגברי, ואף שמדובר באותו "סל ידע" שנרכש בשני בתי המדרש במקביל, זה של הגברים וזה של הנשים, עדיין נדמה לי שיש לצפות בעתיד לפירות מגוונים ושונים ומשמחי לב. להערכתי אנו עומדים בפני תהפוכות בתחום זה וקשה לשער כיצד והיכן נזכה לחזות בכך.

התרחבות מעגל השואלים והשואלות

אם עד כה תיארתי את הלבטים שליוו אותי בתחילת דרכי, אולי זה המקום לציין שבשנים האחרונות התהליכים שתיארתי מתקדמים במישורים רבים. זרם השאלות ההלכתיות המגיע לפתחי ולפתחן של נשים מורות הלכה הצומחות בבתי מדרש שונים גובר ומתעצם. באופן אישי, השאלות שאני מקבלת מגיעות בתכיפות גבוהה בכל מדיה אפשרית, והן אינן מגיעות כיום רק מתלמידות ובוגרות. השאלות מגיעות מהציבור שמחפש מענה ואינו רואה כל בעיה בפנייה אל אישה בעלת ידע, גברים כנשים. הן מגיעות בדרך של התייעצות מבוגרות תוכנית ההלכה (בעיקר אלו שהן בוגרות התוכנית שבה אני מלמדת ואותה אני מובילה מזה שנים, בעבר בבית מורשה בשותפות עם הרב בני לאו והרב יהודה ברנדס, וכיום בבית המדרש במגדל עוז), וכך יוצא שמורות הלכה רבות מתייעצות בנוגע לשאלות שמגיעות אליהן באופן פרטי, והמניפה גדלה ומתרחבת. שאלות נוספות מגיעות מקהילות המבקשות לדעת כיצד לעצב את המרחב הציבורי ואת סדרי התפילה, ואחרות מגיעות גם מגופים האחראיים על מדיניות הלכתית בנושאים מגוונים, שאלות מהארץ ומחו"ל. גם אופי השאלות הפך להלכתי מובהק. פעמים רבות השאלות מצריכות היכרות מעמיקה של מקורות ההלכה ויכולת הכרעה. חלק מהשאלות עוסקות לא רק בתחום הנוגע

לאדם הפרטי אלא אף להלכות ציבור. גם השאלות המגיעות מאנשים פרטיים מתגוונות מאוד עם השנים. שאלות בענייני עירוב עבור חיילים במוצבים מרוחקים, מה ניתן להחשיב כמעשר כספים, אכילה אצל בן משפחה שאינו שומר כשרות, גיור למי שבעלה אינו יהודי, קריעת בגד לאחר השבעה אם לא קרעו בשבעה, ועוד ועוד.

השאלות הללו מגיעות בדרכים שונות: בעל פה ובכתב, במייל וברשת החברתית. השאלות התשתיתיות המבססות את החובה והאחריות להשיב כבר אינן מלוות אותי במענה היום־יומי שלי, ושאלות אחרות וחדשות באו תחתיהן והן נוגעות לתובנות כלליות בנושא של פסיקה. כובד המשקל של השאלות מחייב כובד ראש. הערכים שעל כף המאזניים ורוחב הדעת שהדיון ההלכתי מחייב מעוררים לבטים קשים. ההבנה המעמיקה והמתחדדת עם השנים היא שיש דרכים רבות לענות על אותה שאלה וכי חייבים למצוא את הדרך הישרה, הנכוחה והנכונה למקרה הנדון, לפרטים ולנסיבות. התאמת ההלכה למציאות היא מלאכה עדינה ואיטית. אפילו במישור הפרטי, העדינות והדיוק נדרשים בכל עת. אומנם יש עקרונות שנכונים תמיד ויש כללים ברורים, אבל גם מרחב התמרון שביניהם מגדיל את הפערים בין התשובות. קורה לא אחת שאני נשאלת פעמיים אותה שאלה באותו יום ומשיבה עליהן שתי תשובות שונות בתכלית. הסיבה לכך היא שרק למראית עין מדובר בשאלה זהה, אך בפועל, פרט אחד קטן עשוי לגרום להבדל. דברי קהלת "לבד ראה זה מצאתי אשר עשה האלוקים את האדם ישר והמה בִקשו חִשבֹנות רבים" (ז, כט) מלווים אותי כל העת, ואני מקווה לתת תשובות ישרות ולא מפותלות ומעוקמות שמחטיאות את רצון ה' ואת מסורת ישראל מדורי דורות.

נטל נוסף וכבד לא פחות הוא החינוך לחיי הלכה. יש בציבור היום התעניינות הולכת וגוברת ברכישת ידע הלכתי, והציבור גם עוקב אחר המחלוקות הרבות המתגלעות בשטח זה. ההלכה הפכה לפופולרית ואף לידיעה חדשותית. יש לכך מחירים לא מועטים, ואחד מהם הוא גם התרופפות האמון בהלכה ובסמכות ההכרעה, וגם קוצר ההבנה של עומק הידיעה ההלכתית והמנגנון שעליו היא נשענת.

לצד זה, קשה להתעלם מעצם הרצון והכמיהה לדברי הלכה. על אף התהליכים שלא כולם מעודדים ומעוררים תקווה, אני רואה בשמחה את התהליכים שמחלק מהם נובע הידוק הקשר בין החיים להלכה היהודית, ובכלל זה חיבוב המנהגים והיצמדות למסורות בית אבא.

לאור זאת, קיימת חובה להבהיר את מושגי היסוד של ההלכה, לחזק את האמון במנגנון ההיסק ההלכתי, בתלמידי החכמים ובסמכות ההכרעה שלהם.

חשוב לומר שלצד העיון התיאורטי, תהליך הפסיקה מחייב עיסוק עקבי בנושאים ובתחומים שונים השייכים למציאות, במיוחד בהיבטים הנוטים להשתנות ולעבור טלטלות רבות.

שאלות "נשיות"

חלק מהשאלות המורכבות בדורנו קשורות באופן טבעי לעניינים של מעמד האישה. אין זה סוד שבמאה האחרונה העולם עבר שינויים גדולים בתחום זה, ובאופן טבעי השינויים במציאות גררו צורך חיוני בבירור הלכתי מחודש. במישור הפרטי של בין אישה לאלוקיה: האם ניתן לפטור נשים מתפילה, כפי שסוברות חלק מהדעות, או שכיום מוטלת על האישה אחריות גבוהה יותר בעולמה הדתי? האם חבורת נשים מחויבת בזימון או פטורה ממנו? מה משקלם של המנהג והמסורת בנושא הזה? האם אישה מצטרפת לזימון עם הגברים במשפחתה או לא? מה המשמעות של כינוס נשים יחד כחבורה? האם הן נחשבות כאוסף של יחידות או שיש משקל הלכתי להתקבצות הזו ולאילו עניינים? מה מעמדן של נשים לקריאה בתורה, לעלייה לתורה לריקודים עם ספר תורה? מהם הביטויים היותר נכונים של שותפות הנשים המתגברת בעולם הדתי, ומה ייחשב לפסול?

הדיונים ההלכתיים בנושאים הללו נמצאים עדיין על האובניים, ולכן רבות המחלוקות בנושא. מטבע הדברים, ברבות השנים מצאתי את עצמי עומדת בצומת שהכריח אותי לברר נושאים כאלה ואחרים לעומקם ולבחון שוב ושוב נושאים רבים הקשורים במציאות המורכבת

החדשה של נשים בנות דורי. ליבון השאלות השונות הציף גם שאלות עקרוניות, שאלות של זהות נשים בדורנו ומתח קבוע בין הניסיון להיצמד לישן ולמוכר ובין ההבנה שלפעמים קידוש הישן כרוך בהיצמדות להיבט האחד של המימוש ההלכתי וביטול צדדים אחרים שבו. לעיתים דווקא זניחת המוכר במובן המעשי עשויה להניב תוצאה הלכתית המממשת בדרך מדויקת יותר את הערך שעומד על הפרק. לעיתים להפך, דווקא שימור המוכר מאזן נכון יותר בין הערכים השונים.

ההתחבטויות המרובות הולידו חלק מן המאמרים שבספר זה, אך לא רק הן – אלא גם ההעדר הגדול. וכך, אף שקיימת רתיעה פנימית עמוקה מהתייחסות לנושאים "נשיים" במישור ההלכתי, מפני שאז נוצר הרושם שכל לימוד התורה של נשים נועד למטרה זו, מצאתי עצמי שוב ושוב עוסקת בנושאים הללו ולפעמים נדרשת ליצירה כמעט יש מאין.

כמובן, לא זנחתי את שאר חלקי התורה וכתבתי גם על נושאים כלליים הלכתיים ועיוניים אחרים. עם זאת, ואף שכתבתי בבימות שונות מאמרים בנושאים מגוונים (מהלכות בורר בשבת, או דמאי ועד המנחת חינוך וקונטרס הספקות), בקובץ הזה בחרתי שלא לכנס את כולם, אלא רק את אלו הנוגעים לשאלת הנשים בהלכה. הקובץ שלפניכם מכנס אותם תחת קורת גג אחת ומשולבים בו גם מאמרים שטרם ראו אור. ייתכן שיש בקיבוץ כל אלה יחד כדי לתת תמונה על צורת החשיבה וההתייחסות האפשרית לשאלות לוחצות.

כתבתי בספר על זהות יהודית של נשים בדורנו ועל ההתלבטות בין השוואתה לזהותו של האיש לזהות עצמאית המחייבת עיצוב מחודש המותאם לדורנו. בהתלבטות בין שתי האפשרויות עסקתי בפרקים א–ב של הספר. פרק ג עוסק בשאלת צירוף נשים לזימון בחיק המשפחה ובו פתיחה לדיון במתח בין שמרנות לשינוי, ליחס בין הלכה למנהג ולשאלות נוספות. בפרק ד אני מציעה התבוננות על אישה כחלק מן הציבור אף אם אינה נספרת למניין. לטענתי, זו עמדת ההלכה ויש לכך השלכות מעשיות על דרכי ההתנהלות בבית

הכנסת ובציבור. בפרק ה אני סוקרת את היחס ההלכתי לקריאת מגילה על ידי נשים ובציבור נשים. פרק ו עוסק בשאלת הסכמתה של האישה להתקדש, כיצד מזהים את ההסכמה שלה כאשר זו אינה ניתנת בצורה מפורשת ומהם כלי הפרשנות לפיענוח התנהגות האישה או דבריה המעומעמים. פרק ז עוסק באפשרות לזוגיות ללא מסגרת של נישואין, והוא נכתב בשיתוף עם הרבנית רחלי פרנקל. בפרק ח אני דנה בנושא הרגיש של צניעות וחינוך לצניעות, תוך ביסוסם ברובד עמוק של תחום עבודת המידות השייך לגברים ונשים כאחד. בפרק ט אני דנה במעמד טבילת הנשים כחלק מתהליך הגיור שלהן בפני בית הדין המגייר. נקודת המוצא של הפרק היא שהמעמד הזה אינו נוח ואינו הולם. אני בוחנת שם עד כמה נוכחות בית הדין בטבילה של האישה לגיור נחוצה ואם ניתן להחליף אותה באופנים שונים שייחשבו הלכתיים וכשרים. פרק י עוסק באפשרות של טבילה ללא השגחה של בלנית או טבילה בחלוק. ובפרק האחרון, פרק יא, אני דנה באפשרויות הטבילה של נשים בעלות מוגבלות שהגישה למקווה הרגיל חסומה להן.

בכל נושא ונושא שעליו כתבתי ליוו אותי התלבטויות לא קלות, לרבות השאלה מה לפרסם ומה לכבוש, ויש מאמרים שהורדתי מן הקובץ טרם הדפסתו. הנטייה לפרסם נובעת מכך שאנו חיים בדור שקשה להסתיר בו, וכל אמירה בחדרי חדרים מגיעה בסופו של דבר לכל מקום. גם פסיקות שהוריתי לאנשים באופן פרטי מן הסתם התגלגלו לאוזניים רבות. לכן סברתי שמן הראוי לחשוף לא רק את מסקנות הדיונים, אלא גם את "חדר העבודה" על עומס פרטיו, צורות החשיבה והניסיונות המתרחשים בו – לקלוע לדבר הלכה, לדבר ה'. אין לי ספק שהדברים שכתבתי לאורך השנים אינם מקובלים על הכול וכי יהיו שיחלקו עליי, אך כך היא דרכה של תורה. מובן שאיני חפה משגיאות ומטעויות, ולכן הקוראים שירצו לבחון למעשה את הנהגותיהם ההלכתיות מוזמנים לברר את הסוגיות בכוחות עצמם בעזרת המקורות המובאים כאן ובעזרת מקורות נוספים שאינם כאן, או לשאול ולהיוועץ ברבותיהם. מעיין התורה ממשיך לנבוע, ואין לך

בית מדרש בלא חידוש. ולוואי שיתקיים בנו הפסוק מישעיהו (יא,ט): "כי מלאה הארץ דעה את ה' כמים לים מכסים".

לקראת הפיכת אסופת המאמרים הזו לספר הוספתי לפני כל מאמר מעין קטע קישור אישי המתבונן על תהליך כתיבתו ועל התגובות שקיבלתי לאחר פרסומו. בחלק מקטעי הקישור הללו אני דנה אם דעתי כיום השתנתה. בני אדם אנחנו, משתנים על רצף הזמן. אפילו לרבי יהודה הנשיא היו הלכות ששנה בילדותו והלכות ששנה בזקנותו. העולם משתנה, המציאות משתנה בקצב מהיר מאוד, בפרט בדור שלנו, וגם הלך המחשבה והשקפת העולם מתגבשים שוב ושוב מחדש. אני מקווה שהפסקאות הללו ממלאות חלל מסוים שמתקיים תדיר בספרים הנדפסים בשל הפער בין הכותב ובין הכתוב, ובשל המעבר מדיבור חי למלל כתוב וחסר רוח חיים. כמי שסבורה שלימוד מאדם ולא מספרים הוא עדיף, וכמי שסבורה שהמסרים שמועברים כתורה שבעל פה מורכבים מרובדים ומדויקים יותר מאשר תורה שבכתב, קיוויתי לתת מוזיקה למילים ולהתוות דרך קריאה וחוויה אנושית שהיא מעבר למילים.

עם הבאת הספר לדפוס אני מבקשת להודות לצוות הוצאת קורן. למר מאיר מילר, ראש ההוצאה, וליהושע מילר, מנכ"ל ההוצאה, שהאמינו בספר משלביו הראשונים. לראובן ציגלר, העורך האחראי, על ליווי הספר ובפרט על הדחיפה הבלתי־מתפשרת של כתיבה תורנית של נשים ברמה גבוהה. לעורכת הראשית אוריה מבורך ולעורכת המשנה אפרת גרוס שתרמו רבות לאורך תהליך יצירת הספר, והיו מעורבות בכל פרט. לרב משה גרוס על עריכה לשונית שנעשתה במסירות ובעניין, לרב ינון חן על ההגהה המוקפדת, לשמואל לעסרי על עיצוב הכריכה ועל היכולת לחבר בין חזון לתמונה, ולתמי מגר על עימוד מוקפד ומאיר עיניים. תודה גדולה אני חבה גם לספריא ולמפעל הפיס על התמיכה בהוצאת הספר.

שאלתם של בני הזוג

את המאמר הבא כתבתי בעקבות שאלה ששאל אותי רב שנדרש לערוך חופה. הרב רצה לשמוע לדעתי על בקשת בני הזוג לכבד כעדים בחופתם שני גברים ושתי נשים.

השאלה אם לשאיפותיהן הדתיות של נשים יש גבולות או מגבלות טורדת את מנוחתם של פוסקים רבים בדורנו וגם את מנוחתי שלי. השטח בוער ובחלקו אינו ממתין למוצא פיה של המנהיגות הרבנית. תודעת השוויון בין נשים וגברים השלטת במרחב הציבורי הכללי, מרחב שבו נשים שותפות מלאות, קולגות מוערכות ומנהיגות בולטות, עומדת בסתירה לעמדת ההלכה כלפי מקומן של נשים בציבור, וכתוצאה מכך - במרחב הדתי. קשה להפטיר כאשתקד ולהליץ יושר על ההלכה כפי שעוצבה לאורך שנות דור ולפיה נשים אינן חלק מהמרחב הציבורי ואינן נדרשות לעשייה דתית ברמה הנדרשת מן הגברים. קשה לקבל את ההלכות הקובעות שאישה אינה נספרת למניין וכדומה. בנטל של יישוב הסתירה הזו גם אני נושאת, בדרכי שלי.

תהליך הלימוד שעברתי כדי להשיב לשאלת הרב בעניינם של בני הזוג טלטל אותי בשל התובנות שהוא חידד אצלי, ואלו הולידו את המאמר שלפניכם שבו אני מנסה לברר מהי הזהות היהודית של נשים בדורנו, מן המצוי אל הרצוי.

פרק א

"זהות בדויה" – לזהותן היהודית של הנשים בדורנו

התעוררותן של הנשים בשנים האחרונות מתוך רצון להיות שותפות מלאות בפעולה הדתית תפסה את ההלכה "לא מוכנה". לאורך אלפי שנים פעלה ההלכה לאורן של הקביעות ההלכתיות הקדומות שלפיהן נשים פטורות ממצוות פרייה ורבייה, אינן משלימות למניין ואין מקבלים את עדותן. על בסיס זה נבנתה קומה נוספת של פרקטיקות פטור ממצוות שונות, כמו ברכת המזון או תפילה ברמות כאלה ואחרות. אומנם קשה להתעלם גם מתהליכים הפוכים שהתרחשו במהלך השנים, כגון הכרה בזכותן של נשים לקבל על עצמן מצוות עשה שהזמן גרמן והאפשרות לברך על מצוות אלו בעת ביצוען (לשיטת חלק מן הפוסקים). אולם באופן כללי, היחס לשותפותן של נשים בהלכה נגזר ממעמדן הכללי בחברה, מהעובדה שעול אחזקת הבית רבץ על כתפיהן ומרמת ההשכלה המינימלית שהיו מסוגלות לרכוש, שגרמה להיותן אנאלפביתיות וצמצמה את יכולתן להיות בעלות שיג ושיח אינטלקטואלי בכל תחום שהוא.[1] כל זה היה קשור

1. Meir Bar-Ilan, *Some Jewish Women in Antiquity*, Atlanta 1998, pp. 26-27.

בתרבות זמנן בימי קדם ובהיותן מנותקות מן הספֵרה הציבורית. מכאן נגזר גם מעמדן ההלכתי לעניינים רבים, שהיה מקביל למעמדם של קטנים או שוטים, שהתפתחותם ובשלותם לוקות בחסר.

מערכת החיובים במצוות, כפי שעוצבה בידי ההלכה, השפיעה לאורך הדורות על זהותה היהודית של האישה: האישה כמחויבת לעשייה שמאחורי הקלעים, האישה כמסייעת לבניין המשפחה וללימוד התורה של הגברים במשפחה, האישה כמעבירת המסורת המעשית והאישה כמי שאינה חלק מהציבור ואינה מקובעי המדיניות ההלכתית או משכבת ההנהגה הדתית ומוסדותיה, שהרכבה גברי לחלוטין. בדור האחרון התעצם הפער בין זהותה של האישה בעולם הדתי לזהותה בעולמה החילוני, והקריאה להשתלבותן המלאה של הנשים בסדרי החיים מתוך השגת עצמאות כלכלית ומשפטית נשמעת בעוצמות משתנות ומנקודות מבט מגוונות.[2]

פערים בין הלכה למציאות או בין הלכה להשקפת עולם אינם זרים להלכה ולמסורת ישראל. אתגרים מעין אלו חייבו לאורך השנים התמודדות ומתן מענה הולם בתוך עולם ההלכה והמחשבה. ר׳ נחמן מברסלב כתב שהתחדשות הרעיונות בעולם נועדה מלכתחילה לעורר חלקים רדומים בתורה ולהפיח בהם רוח חיים.[3] אני מאמינה שככל הסערות, גם סערות השוויון והפמיניזם לא באו אלא לעורר חידושים אלה. המשמעות היא שמצוקת הזהות הנשית היהודית מעניקה לנו כלי פרשני חדש ונקודת מבט רעננה על לימוד התורה.

בפועל, אפשר להצביע על ארבע טקטיקות של התחדשות והתמודדות עם אתגרים אלו הנוגעים לשאלת מעמדה של האישה

2. ראו תיאורה של רוס: תמר רוס, ״אורתודוקסיה, נשים ושינוי ההלכה: ניתוח תיאולוגי והבטים פרשניים״, עמיחי ברהולץ (עורך), מסע אל ההלכה: עיונים בין־תחומיים בעולם החוק היהודי, ירושלים 2003, עמ׳ 387; הנ״ל, ארמון התורה ממעל לה, תל אביב 2007. וכן ראו David Hartman, *The God Who Hates Lies*, Woodstock 2011.

3. ראו רבי צדוק הכהן מלובלין, צדקת הצדיק, אות צ.

בהלכה וחובותיה. כל אחת מהטקטיקות הנוהגות מתאימה לתחומים מסוימים בהלכה ואינה מתאימה לתחומים אחרים:

הטקטיקה הראשונה היא בירור מעמדה של האישה והעלאתו, גם אם בסופו של דבר מעמד זה ייקבע כמעמד שונה ואחר מזה של הגבר. דוגמה לכך עשויה להיות החיוב בזימון. כבר בדברי חז"ל ניתנה הדעת לכך שגם שלוש נשים מזמנות מפני שהן בכלל "דעות". אישה שונה מקטן בהיותה בת דעת, ולכן התקבצות של שלוש נשים יוצרת קבוצה שיש לה חשיבות. מכך נגזר שיש לחייבן בזימון או שהן רשאיות לזמן.[4] כמו כן, אישה יכולה להיות שליחה לגט כי היא ב"תורת גיטין".[5] נוסף על כך, נשים ממלאות את התפקיד של "פרסומי ניסא" בעת קריאת מגילה כחלק מהקהל,[6] ועוד.

הטקטיקה השנייה נוגעת לבירור מהותה של הסוגיה ההלכתית שעל הפרק ובחינת האפשרות שלצורך ביצועה נדרשים תנאי סף נמוכים יותר ממה שהיה מקובל לחשוב עד כה. כך, אף שמבחינה היסטורית היה מקובל לאפשר את ביצוע ההלכה לגברים בלבד, יהיה אפשר להגיע למסקנה שגם נשים יכולות להשתתף במעשה ההלכתי. עריכת חופה, קריאת כתובה ופסיקת הלכה הן דוגמאות למעשים שעשוי להתברר שאין חובה הלכתית לבצעם על ידי "מוסד הלכתי תקף" המוקנה לגברים.

4. ראו: יונתן גרשון, "שלוש דעות מזמנות: לשאלת צירופן של נשים לזימון בחוג המשפחה", אקדמות, כו (תשע"א), עמ' 7–23; יעקב מדן, "הצריך שינוי בתרבותנו לגרור שינוי בהלכה? תגובה לשאלת צירופן של נשים לזימון בחוג המשפחה", שם, עמ' 25–27; אליעזר מלמד, "דין הצטרפות נשים לזימון: תגובה לשאלת צירופן של נשים לזימון בחוג המשפחה", שם, עמ' 29–31; מיכל טיקוצ'ינסקי, "'חברותיי, נברך': תגובה לשאלת צירופן של נשים לזימון בחוג המשפחה", שם, עמ' 33–39. ובספר זה בעמ' 35.
5. גיטין כג ע"ב.
6. ראו, למשל, משנה ברורה, סימן תרצ, ס"ק סג; חשוקי חמד, מגילה יד, א; שו"ת יביע אומר, ח, אורח חיים, סימן נו. ולעניין מחילה, ראו למשל: שו"ת רב פעלים, ב, אורח חיים, סימן סב.

הטקטיקה השלישית היא הצעת תיקונים ושיפורים במערכת לא שוויונית כפי שהיא נתונה על פי ההלכה. כך למשל, העובדה שהקידושין והגירושין הם חד־צדדיים, דהיינו הבעל מקדש ומגרש את האישה ולא היא אותו, אינה ניתנת לשינוי ישיר אלא עקיף בלבד. כל אלו מצויים בתשתית ההלכה כגזרת הכתוב ואי אפשר לשנותם. הם ניתנים לשיפור ותיקון על ידי מציאת הכלים ליצירת איזון שיהלום יותר את רוח מוסד הנישואין בימינו: הסכם קדם נישואין, קידושין על תנאי, גט על תנאי, מתן הרשאה לגט, הוספת נדר מצד הבעל, ועוד כהנה וכהנה פתרונות שמאזנים את חוסר השוויון אך מותירים את הבסיס העובדתי־הלכתי על כנו, ורק מגבים אותו בהסדרים נוספים.

הטקטיקה הרביעית, והיא מעניינו של מאמר זה, היא להניח שיש דברים שאין חטא בעשייתם גם אם הם אינם מבשילים לכלל עשייה הלכתית בת תוקף.[7] כזו היא הגישה המרכזית למנייני נשים ולטקסים שאין להם יסוד הלכתי, כמו זבד הבת או בריתה. במרכזם של אלו, כשהם מועתקים אל הזירה הנשית והם אך חיקוי של הנעשה במקביל בעולם הגברי במסגרת החובות ההלכתיות, לא נמצאת העשייה ההלכתית המקורית. אלו מעוררים את השאלה אם ברצוננו לבסס את מעמד הנשים על פיקציה.[8]

7. בדומה לסמיכה על קורבן בידי נשים, שהיא בבחינת נחת רוח לנשים ואינה מעלה או מורידה. ראו חגיגה טז ע"ב.
8. דבר דומה התחדד לי כאשר רב גדול הציע לי לאחרונה לקדם מבחינה הלכתית מיזם ('סטרט אפ') שחשב שעשוי להתאים לנשים בדורנו. לדבריו, יש להנהיג תפילין ייעודיות לנשים, תפילין שכתובים בהן עשרת הדיברות. לטענתו, פשט המקרא מחייב את כתיבת עשרת הדיברות בתפילין, אלא שההלכה לא פירשה כך. נשים, שממילא אינן חייבות בתפילין, יכולות להחיות את פשט המקרא ולעשות את הדבר שלדבריו התורה באמת ציוותה. אומנם לעצמו לא היה מורה כן, שכן החובה של הנחת תפילין ומהותה התבררו עם מסורת ההלכה שלא ניתן לשנותה. ללא ספק אין הרב סבור שהוא עצמו יֵצא ידי חובה בתפילין כאלו. משמעות הצעתו היא למעשה לתת לנשים תחושה שהן מניחות תפילין אף שאין בתפילין שלהן מימוש של הלכת תפילין, ואגב כך לממש תובנה מקראית. המשנה מכנה תפילין כאלו "דרך מינות" ממש. בדבריו

הטקטיקות הראשונה והשנייה מחקו חלק מהבעיה וצמצמו את הפער בין נשים לגברים מבלי להזדקק לחידושים מופלגים, אף כי בפועל יצרו כרסום בהבדלי המעמדות. הטקטיקה השלישית העקיפה אינה מחוללת שינוי משמעותי במהותם של הדברים, ואילו הטקטיקה הרביעית נוגעת בלב ליבו של הדיון.

קיומה של הטקטיקה הרביעית נובע מכך שהתשתית ההלכתית, המושגית והרעיונית, התבססה והתקבעה לאורך הדורות. לפיכך, נשים המבקשות לקיים בעצמן מנהגים והלכות שלא היו מצוות בהם עד כה, מוצאות עצמן מקימות בניין הלכתי שפעמים רבות אין לו תשתית בעלת משמעות ותוקף. אין בעיה שנשים יתכנסו לתפילה משותפת, אבל האם אשליית קיומו של "מניין" מתממשת? אפשר לסמוך על עדות של אישה ולהאמין לדבריה, ואף לתקן תקנה לקבלת העדות, אך האם יש לדבריה של אישה תוקף של "עדות"? לדעתי התשובה לשאלות אלה היא שלילית. וגם אם ייתכן ויכוח על תחומי הלכה כאלה ואחרים, עדיין ישנם די מקרים פרטיים שבהם פשוט שההעתקה מגברים לנשים היא העתקה פורמלית חסרת תוכן רוחני ודתי. במקרים האלה אנו עוסקים, ובנקודות אלו למעשה הנשים בונות לעצמן "זהות (יהודית) בדויה". זהות זו מתייחסת למכלול הוראות שבמקביל להתפתחותן ההלכתית התגבשו כעשייה דתית השייכת לגברים בלבד. העברתן אל הנשים ואימוצן כחובה עשויים להיות החמצה של חובת הדור. יש בה החטאה של המשמעות והמטען שנושאות חובות הלכתיות אלו כבונות את הזהות הגברית ההלכתית והדתית. ההזדהות עם מערכת החובות הכוללת הזו ללא תשומת לב

טמון פרדוקס המחדד את מהותה של אחת הבעיות ברענון ההלכה ובהתאמתה לנשים בדורנו. רעיון ההעתקה האוטומטית של מצוות מגברים לנשים יוצר אשליה כאילו נשים הן כגברים, אך למעשה, איש ההלכה מזהה בהעתקה הזו את הבסיס המעורער במסורת ההלכה ואת העדר התשתית ההלכתית הנאותה.
ראו משנה מגילה ד, ח, ופירוש רע"ב שם.

לכך שבחלק מן המקרים מדובר בסך הכול ב"נחת רוח" לנשים מגבשת את הזהות הבדויה, זו שכוללת הדבקות רעיוניות ורוחניות מעולם זר.

מקרה מבחן: עדות אישה בנישואין – שאלה הלכתית ומשמעותה

ברצוני לחדד את הפרדוקס באמצעות עיון בשאלה הלכתית. מעשה שהיה כך היה: זוג חילוני ביקש לערוך חופה וקידושין כהלכתם. רצון הזוג היה לכבד שני זוגות נשואים, קרי שני גברים ושתי נשים, לשמש עדים לקידושין. הזוג ביקש לברר אם ישנה מניעה הלכתית לעשות כן ואם המעשה הזה יגרע מתוקפם של הקידושין. בתרגום לשפת ההלכה השאלה היא אם צירוף אישה לעדות פוסל את העדות כולה, בהנחה שלולא שותפותן של הנשים בעדות ישנה עדות כשרה של שני גברים הראויים להעיד.

כידוע, עדות תקפה דורשת לפחות שני אנשים, אך אם עוד אנשים נכחו במעמד העדות, עדותם עדות אחת היא, ואין לראותם כעדויות מרובות.[9] קיימות כמה השלכות לדין הזה, ואחת מהן נוגעת לבטלות העדות במקרה שאחד מן העדים פסול או קרוב, אף אם בלעדיו ישנה עדות של שני אנשים כשרים. לכאורה הוא הדין בצירופה של אישה לעדות של גברים, מפני שאף היא פסולה לעדות.[10] היקפו של הכלל הזה שנוי במחלוקת תנאים. ר' יוסי סבור שהכלל קיים רק בדיני נפשות, ואילו בדיני ממונות אין לדין הזה תוקף והעדות מתקיימת על ידי העדים הכשרים גם אם העידו איתם יחד עדים פסולים. רבי חולק על ההבחנה וסבור שדין זה נכון הן לדיני ממונות והן לדיני נפשות.[11] להלכה פוסקים כרבי, ולפיכך אין מבחינים בין דיני ממונות לדיני

9. מכות ה ע"ב.
10. שבועות ל ע"א.
11. שבועות ו ע"א. ההלכה שנפסקה כרבי מובאת בטור שולחן ערוך, חושן משפט, סימן לו.

נפשות, וצירוף עד קרוב או פסול מבטל עדות בכל עדות.[12] הפוסקים הניחו שיש ללמוד מכך גם לענייני גיטין וקידושין ואף לדיני שטרות.

הנחה זו יצרה קושי דרמטי והפכה לשאלה המרחפת ומאיימת על כל מעשה קידושין, שהרי בקהל האורחים בחתונה נמצאים אנשים ונשים רבים, ובהם בראש ובראשונה גם קרובי משפחתם של החתן והכלה, הפסולים לעדות. אם עצם נוכחותם בקהל הצופה בקידושין עם העדים הכשרים פוסלת את עדות הקידושין, כל הקידושין שאנו מכירים פסולים.

לבעיה זו נדרשו הראשונים. בעל הטור, כאביו הרא"ש, מפרש שדרושה כוונה להעיד בפועל. לא כל אדם מצטרף ונחשב לחלק מן העדות. מכאן נגזר שלא כל נוכחות של קרוב או פסול מבטלת את העדות. כלומר ללא הכוונה להעיד, אין הנוכחים מצטרפים זה עם זה לעדות אחת, ואין נוכחות קרובים שאינם בני כוונת עדות מעלה או מורידה.[13] פתרון זה יעיל גם במקרה של קידושין שבו בני המשפחה והקרובים אינם מתכוונים להעיד, ולפיכך נוכחותם אינה מבטלת את עדות הקידושין.[14] אולם במקרה שלפנינו, הנשים מתבקשות במפורש

12. בשאלה באיזה מן התחומים ההלכתיים דין זה מתקיים נחלקו האמוראים אם פוסקים כר' יוסי (לדעת שמואל) או כרבי (לדעת רב נחמן). במחלוקת האמוראים פוסקים כרב נחמן, שכן "הלכתא כרב נחמן בדיני". ראו כתובות יג ע"א, וראו גם בית יוסף, שם.

13. כבר בגמרא מבואר שנצרכת כוונה לעדות במשותף: "היכי אמרינן להו? [כיצד אומרים להם?] אמר רבא, הכי אמרינן להו: למיחזי אתיתו או לאסהודי אתיתו? [לדברי רבא כך אומרים להם: לראות באתם או להעיד באתם?] אי אמרי: לאסהודי אתו [אם אמרו שבאו להעיד אזי אם], נמצא אחד מהן קרוב או פסול – עדותן בטלה, אי אמרי: למיחזי אתו [אם אמרו שבאו לראות], מה יעשו שני אחין שראו באחד שהרג את הנפש?" (מכות ו ע"א). הרא"ש נדרש לגדרי הכוונה המשותפת הפוסלת את העדות. ראו טור, חושן משפט, סימן לו.

14. שו"ת מהרי"ק החדשים, סימן מז.

להצטרף להיות חלק מן העדות, ולכן לכאורה הפתרון של הטור אינו מועיל.[15]

כיוון אפשרי לפתרון הבעיה הוא בבחינת דין הבטלות ותחולתו לגבי הנשים המצטרפות לעדות. האחרונים הסכימו כי לכלל הבטלות, החל כאשר מצטרף קרוב או פסול, יש חריגים. ר׳ עקיבא אייגר סובר שהנוגע בעדות אינו חלק מהעדות.[16] וכך סבר גם הנודע ביהודה. הם קבעו כי ישנם אנשים שכיוון ש״אין עליהם שם עדות כלל״, צירופם לעדים אינו מבטל את העדות. מדבריהם עולה כי ישנם מקרים שבהם המעמד של המצטרף כ״אנטי־עד״ הוא כה מובהק, עד שאינו מבטל את העדות בהצטרפותו. לדבריהם, יש שלוש רמות של צירוף: עד כשר, עד פסול המבטל את העדות, ומי שאינו עד כלל, שהוא כמי שאינו נוכח בעדות כלל. מתוך שלושת אלו, רק צירוף עד פסול מבטל את העדות כולה.

לאור הבחנות אלו, שאלת מעמדן של נשים לעניין עדות מחייבת בירור: האם הן פסולות לעדות ככל הפסולים או שמא אין עליהן שם עדות כלל? בעל האורים ותומים פסק שהאישה דינה כמי שאין עליה שם עדות כלל.[17] הוא קבע חד־משמעית ששותפותה של אישה במעמד העדות, גם אם התכוונה בכל הכוונות להיות חלק מן העדות, היא כמי שאינה.[18]

15. פתרון חלקי עשוי להיות ביצירת הבחנה מפורשת בין עדות גברים לעדות נשים ובנתינת ביטוי מעשי להבחנה זו, כגון בשאלת החתימה או ייחוד העדים וכדומה. וזאת בעקבות דעתו של הרא״ש שהובאה בטור. אך לחלק מהדעות אין פתרון זה מועיל, ואפילו בלא העדאה בבית דין ממש, הצטרפות מכוונת של אלו מבטלת את העדות. לכן יש לברר מה מעמדן של נשים המצטרפות לעדות, אם הן מבטלות את העדות כולה כשאר ״קרוב או פסול״ המצטרפים לעדות.

16. ר׳ עקיבא אייגר, מכות ו ע״א.

17. תומים, חושן משפט, סימן לו, אות יא (בעריכת ד׳ רוזמן), הוצאת מענה שמחה, ירושלים, תש״ע (וראו בלבושי החושן שם הערה 18). וראו: ר׳ יעקב מליסא, נתיבות המשפט: חידושים, ב, עמ׳ קמד, א סי׳ לו.

18. בעקבותיו הלך גם בעל המנחת חינוך, ראו: מנחת חינוך, מצוה עה.

מנגד, המהרי"ק כתב שברור לו כי צירוף קטן, למשל, אינו מבטל את העדות, שכן הוא אינו נספר כדמות שיש אפשרות שתיחשב לחלק מן העדות היות והוא פסול לכך מעיקרו.[19] לגבי נשים המהרי"ק מהסס. מחד גיסא האישה פסולה כקטן, ולא מחמת איזה פסול צדדי, ולכן אפשר להציגה כ"אינה בת עדות כלל". לעומת זה, אישה היא בת דעת, והפסול שלה אינו פסול מהותי. היא מסוגלת לדייק בתיאור מהלך הדברים ואפשר לסמוך עליה כעל עדה מהימנה. אם כן, גם פסולה הוא צדדי ולא מהותי והיא בת עדות במובן האנושי גם אם לא במובן ההלכתי.

המהרי"ק לא הכריע בעניין זה, אך נטייתו לומר שצירופה של האישה מבטל את העדות דווקא משום שהיא שייכת בעדות. נטייתו זו של המהרי"ק הוכרעה בפסיקתו של הרב עובדיה יוסף. לדעתו, אישה היא מועמדת ראויה לעדות, אלא שהתורה פסלה אותה.[20] לדעתו, אלמלא אמרה התורה "ועמדו שני האנשים" וחז"ל היו מלמדים אותנו שהכוונה ל"אנשים" ולא ל"נשים", לא היינו יודעים שיש לפסול נשים לעדות, שכן פסילת נשים אינה מתקבלת על הדעת והיא נלמדת מכוח גזרת הכתוב בלבד. לדבריו, נשים מהבחינה האנושית מתאימות להעיד וראויות לכך מפני שיש בהן דעת ומפני שבאופן כללי למעשיהן יש תוקף הלכתי. דא עקא, דווקא מתוך שהוא מחשיב את הנשים כראויות להעיד הוא סבור שיש לומר ששותפותן בעדות מבטלת את העדות כולה.

מתברר שבין שתי הדעות הקוטביות, של בעל האורים ותומים מצד אחד ושל המהרי"ק והרב עובדיה מצד שני, עומדת שאלת היחס לנשים. האם הן ראויות לעדות באופן מהותי ופסולן הוא חידוש, או

19. מהרי"ק שם, וכן ראו: טורי אבן, ראש השנה, כב, א, ד"ה האישה כשרה לה.
20. יביע אומר, חלק ו, אבן העזר, סימן ו, אות ד. אומנם התשובה שבה הובאו הדברים עסקה בקידושי שחוק, מקרה שבו הייתה לרב עובדיה מוטיבציה ברורה לבטל את העדות לקידושין, והוא נתלה שם אף בצירופה של אישה לעדות הקידושין.

שהן כקטן ופסולן עקרוני ומהותי יותר? מדברי התומים נראה שאין שום מניעה לצרף נשים לעדות עם בני זוגן, כיוון שממילא שותפותן אינה מעלה ואינה מורידה. לעומת זאת, הטענה של המהרי"ק ושל הרב עובדיה יוסף, שהאישה אינה פסולת עדות קלסית, דווקא מעצימה את שותפותה בעדות ואותה כאישה. אך דווקא משום כך היא מעלה אותה לדרגה של מי שמבטלת את העדות בנוכחותה ומפני כך מונעת ממנה את ההשתתפות בטקס.

גישת המהרי"ק והרב עובדיה יוסף עולה בקנה אחד עם מעמדה של האישה במציאות ימינו. אולם הליכה בדרך זו, המעצימה את הנשים, ועקב כך מעלה גם את מעמדן ההלכתי, דווקא גורעת מיכולתן להצטרף לעדות. רק אם נייחס לשותפותן משמעות זניחה, כדברי האורים ותומים, נוכל לצרפן לעדות ללא כל קושי. הליכה בדרכו של התומים תעמיד בפנינו קושי אחר, והוא הפיקציה ההלכתית הנעשית כאן. לאותן נשים אנו נותנים את התחושה שהן עדות, אבל למעשה אין אנו מחשיבים אותן כחלק מן העדות כלל.

וכאן טמון הפרדוקס: דווקא הנוטים לראות באישה ישות ממשית, בת דעת שיש בנוכחותה מעורבות בדעת, כפי שמתחבט המהרי"ק, מעניקים מעמד של כבוד לאישה, אך בפועל מונעים ממנה משום כך להצטרף ולהיות שותפה בעדות הקידושין. לעומת זאת, צירוף האישה כמי שאינה נוכחת מביע זלזול מסוים במעמדה, אף כי צירופה בפועל עושה לה נחת רוח שאינה כרוכה במאמץ הלכתי מורכב.

שאלה זו ובירורה מבליטים את הפרדוקס, שכן בחלק ניכר מהמקרים דווקא מיעוט ערכה של האישה מאפשר לה מרחב לשותפות במעשה הלכתי, לפחות למראית עין. זהו המצב לעניינים שונים, כמו בעניין התפילין שהזכרתי.[21] אך האם הפיקציה הזו מממשת את השאיפה הבסיסית של הנשים להיות חלק ממשי מן הטקס? להיות מחויבות בדבר כגברים ולתת לתחושת השוויון שהן חשות בכל תחום

21. ראו לעיל הערה 8.

אחר לגבש גם את זהותן הדתית? בהרבה מהמקרים הענקת האפשרות להשתתף בפעילות ההלכתית יוצרת את הפיקציה הזו ומחזקת "זהות יהודית בדויה", כזו שאין לה שורשים במציאות ואין לה עוגן ותוקף במקורות ההלכה. הכשל המרכזי בפתרון הזה הוא שבמישור השוויון בין המינים הוא מציע להדחיק את קיומו של הבדל הלכתי בסיסי בין המינים ומבקש לדלג מעליו אל עבר התייחסות זהה לשניהם. ביסודו של ה"פתרון" מונחת גם תחושת הנחיתות הנובעת ממה שהתגבש כמעמדה של האישה ביהדות וניסיון להשוות את מעמד האישה לזה של הגבר, כאשר ההנחה היא שרק התאמה מלאה לדרישות ההלכתיות הקיימות כלפי הגבר תקנה את השוויון המיוחל.

זהות אלטרנטיבית

אני מבקשת להציע מהלך לשיקום מעמדה של האישה במסגרת ההלכה, הצעה שבה אברר את זהותה של האישה על פי חז"ל ומקורות ההלכה במנותק מחיוביו השונים של הגבר. טענתי המרכזית היא שכדי להיות אישה יהודייה לא צריך להיות גבר יהודי. אני מציעה לזנוח את האפיק שבו מבקשות להן נשים מעמד זהה ושווה לזה של הגברים, במיוחד שבקשה זו מובילה פעמים רבות למבוי סתום. אני מציעה לוותר על האפשרות ל"נחת רוח" וליצירת פיקציות שאין בהן ממש, ולבחור בדרך המציעה לנשים חלופה מתאימה שאינה חלק מהמסגרת המקבילה הקיימת לגברים. דוגמה מעשית להליכה בדרך זו קשורה בכך שנשים אינן נספרות למניין ולכל דבר שבקדושה.[22]

22. דעת יחיד היא דעתו של הרב יואל בן נון שאין שום בעיה לספור נשים לדבר שבקדושה, אך בפועל הוא מציע מנייני נשים נפרדים משל גברים ואינו נכון לספירה משותפת של נשים למניין עם גברים. המשמעות למעשה היא כמקודם, שנשים אינן חלק מן הציבור גם לדבריו. כפי ששמעתי ממנו בעל פה, יש יתרון גם בפסלותן לעדות שכן, הן אינן שותפות להריגת נאשמים. אם ירדתי לסוף דעתו, אף הוא אינו נכון לומר שנשים כשרות לעדות מפני שאינן "הנשים של פעם".

משום כך אפשר להציע אפשרות להחייאה של הלכות ברכות השחר כפי שהן מופיעות בדברי חז"ל. על פי חז"ל, ברכות השחר צריכות להיאמר על המציאות הסובבת. כשאדם מתעורר ופוקח את עיניו הוא מברך פוקח עיוורים, כשהוא מתיישב מברך מתיר אסורים, מתלבש מברך מלביש ערומים, מזדקף הוא מברך זוקף כפופים וכו'.[23] הלכה זו, המחברת בין סדר הקימה וההתעוררות של האדם לעולמו הרוחני, אבדה עם כניסת הברכות לסידור והעברתן מהבית לבית הכנסת.[24] דא עקא, נשים שאינן מקיימות מניין במשותף יכולות לנהוג כך, ובכך לקומם היבטים רדומים של הלכות הקשורות ליחידים ולעמידת היחיד בפני ה'. ההצעה לחזור ולברך ברכות השחר עם הקימה עשויה להיות אפשרות מעניינת וקריאת כיוון ראשונה להבניה של זהות יהודית נשית. כמובן, מדובר בדוגמה שנראית צדדית וטריוויאלית, אבל היא דוגמה לאפשרות של שיקום אפשרויות הלכתיות שאינן תלויות ביצירת מניין הנספר לדבר שבקדושה.

יתרונה של הצעה זו הוא שהיא אינה תובעת שוויון ואינה מונעת מרגשי נחיתות ומרצון להידמות לגבר. יש בה אמירה זקופה שיש לנשים זהות יהודית משלהן, זהות שאינה כפופה למערכת הערכים של הזהות הדתית הגברית. היא מעמידה חלופה יהודית לא פחות, כזו שיש בה שימת לב לתכונות הייחודיות של הנשים. ברכות השחר הן דוגמה בלבד לכיוון זה, המציגה אפשרות לקיומה של תפילה שהיא אינדיבידואלית – תפילת יחיד. אין צורך להכביר מילים על החיבור הייחודי שיש לתפילה כזו לעמדה הנפשית היסודית של מי שעומד לפני ה' ועל חשיבותה לנשים. אך האתגר הכללי העולה מכאן הוא העמדת עולם רוחני שיש לו בסיס במקורות והעמדת חלופה כוללת רוחנית וממשית.

דוגמה אחרת הקשורה אף היא בבעיית כשרותן של נשים למניין לכל דבר שבקדושה היא שבע ברכות. נשים מנועות מלברך את שבע

23. ברכות ס ע"ב. זוהי גם פסיקת הרמב"ם שלא נפסקה להלכה.
24. ראו שולחן ערוך, אורח חיים, מז, ב.

הברכות בימי המשתה של חתן וכלה בנוכחות עשר נשים אף אם הן חברות הכלה המשמחות את הזוג מאוד. ברוב המקרים הנשים גם אינן מעוניינות בהזמנת גברים שישמשו להן למניין לצורך הברכות. במקרה כזה אני מציעה להשתמש במודל של "לא הפסיד". המודל הזה מופיע לראשונה במשנה בברכות לגבי הקורא קריאת שמע אחרי שעבר זמנה. לדברי המשנה, "לא הפסיד כאדם הקורא בתורה",[25] והמודל מציין את המעבר מתפילה ומברכות או מחיוב אחר ללימוד תורה כחלופה אפשרית. על בסיס המודל הזה אני סבורה שלימוד משמעותן של שבע הברכות, אפילו בצורה טקסית מסוימת, עשוי לשמש חלופה משמעותית להעדרן של הברכות עצמן.[26]

מציאת הנתיב הנכון לקיום עולם נשי יהודי בלתי תלוי אינה מסתיימת בקיום טקסים הלכתיים בצורה שונה. עיקר העניין נמצא במהלך החיים עצמם, בנתינת משמעות וערך פרשני לדברים קטנים, למעשים הפשוטים, ובהחלפת המטען שהוטען עליהם במשך דורות, מטען שמכתיב את זהותנו. אלו פרטים אשר בדרך כלל אין אנו נותנים דעתנו עליהם די הצורך.

דוגמה אחת לכך היא נושא הצניעות, שהדיון הציבורי בו מודגש מאוד בשנים האחרונות. הוא נדון על גבי כרזות ברחובות, באמצעות תכתיבים וגדרים בחוברות והוראות פומביות של רבנים וגם ביצירת מחיצות בכל מקום אפשרי בין גברים לנשים. נושא הצניעות נדון עד כה בעיקר מנקודת המבט הגברית. אף שרוב המקורות שעליהם נשען השיח ההלכתי עד כה מופנים במקורם אל הגבר ("קול באישה ערווה" וכדומה), הם הופנו אל האישה ותורגמו לחובות כיסוי כאלה ואחרות. במאמר שמתפרסם בספר זה ביקשתי להציף אפשרות פרשנית שתהלום את נקודת המבט הנשית ותתבסס על מקורות חז"ל גם היא. אפשרות זו תיתן משמעות חדשה לנושא ההלכתי הזה, משמעות

25. משנה ברכות א, ב. וראו רא"ש ברכות א, י; שרידי אש לרב יחיאל יעקב וינברג, המאה ה־19, רוסיה-ישראל, ברכות, א.
26. כמובן, חלק מהברכות ניתן לברך גם ללא מניין ועליהן אין צריך לוותר.

שמתאימה יותר לאורח החיים ולתפיסת העולם הנשיים. עיקריה של התפיסה בהנחת מושגי הצניעות במסגרת רחבה של קדושה ולא בתחום של עריות וחשש להחטאה, וכן בהבנה שאין מדובר במשימה מגדרית אלא בחובה כוללת.[27]

דוגמה נוספת ואחרונה שאביא כאן נוגעת למבנה של המערכת הזוגית כפי שהיא מתעצבת על ידי הלכות נידה. במסכת נידה יש מושג יסודי מאוד הנקרא "טבילה בזמנה מצווה". הרעיון שעומד ביסוד המצווה הזו הוא החובה להרבות טהרה, כלומר שנשים תיטהרנה ברגע שהן יכולות. כמובן, בתקופת חז"ל מדובר בטבילה מטומאת נידה דאורייתא, כלומר בסוף שבעה ימים לנידותה. במועד זה הטבילה היא בזמנה והיא מצווה.[28]

השינויים שחלו בהלכה השפיעו על משמעות העיקרון הזה בשני אופנים: ראשית ההשלכות של הטומאה של האישה על התנהלות הבית וכדומה פגו. נשאר רק הפן האיסורי של איסור אישה לבעלה, אבל לא ההיבטים של טומאת העיסה, טומאת מושב ומשכב וכדומה. בד בבד הצורך במיעוט טומאה פחת. השינוי הזה גרם לכך שבמקום הטהרה עצמה עומד במרכז הדיון על הטבילה רק סילוק האיסור שחל על בני הזוג, והטבילה הופכת להיות "חובה של האישה לבעלה". בה בעת נוספו חומרות וגזרות על מועד הטבילה שגרמו לדחייתה לכתחילה, ולכן גם לאובדן המשמעות של טבילה "בזמנה".

עקב שני השינויים הללו, הפך הרעיון של "טבילה בזמנה מצווה" מהלכה לרעיון.[29] המושג של "טבילה בזמנה מצווה" מקבל

27. מיכל טיקוצ'ינסקי, "גדולה מסך חלקיה: צניעות כעקרון יסוד", אקדמות כט (תשע"ד), עמ' 69-77. וראו גם בספר זה בעמ' 163.

28. על פי העיקרון הזה, יש בגמרא מקרה של אישה שמחייבים אותה לטבול מספר רב של טבילות כשיש ספק מתי מועד הטבילה המדויק. כדי להגיע לטבילה בזמנה יש למצות את כל האפשרויות הנובעות מן הספק, בעוד הטהרה כשל־עצמה מושגת גם בטבילה אחת, האחרונה. ראו נידה ל ע"א.

29. אם מנסים לעקוב אחרי הנתיב של העיקרון הזה של "טבילה בזמנה מצווה" ולאתר את הפתח שדרכו הוא חזר לדיון, אפשר למצוא את המקור בירושלמי

משמעות חדשה בדמות הרעיון שיש מצוות עונה בליל טבילה. מצוות עונה נוספת מוטלת על היוצא לדרך. ההנחה היא שהאישה מתאווה לאיש לפני שהוא יוצא לתקופה ממושכת, ולכן הוטל חיוב עונה בלילה כזה. החת"ם סופר נשאל מה הדין אם יום היציאה לדרך נופל בזמן הפרישה סמוך לווסת, שאז יש חובה להימנע מאישות. במקרה הנדון שם נוסף שבאותו לילה אירע גם זמן טבילה. נוצר מצב של שתי מצוות עונה: טבילה ויציאה לדרך כנגד חובת פרישה.[30] החת"ם סופר בתשובתו העיר כי העיקרון של מצוות עונה בליל טבילה הוא המצאה וחידוש, שכן אין כיום טבילה בזמנה כלל, מאחר שממילא דוחים את הטבילה מפני חומרת ר' זירא, שכל אישה היא ספק נידה ספק זבה. ועל כך הוא הוסיף:

> ועי"ל דמה שהרגילו לומר דעונת ליל טבילה מצוה משום דעל ידי כך האשה זריזה למטבל דרוצה אשה בקב ותפלות ואילולי כן היתה מתעצלת ולא היה לבעל פת בסלו ובא לידי הרהור עבירה ח"ו.[31]

החת"ם סופר טוען שהמושג של "טבילה בזמנה מצווה" במובנו החדש מתפקד כתמריץ וכזרז לנשים לטבול בזמן. ההבטחה למצוות עונה היא תמריץ הגורם לנשים להימנע מדחיית הטבילה, ובכך להבטיח שהבעל לא יגיע לידי הרהור ולא יחטא. מכאן נגזר ככל הנראה הרעיון שמדריכות הכלות אמונות עליו: שיש למסור את הנפש על הטבילה

מסכת תענית. יש תעניות שבהן נאסר תשמיש המיטה. הירושלמי מזכיר שנוסף על התעניות, בשני רעבון חל איסור על תשמיש המיטה. בהקשר זה מובאת ברייתא: "תני בשם ר' יהודה תאבי בנים משמשין מיטותיהן, א"ר יוסי ובלבד יום שטבלה". ראו ירושלמי תענית א, ו. דעת ר' יוסי, שבליל טבילה תשמיש המיטה מותר גם בשנות רעבון, הובאה להלכה: בית יוסף, אורח חיים, תקעד. וראו גם את דברי המהרש"א, תענית יא ע"א.

30. יש מחלוקת אם חובת הפרישה היא מדאורייתא או מדרבנן.

31. שו"ת חתם סופר, ב, יורה דעה, קע.

בזמן, – ואגב כך מסופר הסיפור על אימותינו שהיו טובלות בזמן בכל מחיר, אפילו בשלג – כשהמטרה המרכזית היא שהבעל לא יבוא לידי הרהור. החובה המוטלת על הנשים הלמדניות היא לבנות את המושג של "טבילה בזמנה מצווה" של ימינו כך שיהיה מבוסס על ערך אחר, השונה מאותה מסירות נפש למען הבעל כפי שהיא מוצגת אצל מדריכות הכלות. במקום לשקף חד־צדדיות כזו, המושג הזה יכול לקבל היום משמעות חדשה ולהדהד לרעיונות של שיתוף בזוגיות ושל חברות עמוקה בין בני הזוג. לדעתי, אחרי שהמטען הזה ייכנס מחדש – והוא ייכנס בקלות, שכן המבנה ההדדי שהיא טובלת בזמן והוא מחויב לה לעונה כבר קיים – נזהה גוון חדש בהלכה. ההתאמה הזו היא עדינה ביותר. היא התרחשות בנפש, בהבנה של מהותה של הטבילה כחוויה של איחוד ושל שיבה. לשינוי העדין הזה עשויות להיות גם השלכות הלכתיות. למשל, לצד דין "היוצא לדרך" הנגזר מכך שהאישה משתוקקת אל בעלה והקובע מצוות עונה, יוגדר דין "יוצאת לדרך" – לא רק בגלל השינוי החברתי שבמסגרתו גם נשים יוצאות לחו"ל לנסיעות עבודה או סתם לטיולים ממושכים, אלא מפני שהתודעה של איש משתוקק היא חלק מהתמונה החדשה של הזוגיות.

מן הדוגמאות הללו של תפילה, של שבע ברכות, של צניעות ושל הלכות נידה עולה שהעיסוק ב"שאלות הגדולות" כמו קידושין וגירושין הרחיק את הדיון מן האבחנה הגדולה והמהותית החופה את כל ההלכה כולה, והיא שבתשתית ההלכה מצויות הנחות שאינן מותאמות למעמדה של האישה כיום ולתפיסת מעמדה בתוך הנישואין ומחוצה להם.

מציאת הזהות האלטרנטיבית מחייבת חזרה אל המקורות, הענקת פרשנות חדשה בדרכים מקובלות ופיתוח התודעה הדתית הנשית ודיבובה באמצעות המקורות; חזרה אל המקורות וקריאתם על ידי נשים מלומדות החיות בשני העולמות, בעולם הדתי ובתוך החברה הכללית. נשים שיש להן שיג ושיח עם מקורות ההלכה עשויות בקריאה יצירתית לעצב זהות יהודית מעוגנת היטב ביסודות ההלכה והמחשבה ולהתוות חלופה עצמאית, כשרה, כנה ומדויקת.

למותר לציין שההלכה והחברה היהודית בכלל ירוויחו מהניואנסים החדשים הללו עושר רעיוני ורוחני. כאמור, ברכות השחר, שבהן האופציה הנשית מעצבת למעשה אופציה קיומית חלופית, הן דוגמה נאה לכך.

בין זהות בדויה לתודעה כוזבת

יש דמיון מסוים בין המסקנה שלי לעניין גיבוש זהותה היהודית של האישה, לבין מסקנתה של הפרופסור למשפטים וחוקרת המגדר קתרין מקינון. בדברה על האפליה בין המינים כותבת מקינון כך:

> מנקודת המבט של גישת השליטה מתברר שנקודת המבט של גישת השוני ביחס למעמד המינים היא של עליונות המין הגברי. מעצם היחס לסטטוס קוו כאל ה"סטנדרט", משלימה גישה זו באופן סמוי וחסר ביקורת עם ההסדרים שמכתיבה עליונות המין הגברי. במובן זה גישת השוני היא גברית, אף כי ניתן לבטא אותה בקול נשי. גישת השליטה היא פמיניסטית בכך שהיא רואה את אי השוויון בעולם החברתי מנקודת המבט של הכפפת הנשים לגברים.[32]

מקינון במאמרה אומרת שעצם הניסיון להשוות את האישה לגבר מעיד על עליונות של המין הגברי. הצעתה המעשית חותרת לפיתוחה של זהות נשית שאין בה כפיפות. רק מחיקת השליטה הגברית, כפי שהיא מכנה את הבעיה מנקודת המבט המגדרית, תסייע במציאת שוויון אמיתי, כזה המושתת על נשיות שיש לה מקום בהשוואה לעצמה ולא בהשוואה לסטנדרט הגברי.[33]

32. קתרין מקינון, "שוני ושליטה: על אפליה מינית", פמיניזם משפטי: בתיאוריה ובפרקטיקה, בעריכת דפנה ברק־ארז, תל אביב 2005, עמ' 32.
33. ראו גם אורית קמיר, כבוד אדם וחוה: פמיניזם ישראלי, משפטי וחברתי,

למרות הדמיון בין טענותינו, דומה שהמהלך שנעשה במאמר הזה ייתקל בביקורת פמיניסטית, שכן הוא נגוע בכשל מסוים. בשפה המגדרית רווחת הטענה ש"כלי האדון לא יפרקו את בית האדון".[34] לפי הכלל הזה, עצם הניסיון לגלות את הזהות הנשית על פי כללי ההלכה הוא כניעה לתכתיב חיצוני. ניסיון כזה עוקר כל אפשרות להגיע לזהות הנשית המבוקשת מכיוון שכלי ההלכה ושפתה הם שהובילו את הנשים למצב ההלכתי שבו הן נמצאות. ניסיון להשתמש באותם כלים אינו יכול להוביל אלא למבוי סתום. זהות המבוססת על אימוץ התכתיב הכפוי על הנשים מצד העולם ההלכתי יוצר "תודעה כוזבת", קרי הזדהות עם עולם ערכים חיצוני שמניח הנחות שונות על הזהות הנשית, הנחות שאינן עולות בקנה אחד עם האינטרסים שלהן.[35]

שתי תשובות בדבר. האחת – קבלה חלקית של ההסתייגות, הגבלת המהלך שאני מציעה לעניינים מסוימים בלבד. אף שבחלק מהמקרים תידרש מציאת הזהות האלטרנטיבית, יימצאו עניינים שבהם תידרש השוואה ממשית בין נשים לגברים, ובהם אין להשאיר את הפער בין נשים לגברים על מכונו. כך נעשה למשל בעניין של לימוד תורה. נשים היום לומדות תורה על כל מקצועותיה ואין סיבה לערוך הבחנה בין המינים בנקודה הזו. הנשים של היום רוכשות השכלה בכל תחום ומניעת הנשים מלימוד תורה יוצרת מצב מעוות של נשים שעולמן הדתי חסר משמעות ופשר ועומק בהשוואה לעולמן החולי והמקצועי. המטרה בסופו של דבר היא להבנות מערכת ערכים שיש לאישה יכולת להזדהות אִתה שלא מתוך פיצול ושבר עם העולם

ירושלים תשס"ז, עמ' 38-39.

34. זהו מטבע לשון פמיניסטי שמקורו בהרצאה שנשאה אודרי לורד בשנת 1979, ומופיעה בקובץ המאמרים שלה: Audre Lorde, *Sister Outsider: Essays and Speeches*, New York 1984.

35. לביאור המושג "תודעה כוזבת" ראו בערך "תודעה כוזבת, תודעה מעמדית", אנדרו אדגר ופיטר סדג'וויק (עורכים), לקסיקון לתיאוריה של התרבות, תל אביב 2007, עמ' 386-387.

שאותו היא חווה מחוץ למגרש הדתי שלה. המטרה היא ליישב בין שני העולמות וליצור הרמוניה פנימית ושלווה רוחנית.[36]

התשובה השנייה עוסקת בפער שבין הטענות הפמיניסטיות הנוגעות בדרך כלל למעמד המשפטי והאזרחי של הנשים לבין שאלת מעמדה של האישה בהשקפה היהודית ובהלכה. העולם הדתי מכיל תכתיבים, והוא ״מעצב זהות״ לטוב ולמוטב. הדרך לתיקון מעמד האישה ב״בית האדון״ לא תעבור דרך פירוקו, אלא באמצעות גילוי הטמון באוצרותיו החבויים. המשימה עצומה ורבת היבטים ונדרשת לה עבודה פרטנית מעמיקה מתוך חופש מחשבה ומתוך נתינת אמון מלא בחז״ל ובנצחיות התורה.

36. ראו גם רחל גורדין, ״׳שבת בבוקר יום יפה׳: מאבקן של נשים בקהילה האורתודוקסית לשותפות בבית הכנסת ובריטואלים הדתיים״, דפנה ברק־ארז ואחרות (עורכות), עיונים במשפט, מגדר ופמיניזם, קרית אונו תשס״ז, עמ׳ 143–186.

ברכתה של אם הנימול

אם טרייה לבן (שאינו בנה הראשון) פנתה אליי בבוקר יום ברית המילה של בנה ושאלה אם היא, כאם התינוק, רשאית לברך את ברכת "אשר קידש ידיד מבטן". שאלה זו לא נשאלה עד לדורנו שבו נשים החלו להשתתף באופן פעיל יותר במרחב הדתי של לימוד, תפילה וטקסים דתיים.

ישנו צורך מתמיד בדיבוב מקורות ההלכה כדי לשאוב ולחצוב מהם מרפא לשאלות המרובות של נשים בדורנו. חלק מהשאלות הן שאלות רחבות היקף, שאלות קונספטואליות, שהמענה עליהן חייב להינתן כחלק מחשיבה מערכתית כוללת, וחלק מהשאלות הן שאלות נקודתיות יותר, אך גם הן נחוצות לבניית חיי היום־יום של נשים.

השינוי במציאות מחייב עיון מתמיד במקורות ההלכה ופרשנות מחודשת שלהם במגמה להדביק את קצב השאלות והתהיות כדי לפתור מבוכות. אומנם כך עשיתי בבקשי להשיב לשאלת אם התינוק.

בשולחן ערוך סדר ברית המילה מתואר כך:

המל מברך: אשר קדשנו במצותיו וצונו על המילה

ואבי הבן מברך בין חתיכת הערלה לפריעה: אשר קדשנו במצותיו וצונו להכניסו בבריתו של אברהם אבינו...

ואבי הבן או המוהל או אחד מהעם מברך על הכוס: בורא פרי

הגפן. ויש נוהגים ליטול הדס בידו, ומברך עליו, ולהריח, ואומר: בא"י אלהינו מלך העולם אשר קדש ידיד מבטן וכו'...[1]

בסדר המילה יש שלוש ברכות: האחת מתייחסת למעשה המילה עצמו, ברכה זו מברך מי שמל בפועל את הילד – המוהל. ברכה נוספת היא על מצוות המילה ואותה מברך האב, כיוון שרק הוא חייב במצוות המילה של הבן.[2] ברכה שלישית היא ברכת "אשר קידש ידיד מבטן". בעוד שתי הברכות הראשונות הן "פרסונליות", ובפרט שמצוות מילה היא ממצוות הבן על האב, והאב חייב בה ולא האם. אולם, לגבי הברכה השלישית הדין אינו מובהק. על פי האמור בשולחן ערוך מברכים אותה אבי הבן או המוהל או "אחד מהעם". האם אחד מהעם יכול להיות גם אישה? אין לכך שום התייחסות ישירה בשולחן ערוך.

כדי להשיב על השאלה יש לבדוק אם הברכה היא ברכת השבח או ברכת המצוות. אם היא ברכת המצוות, אנו נכנסים לדיון רחב ומורכב אם אישה נכללת בדין ערבות (היינו אם נשים יכולות להוציא ידי חובה מי שחייב כמותן במצווה).[3] אבל אם זו ברכת השבח, פשוט שגם אישה יכולה לברך.[4]

1. שולחן ערוך יורה דעה הלכות מילה רסה, א.
2. מצוות מילה היא ממצוות הבן על האב, הנמנות במסכת קידושין ז, א.
3. רא"ש, ברכות ג, יג; שו"ת מוצל מאש סי' יב; צל"ח ברכות, מח ע"א ד"ה ומדקטל להו לרבנן; שו"ת ר' עקיבא אייגר, סי' ז ועוד.
4. שו"ת מהריט"ץ החדשות סי' א כתב "ויאות לכל מי שירצה לאומרה", וכן "הכל שוין בה ומברכים אותה", בנימוק שזו ברכת השבח. וכן סברו: הברכי יוסף, או"ח קלז, ג; ערוך השולחן רסה, טז; חשוקי חמד פסחים קב; כולם כתבו שזו ברכת השבח. גם בבית יוסף הסביר שברכה זו אינה נאמרת אלא על היין, כיוון שבגמרא (ברכות לה) נאמר שאין אומרים שירה אלא על היין, ומכאן שאף הוא סבר שזו ברכת השבח. אומנם ערוך השולחן מציין שנהוג שהמוהל או הפורע מברכים ועיי"ש. וכך כתבו גם הב"ח והכלבו. אבל הש"ך סבר שיש לתת לאחד העם, קרי למיוחד שבעם, שיודע לברך היטב ולדייק בברכה, והוא יברך. ומדבריו אפשר ללמוד לענייננו שאין זה מעכב.

אומנם ניתן להסס עוד ולדון אם תוכן הברכה אינו סותר שאישה (שגופה לא נחתם ב'אות ברית קודש') תברך אותה. חלק מהראשונים הסבירו שהסיבה להיסוס שמא נשים פטורות מן התורה מברכת המזון הוא מפני שאנו אומרים בברכת המזון "ועל בריתך שחתמת בבשרנו", ונשים אינן נימולות ואין ברית חתומה בבשרן.[5] לפי היגיון זה, ניתן לתהות אם תוכן הברכה שמתייחס למילה עצמה מונע מהאישה לברך את הברכה: "אשר קידש ידיד מבטן וחוק לשארו שם, וצאצאיו חתם באות ברית קודש...". הקושי הגדול במקרה הזה הוא שתיקת המקורות ומסורת אילמת.

אפשר כמובן לטעון, ובצדק, שהתהליך של מענה הלכתי בשאלות רבות ובמגוון תחומים הוא בדיוק כזה. הוא מצריך מן הנשאל-הפוסק לדמות דבר לדבר (דימוי מילתא למילתא) כדי לגזור הכרעה הלכתית. הוא מחייב ראייה רחבה ומחשבה בהירה. הוא מחייב היכרות עם מקורות אפשריים מקבילים, ולעיתים חזרה לשאלות תשתיתיות העשויות להבהיר את המצב ולאפשר גיבושו של מענה. אולם, החוויה שלי היא שהשולחן ערוך במקרים רבים מאוד אינו מתייחס לשאלות מהסוג הזה הנוגעות דווקא לנשים. ככל הנראה הסיבה לכך פשוטה, והיא שהוא נכתב מנקודת מבט שונה בתכלית שהתקיימה בסדר עולם אחר, סדר שאינו מכיר אפשרות למעורבות נשים בקהל ובקהילה. התרבות והמציאות השונות הן הן הסיבה שלשאלותיהן של נשים בדורנו אין הד במקורות ההלכה הקיימים. מכאן שהאתגר בכל שאלה גדול מהאתגר הנקודתי, ולא נכון יהיה להתבונן על השאלה מנקודת המבט הצרה של ניתוחה המקומי.

באותו אופן יהיה נכון לומר שקשה מאוד למצוא פתרונות מדויקים לשאלת החשמל בשבת, וביתר שאת להשלכות הטכנולוגיה ההולכת

5. בבלי ברכות כ, ב. ראו רש"י שתלה את שאלת חיובן של נשים בברכת המזון רק בכך שאינן יורשות את הארץ. ולענייננו, ראו: תוספות שם, ד"ה נשים בברכת המזון.

ומתפתחת, שכן גם שאלות אלו אינן נפתרות רק בשאלה הספציפית למה לדמות את החשמל (כפי שבעבר הציעו: למלאכת בונה, להולדה או למכה בפטיש),[6] והן מחייבות דיון בשאלות יסודיות ביותר: שאלות על צביונה של השבת ועל עיצובה הראוי.

הדבר נכון גם ביחס לנשים. לעיתים לשם ליבון נושאים שבהתפתחות טכנולוגית וריאלית אנו נזקקים לחזור למחלוקות תנאים או נדרשים למימרות אמוראיות.[7] השאלות הנקודתיות גם בענייני נשים הן בסופו של דבר שאלות חשובות המציבות סימן שאלה על עצם השותפות שלהן. האם נכון לעודד ולהמריץ תהליך זה או מוטב לדייק אותו ולעדן אותו?

על השאלה הרחבה הזו יש לי תשובה שהתפרטותה בשאלות שונות נראית לעיתים מנוגדת ולא אחידה. יש עניינים שבהם נראה לי נכון שנשים תימנענה, יש עניינים שבהם נראה לי מוצדק לאפשר לנשים לתקן את המצב הקיים ולהוסיף במקום שהתמונה חסרה, ויש מקומות שברור לי שאף שיש לשאוף לשילוב נשים, עוד לא בשלה השעה לכך. בה בעת ישנם תחומים שבהם אני מתקשה לראות את השילוב והשינוי כדבר מבורך. בסתר ליבי אני תמיד תוהה כיצד ייראה המאמץ לדייק וללכת בין הטיפות בעוד דור או שניים.

בכותבי על זהות נשים בדורנו ניתן לשמוע את הנחרצות שלי הן בהקשבה למקורות ההלכתיים והן בהמלצה על נתיב חדש המאפשר ואף מחייב שלא לוותר על הזהות הייחודית של הנשים. לבחון בזהירות

6. כיום היחס לחשמל השתנה ולרוב הפוסקים מדובר באיסור דרבנן ברוב המקרים.
7. מחלוקת בית שמאי ובית הלל בשביתת כלים, ראו: בבלי שבת יח, א. וראו: י׳ ברנדס, שביתת כלים ואוטומציה בשבת, אקדמות כב (תשס״ט) , עמ׳ 97–118 וירושלמי שבת ז, ב בעניין אופייה המכליל של מלאכת מכה בפטיש ויישום העיקרון להלכה בשו״ת מנחת אשר א ל, עמ׳ קד.

מקורות שעשויים לבנות את הזהות הזו ולהחיות "יש מיֵש" אפשרויות לצורת ביטוי יהודית שאולי לא פותחה דיה.

למרות הנחרצות ולמען ההגינות, אביא מקורות שפותחים צוהר לכיוון מחשבה הפוך לחלוטין: השוואה הלכתית בין נשים לגברים. יודגש שהזעקה של נשים וקריאתן לשוויון אינה נקודת המוצא שלי וגם אינה התחנה הסופית שלי. אני רואה בזעקה הזו אקסיומה ותיאור של מציאות אך לא פתרון וגם לא אולטימטום.

פרק ב
פערי שפה

לאחר פרסום המאמר דלעיל, על זהות יהודית של נשים בדורנו, נכתב מאמר תגובה של פרופ׳ רונית עיר שי,[1] ועיקרו, שלפעמים עדיף לבסס שינויים על פיקציות הלכתיות, אם הן מותרות, בשל ההישג של מה שנראה כמו שוויון. טענתה נבעה מנקודת מבט מגדרית חשובה, ובפרק הזה אני מציעה שגם מנקודת מבט הלכתית לפעמים יש מעמד לפיקציות, וכי חז״ל עצמם היו נכונים לייצר כאלה כדי לתת לציבור כזה או אחר חוויה של שייכות.

נקודת המוצא שלי למאמר זה היא טקסטואלית־למדנית ולא תרבותית וחווייתית. איני חולקת על חווייתה והתרגשותה הכנה של אישה החווה קרבת ה׳ בעת עלייה לתורה, לראשונה או בפעם האלף, אך לא החוויה לבדה היא אבן הבוחן לקביעת הזהות היהודית של הנשים. להבנתי, החוויה היא רק נקודת המוצא לדיון שעליו

1. הדברים שיוצגו בפרק זה נכתבו במקורם כמאמר תגובה לתגובתה של ד״ר רונית עיר שי למאמרי (הקודם, לעיל) בעניין זהות נשים. חילופי המאמרים פורסמו באקדמות לא. ראו: רונית עיר שי ודביר שלם, על שיוויון, זהות ושו־נות, תגובה למיכל טיקוצ׳ינסקי, ׳זהות בדויה׳, אקדמות לא (תשע״ט), עמ׳ 175–180.

להתרחש בעולמות אחרים, הלכתיים ותורניים. בסופו של דבר, המבחן למשמעותם של המעשים הללו הוא לא החוויה עצמה אלא גם המפגש שלה עם המקורות.

דווקא משום כך, ברצוני להציע מקור חשוב שיוכל לתמוך במידה מסוימת בעמדה ההפוכה לשלי ולעמוד כאנטיתזה לטיעוניי (שהוצגו בפרק א) בדבר משקלו ההלכתי של מעשה פיקטיבי, כזה שבמבט ראשון נראה נטול תוכן הלכתי.

במשנה במסכת שקלים (א, ג) נאמר שנשים, עבדים וקטנים – אין ממשכנים אותם אם לא שילמו את מחצית השקל. דין זה, המתייחס רק לסנקציה שאפשר לנקוט כלפי מי שלא שילם את חובו למחצית השקל, הוא דין משני, וממנו ניתן ללמוד על הדין העיקרי, והוא שיש אחרים שמטילים שעבוד על נכסיהם בגין חוב למחצית השקל. הסיבה שאין ממשכנים נשים, עבדים וקטנים בגין חוב מחצית השקל היא ככל הנראה מפני שהם פטורים מנתינתו. חז"ל לא הסבירו מדוע נשים פטורות. בעל הרוקח סבר שפטור זה נגזר מן הפסוק: "וְנָתְנוּ אִישׁ כֹּפֶר נַפְשׁוֹ" (שמות ל, יב). לדבריו, מכאן למדו: "איש ולא אישה".[2] והנה, אף שנשים פטורות ממחצית השקל, קובעת המשנה (שם, משנה ה): "אף על פי שאמרו אין ממשכנין נשים ועבדים וקטנים, אם שקלו – מקבלין מידן". ההיתר לקחת מנשים שקלים שהביאו, אף על פי שהן פטורות, סבוך הלכתית, בדומה ל'פלונטר' שקיים בשאלת צירוף נשים לעדות, שכן הצֶבר של מחציות השקל משמש לקורבנות הציבור. זו הקרן שממנה קונים לאורך השנה את הקורבנות המובאים בשם כלל ישראל, ולכן יש עניין שלא יתערבו בכספים אלו תרומות למקדש, שכן נדבה אינה בעלת אופי ציבורי. הלכתית לא ניתן להשתמש בתרומות נדבה פרטיות לייעוד של קורבנות ציבור, ואם נשים פטורות ממחצית

2. ר' אלעזר מגרמייזא, ספר הרוקח, הלכות ארבע פרשיות, סימן רלג, ד"ה פרשת שקלים; הרב דוד פרנקל, קרבן העדה, ירושלמי שקלים, פרק א הלכה ג, ד"ה אבל לא נשים; הרב משה מרגלית, פני משה, שם; נזכר גם בפירוש רע"ב למשנה.

השקל, ממילא מחצית השקל שהן מביאות, גם אם הן מתמלאות רגשי קודש מהמעשה וחוֹות חוויה נעלה ומרוממת, אינה יכולה לשנות את מהותן או את מהות הנתינה, שהיא כנתינת נדבה.[3]

ר׳ עובדיה מברטנורא, בפירושו למשנה, ביאר שניתן לקחת מהן מחצית השקל אם התנדבו לעשות כן בתנאי שהן תמסורנה את הכספים במתנה גמורה לציבור. פירושו זה של הברטנורא לקוח בהשאלה מדיון על מחצית השקל שמביאים כוהנים. מעדותו של בן בוכרי במשנה (שם, ד): "כל כהן ששוקל אינו חוטא", ניתן להבין שגם כוהן, הפטור ממחצית השקל, יכול להשתתף עם הציבור ולתת מחצית השקל משלו.[4] בגמרא במסכת ערכין בירורו דין זה של כוהן ותהו כיצד אדם שפטור ממחצית השקל ישתתף בגבייה, והלוא הוא יגרום שיביאו חולין לעזרה?! ומבואר שם שיש לומר שהכוהן הקדיש את הכסף לציבור, והציבור תרם אותו לקורבנות הציבור. כלומר, אנו משליכים על נתינת הכוהן פרוצדורה מסוימת, מפותלת מעט, המכוונת אותו לתרום את מחצית השקל בדרך שתכשיר את הגבייה. מכאן שלעתים ניתן לייצר מנגנון עוקף, פיקטיבי כשלעצמו, כדי לאפשר שותפות. המטען החדש והתיאורטי נוצר כדי להכשיר את השוויון שבמעשה של הכוהן, ועדיין המעשה הוכשר וקיבל גושפנקה, ולא נאמר שיש קושי עם העובדה שנוצרה פיקציה הלכתית שמכשירה את הנתינה.[5]

על כל זה ניתן כמובן להוסיף גם את דיון הראשונים אם נשים המקיימות מצוות עשה שהזמן גרמן עוברות על בל תוסיף. הדיון מוסיף נופך לשאלתנו מנקודת מבט נוספת: האם יש מטען שלילי בהצטרפות לעבודת ה׳, כזו שה׳ לא ציווה עליה?[6] מן העיונים הללו

3. השאלה המקבילה לגבי קטנים אף חמורה יותר, כיוון שקניינם אינו קניין, וקורבנות הציבור יוקרבו מרכושו היחיד או אפילו מהחולין. יש על כך דיון באחרונים רבים, ראו למשל, קצות החושן סימן רלה, ס"ק ד. דווקא בשאלת התרומה של נשים לא דנו כמעט מההיבט הלמדני.
4. מובאת במשנה גם דעה החולקת וסוברת שכוהן חייב לתת מחצית השקל.
5. ראו בבלי ערכין ד, ע"א.
6. ראו: רש"י ראש השנה, לא, ע"א, ד"ה הא נשים מעכבין; רש"י, עירובין צו,

מתקבלת התמונה שניתן להתחייב במצוות שאין מחויבים בהן גם אם המטען היה משתנה מעט בעקבות השותפות (גם אם למעשיהן אין 'שם של מצווה'), ואין לזלזל בשוויון הנחזה. גם לא ברור מה מידת הפגיעה שלו בשוויון המהותי, ואם כן, בהחלט יש מקום למחלוקת ולדיון אם ראוי לבסס זהות חדשה ולהעניק פשר לחיים יהודיים של נשים על סמך פיקציות הלכתיות.

החתירה לשוויון וזהותן של נשים בדורנו

כשדנתי בשאלת זהות הנשים בדורנו הצגתי קריאת כיוון נחרצת שלפיה יש לחתור לפרשנות שתגשר על הפערים שבין המציאות ובין ההלכה, אם זה מתאפשר. מנקודת מבטי, החתירה לשוויון אינה מציבה אולטימטום בפני ההלכה. ברור לי לחלוטין שיש מקרים שבהם, גם אחר כל המאמצים, ניוותר כשהכלים והמנגנון ההלכתיים אינם מאפשרים לנו להתוות תהליכים שהם בבחינת מרפא למרחק הגדול שבין ההלכה למעשה. ולכן, גם אם "איננו מפסיקות לרצות לשנות אותן", אנו מקבלות עלינו את עולה של ההלכה.

עובדה היא שלעיתים ההלכה מבחינה בין גברים לנשים, אך להבנתי ולטעמי היא אינה מבחינה בין הקטגוריות 'גבריות' ל'נשיות'. וממילא לא באתי לדון בפתרונות הפרקטיים השונים אלא להציג תפיסה עקרונית שלפיה המקורות ההלכתיים שואלים שאלות של זהות ושניתן להאזין לקולם גם מעבר להוראה המעשית הגנוזה בהם. ההלכה נתפסת בעיניי כמחייבת לא רק במישור המעשי אלא גם במישור התיאולוגי. ככזו היא מגדירה את זהותי כאישה דתייה ושומרת הלכה.

ע"א, ד"ה ולא מיחו; תוספות שם, ד"ה דילמא סבר; הרב ישעיה די טראני, ספר המכריע סימן עח, לגבי חיוב סומא במצוות.

עקב אכילס

בחלל מהדהדת התחושה שתוך דור הכול ישתנה ומעמדה של האישה יושווה לגמרי לשל האיש. מנקודת מבט זו, ניסיונותינו למצוא דרך אמצע מורכבת ומתונה נראים מגוחכים מעט. אני מקבלת את האפשרות שסוגיות שנראות קשות ובעייתיות היום עשויות להיפתר בעוד דור. אלא שאין לנו דרך לזרז תהליכים ולהמציא מנגנונים הלכתיים בדויים, חלילה, ועלינו לפסוע בנתיב ההלכה הקיימת בצעדים מדודים.

במבט לאחור ניתן לראות שחלו שינויים רבים במעמד האישה בהלכה, ואלו ממשיכים להתחולל ולתת אותותיהם בתוככי השיח ההלכתי. וכך קורה לא אחת שעניינים כאלה ואחרים, שהיו נראים לפני זמן כשייכים לגברים בלבד – גם בהלכה המנוסחת ולא רק בפרקטיקות הנוהגות – הפכו אט־אט למחוזות ולמרחבים משותפים לגברים ולנשים כאחד. הדוגמה הבולטת ביותר היא לימוד תורה לנשים. אף שבשולחן ערוך נמצא דברים מפורשים, כתובים שחור על גבי לבן, שלא מקבלים לימוד תורה של נשים לכתחילה, בלשון המעטה,[7] בימינו נשים לומדות תורה ואין פוצה פה ומצפצף. ונראה שלא זו בלבד, אלא שהיום יש קונצנזוס הלכתי מלא בעניין זה המאפשר ואף מחייב לימוד תורה של נשים. לא אחזור כאן על היריעה ההלכתית והמצע האינטלקטואלי שאפשרו את הפרשנות המרחיבה, וגם לא על התהליך ההיסטורי והחברתי שתרם את חלקו לשינוי; ואף אימנע מלהצביע כאן על הפערים בחוויית לימוד התורה של נשים ובתפיסות השונות המכשירות אותה ומגדירות פרקטיקות דומות כנבדלות מהותית. אתמקד רק בכך שהתהליך הזה אינו **למרות** מה שכתוב, אלא **על פי** מה שכתוב, ושהכלים שהכשירו לימוד תורה לנשים בדיעבד או לכתחילה הם כלים פרשניים לגיטימיים. ברור לגמרי שתהליכים פרשניים עשויים להתהוות ולהתרחש עם

7. שולחן ערוך יורה דעה רמו, סעיף ו. ואין כאן המקום להפנות למקורות המרו־ בים שעסקו בנושא הזה בכללותו.

הזמן בהקשרים נוספים. עניינים שבעת כזאת נדמים כסופיים וחד־משמעיים יכולים להפוך במרוצת הזמן, בתהליך פרשני מזדחל או מואץ, לאפשריים, לגיטימיים ופתוחים לחלוטין. וגם יכול להתרחש להפך מן הצפוי לגמרי. אני מודעת לכך והייתי מודעת לכך כל העת.

ההתלבטות התמידית

לאחר שהצגתי את שני צדדי המטבע, ניתן להכריז בקול רם שאין דרך אחת נכונה ואין קריאת כיוון אחת ברורה. באופן אישי אני מוצאת את עצמי לעיתים חשה צורך להרחיב את גבולן של נשים ולעיתים להשיב את פניהן ריקם. קשה מאוד לשרטט גבולות מדויקים, שיקולים ברורים, מתי נראה לי יותר נכון אופן אחד ומתי נראה לי יותר נכון לנהוג ולהוביל בדרך אחרת. אבל המעיינים בספר הזה יוכלו לשמוע את השיקולים נאמרים בקול צלול ובמפורש, ואת הקולות השונים המשמשים אצלי בערבוביה מתוך ראיית התמונה הרחבה על מורכבותה הגדולה. אולי יהיה מי שירטון כשאיני צועדת את הצעדים הגדולים אל עבר השינוי ויהיה מי שיכעס כשאיני מהססת לעשות זאת. השתדלתי בכל אחד מן הדיונים להיות נאמנה לקול הפנימי שלי, שאני מקווה לחשוב שהוא נובע מאמון גדול בתורת חיים, בתורה שבכתב ובתורה שבעל פה, ובשתיהן המתלכדות לתורה שבלב.

לספור עד שלוש

"למה בעצם אסור לי לזמן עם בעלי ובני?", שאלה אותי פעם שכנה.

אומנם אחת השאלות שבהן אני מוצאת את עצמי מתחבטת בין שמרנות לשינוי היא שאלת הזימון לפני ברכת המזון בסעודה שבה יחד עם נשים יש שלושה סועדים שאכלו לחם. בסוגיה זו, שאליה אתייחס בפרק הבא, קיים מתח מובנה בין שמרנות לחידוש. אציג בו את השאלות הגדולות ואחדד כיצד השבילים השונים מובילים אותנו להכרעות הלכתיות שונות. במה עדיף משעול אחד על פני משנהו, מה נרוויח ומה נפסיד מבחירה בכל אחת מן האפשרויות.

את העצבים החשופים אני משאירה בפרק זה כפי שהם במציאות, כפי שהם בחדר העבודה של הפוסק וכפי שהם גם כשההכרעה נופלת לאחד מן הצדדים.

מאחורי ההכרעה הזו עומדים בזקיפות קומה כל השיקולים - אלו שבכה ואלו שבכה, וכולם מחזקים את הפסיקה, את השורה התחתונה של ההלכה, שמטיבה נועדה להכריע בין שני צדדים אפשריים ו"נכונים".

בעיניי, יש חשיבות גדולה להשמיע את שני הקולות, גם כשההכרעה הנקודתית אינה מתחשבת בקיומו של קול נוסף, נכון וחשוב, קול שמן הסתם יבשיל לכדי הלכה מחייבת במקרה אחר ושונה. המשמעות אינה שכל הכרעה אפשרית וכל שיקול הוא נכון, אלא האמירה הברורה שברקע של הכרעות רבות מצויות דעות דחויות, ועם זאת, ההכרעה ההלכתית אינה מחייבת פחות בשל כך.

פרק ג
"חברותיי נברך"

פרק זה עוסק באפשרות של צירוף נשים לזימון, הן בצירופה של האישה כשלישית הן בשאלת חיובה בזימון בכלל. בדיון זה טמונה הזדמנות להציף את הלבטים המלווים כל שאלת פסיקה הנוגעת לנשים ולמעמדן בהלכה. הסיבה לדיון בחבילה כולה (על עצם הזימון תחילה ורק אחר כך על צירוף נשים לזימון) היא מציאותם של שני קטבים בחברת הנשים הדתיות: בקוטב האחד מצויות נשים שאינן מעוניינות להוסיף על עצמן מחויבויות, והן חשות זרות למעמד הזימון, ובקוטב השני מצויות נשים המעוניינות שיכלילו אותן בזימון בשלושה כבעלות מעמד שווה. כיוון שעצם הקיטוב הזה הוא שיקול ועניין שאין להתעלם ממנו, אדבר על שאלת חיוב נשים בזימון בכללותה. המניע לכתיבת הפרק הזה הוא הרצון להרחיב את שאלת שיקולי הפסיקה הנוגעים לדיון מנקודת מוצא של אישה ולומדת תורה.[1] ואף שלי עצמי אין

1. את ההעמקה העיונית הנצרכת בנושא, ניתן להשלים באמצעות מאמרו המקיף של יונתן גרשון, שלוש דעות מזמנות לשאלת צירופן של נשים לזימון בחוג המשפחה, אקדמות כו, עמ' 7–23. מאמר זה הוא קומה נוספת על גבי הדיון ההלכתי הבסיסי ואיני מתיימרת לבחון את כל המקורות הרלוונטיים מהיסוד כיוון שעבודה זו כבר נעשתה במאמר הנ"ל.

צורך בוער בחידוש ההלכה, יש נשים רבות שבעבורן הנושא מטריד, וכיוון שלא מדובר בהתרסה אלא בבקשת ה׳ כנה, בבחינת ״למה ייגרע״ ו״תנה לנו אחוזה״, יש לברר עד כמה יש לתת מקום למצוקות אלו.

לאחר כתיבת הדברים נותרתי עם סימן שאלה גדול לגבי עצמי ולדרך שבה עליי לנהוג: למעשה, אין מנוס מלומר שמהמקורות עולה שעל נשים בימינו חלה חובת זימון ושאין סיבה שלא לצרף נשים לזימון בחוג המשפחה המצומצם, כאשר ברור שאין חשש פריצות. צירוף שתי ההבנות הללו מלמד שההימנעות מזימון בעייתית.

מציאות, הלכה ומנהג[2]

זימון נשים הוא אחד המקרים המעניינים שבהם ניכרת סתירה מובהקת בין ההלכה למציאות. מקורות ההלכה מחייבים זימון נשים, אבל המנהג הרווח הוא שלא לזמן. זהו פער שבאופן היסטורי נוצר בשל מציאות חיים. עדויות על סתירה בין ההלכה התלמודית ובין המנהג הרווח מצויות כבר בדברי הראשונים. מקצתם תמהים על המנהג ומנסים ליישב את הסתירה ולצמצם את הפער בין המקורות למנהג. לעומתם יש פרשנים שהרחיקו לכת ופירשו את המקורות הראשוניים כך שיתאימו למנהג.

התוספות הלכו בדרך הראשונה, והם ביארו שמהמקורות משמע שנשים חייבות לזמן, ולמרות זאת העולם אינו נוהג כן.[3] לתוספות מוכרים כמה מקרים בודדים אך הלכתיים שבהם נשים זימנו, כמו בבית רבנו אברהם, חמיו של ר׳ יהודה.[4] המרדכי הזכיר אף צירוף נשים לזימון שנהג בבית רבנו שמחה.[5] אולם ככלל המצב הוא ברור,

2. את השם שאלתי, כמובן, מספרו החשוב של פרופ׳ תא שמע ז״ל.
3. תוספות, ברכות מה ע״ב, ד״ה שאני התם דאיכא דעות.
4. מדובר בר׳ אברהם מאורלינ״ש, וראו עדות נוספת בדברי השערי תשובה, שולחן ערוך, אורח חיים, סימן קצט.
5. מרדכי, ברכות רמז קנח (דף מה ע״ב).

ונשים אינן נוהגות להצטרף לזימון או לזמן לעצמן. כדי להגן על המנהג הרווח, התוספות ביארו מחדש מקור אחר מקור וסוגיה אחר סוגיה, ובתוך כך הציעו פירוש שמאפשר ריכוך של החיוב לכלל רשות בלבד. מדברי התוספות מתברר ונחשף גם הטעם להתרחקות הנשים מההלכה. מאחר שהמצב הנתון בזמנם הוא שנשים אינן מבינות את ברכת הזימון, כיוון שאינן דוברות עברית,[6] התוספות אף הסתפקו אם הן יכולות לצאת ידי חובה אף בזימון של הגברים, שהרי לנאמר אין שום משמעות מבחינתן.

במקרה ההלכתי הזה, כמו במקרים רבים אחרים, אנו נחשפים לתהליך הפרשנות של ההלכה באשכנז. נתינת הערך והמשקל למנהגים נבעה מתפיסת עולם הרואה במנהג מעין "תורה שבעל פה" – תורה חיה וקיימת המעידה יותר מהטקסט הכתוב על אפיקי פרשנות שונים של המקורות הראשוניים. המגמה הברורה באשכנז היא שיש לתת לעשייה הדתית המקובלת תוקף הלכתי ולבססה במקורות,[7] ולא לשנות את סדרי החיים. הפרשנות הזאת הצריכה מומחיות במתיחת המקורות ובהגמשתם. לענייננו, ניכר לעין שהראשונים, מתוך מודעות מלאה, פירשו את המקורות מחדש והרחיבו אותם כך שיוכלו להכיל גם את הנוהג שנשים אינן מזמנות אף לעצמן.

כנגד בעלי התוספות אפשר להציב למשל את דברי הטור, המייצגים את הפסיקה הספרדית. הטור הסיק מסקנות ישירות מן המקורות וכתב במפורש כי משמע מהם שנשים מזמנות לעצמן וחייבות לעשות כן.[8]

בפועל, עד ימינו אנו, הנוהג הוא שנשים אינן מזמנות. אומנם לאחרונה יותר ויותר נשים מזמנות כאשר הן סועדות בקבוצה, אבל הנוהג הזה נראה משונה ובולט, ונדמה שהמנהג שלא לזמן עדיין תקף.

ראוי לציין כי בנקודה זו, של האפשרות המעשית של הנשים

6. ראו א' גרוסמן, חסידות ומורדות, ירושלים תשס"ג, עמ' 293–297.
7. י' תא־שמע, מנהג אשכנז הקדמון, ירושלים תשנ"ט, עמ' 13.
8. טור, אורח חיים, קצט.

לזמן, חל בשנים האחרונות שינוי דרמטי, אם משום שרוב הנשים דוברות עברית לא פחות מגברים, בארץ ובחו"ל, אם משום ששיח דתי אינו זר להן. כך שלכאורה, בהמשך לקו המקובל אצל הפרשנים מימי הביניים, שומה עלינו לשוב אל המקורות הראשוניים ולתהות אם לא הגיעה השעה לעורר את חיוב הנשים בזימון.

מקורות שאפשר להתבסס עליהם כדי לחייב נשים בזימון בפני עצמן, או לכל הפחות להנחות אותן להשתדל בכך, מצויים ובשפע. אולם עלינו לשאול, אם מוטל עלינו למצוא עוגן וביסוס גם להכללתן של נשים בקבוצה מעורבת כדי לספור אותן לצורך זימון במשותף. העיון בסוגיות מגלה שיש למגמה זו יסודות מוצקים. בתמצית פשטנית אומר שזימון מותנה בהתכנסות ובמספר מינימלי של שותפים לסעודה, מה שהגמרא מכנה "דעות", אבל הוא אינו דבר שבקדושה.[9] אומנם מנגד מצויה הקביעה כי נשים מזמנות לעצמן – והסיבה לכך מפורשת, והיא החשש מפריצות. אולם אפשר לצמצם את הטיעון של פריצות למצבים מסוימים ולהעמיד את הסוגיה כמתייחסת לעירוב של נשים ועבדים דווקא, ובהשאלה ייתכן שמדובר אף בחברה מעורבת שאינה חוג המשפחה המצומצם, שגם בה קיים החשש מפריצות במידה כזו או אחרת.

תמיכה לכך אפשר למצוא בפסיקת השולחן ערוך.[10] אפשר לומר בפשטות שגם אם מוותרים על העיון המדוקדק בכל המקורות ומעיינים רק בפסיקת ההלכה בשולחן ערוך, רואים שמצד אחד הוא פוסק שכאשר נשים מצויות בחברת עבדים וקטנים הן מזמנות לעצמן משום פריצות,[11] ומצד שני הוא פוסק כי "כשאוכלות עם האנשים **חייבות**, ויוצאות בזימון שלנו".[12] עולה במפורש שהשולחן ערוך

9. ברכות מה ע"ב.
10. מלבד המקורות שהובאו במאמר של גרשון, לעיל הערה 1.
11. שולחן ערוך אורח חיים קצט, ו.
12. שם, ז. וכאן מוסיף הרמ"א בשם הרא"ש והמרדכי ובשם רש"י שהן יוצאות אף על פי שאינן מבינות – בניגוד לדעת התוספות שהבאתי לעיל.

הבחין בין חברה מעורבת בעייתית לחברה מעורבת צנועה וכשרה. כוונת השולחן ערוך היא, ככל הנראה, שבמובחן מהמצב שבסעיף ו, המתאר ישיבה בחבורה מפוקפקת, ששם הן יכולות לזמן, אך בנפרד, בסעיף ז מדובר על קבוצה מעורבת שבה הן חייבות בזימון ״עם האנשים״. הסיבה שבמצב כזה חלה עליהן חובת זימון היא מציאותו של מי שיזמן בעבורן, ולכן אין סיבה לפוטרן. אבל כיוון שהן חייבות, משמע שהן מצטרפות. אם כן, מפשט דברי השולחן ערוך עולה שנשים ואנשים מחויבים בזימון יחד. מאחר שכבר ראינו שאישה נספרת לזימון, נראה שללא מאמץ אפשר להראות שנשים מצטרפות לזימון בסעודה שאין בה חשש פריצות.[13]

דא עקא, אף שבשני המקרים הפרשנות היא מגמתית, יש הבדל ניכר בין פעולת הפרשנות של בעלי התוספות ובין הצעתנו כאן. את פירושם לנוהג המצוי התאימו בעלי התוספות לעשייה דתית ולתורה שיש ליישבה, ואילו אנו מנסים להציע פרשנות שהיא אולי על פי המקורות הראשוניים, ואפילו הנורמות המציאותיות, אבל היא עומדת בניגוד לנוהג המקובל והמושרש. כיוון שכך, מדובר בשאלה כבדת משקל, שכן בבואנו לשנות מנהג רווח, עלינו לשקול את מחירי השינוי.

שמרנות כנגד שינוי

נדמה שהמחשבה הרווחת היא שבשמרנות אין מה להפסיד. ואכן, במובנים מסוימים, בדרך הנוחה של להפטיר כאשתקד יש רווחים לא מבוטלים. תפניות חדות בפסיקת ההלכה, הנראות כשבירת כלים, יכולות להזיק מאוד לתחושת האמון והביטחון שמשרה הרציפות

13. אומנם המשנה ברורה פירש שיש לומר שדין זה נכון כאשר יש שלושה גברים גם בלי נשים, ולא ניכר שמצרפים את הנשים. אבל נראה שאף לדבריו הן מצטרפות, אלא שיש להקפיד שלא תהיה הצטרפותן ניכרת משום שחבורתן אינה נאה. וראו דברי הט״ז שם ס״ק ב.

ההלכתית, רציפות הנשמרת בזכות התפתחות איטית של ההלכה במהלך הדורות באמצעות שינויים קלים. הביטחון הזה אינו רק עניין פסיכולוגי או אמוני־דתי, אלא נעוץ גם בכך שההלכה אינה רק מתעצבת בידי המציאות, אלא היא גם מעצבת אותה. הדפוס שנטבע בעקבות ההלכות השונות יש בו חן וצניעות, והמעמד שנקנה לאישה הוא ייחודי ואחר.

אולם השמרנות גם גובה מחיר גבוה מאוד: מנהג קפוא הופך להיות דבר נטול משמעות קיומית ומסורת חסרת הקשר תרבותי. העתקת תכנים מדור לדור ללא מחשבה ועיון בנשמת הדברים מובילה גם מבחינת מעשה הפסיקה לפורמליסטיקה הלכתית ולשימוש בהיקשים שמקורם בתורת ההיגיון. חלף זאת, היה ראוי שתביט על החיים ועל המציאות ותיישם את רוח ההלכה ועניינה בתנאים החדשים שנוצרו. התוצאה היא הדחקת החיוניות של ההלכה לפינה. דוגמאות לרוב של קיפאון כזה אנו מוצאים בתחום המדיניות הציבורית. הסיבה הפשוטה לכך היא שעם ישראל בגלות לא נצרך לדון בשאלות מסוג זה, ואף היה מנוע מלעשות זאת. דוגמה בולטת לכך היא יחס ההלכה לגוי. אפשר להצביע על מקורו בתקופות של גלות, כנגזרת של היות הגוי שליט ורודן. הדמות הטיפוסית של הגוי שאליה התייחסו בפסיקה הייתה שיקול בהכרעת ההלכה בדיני ריבית, השבת אבדה, הצלת חיים ועוד. בד בבד עיצבו את מעמדו של הגוי בתחומים ועניינים אחרים גם החששות להתבוללות ולהשפעות זרות. אימוץ ההלכה הנוהגת ביחס לגוי ללא שום שינוי גם בארץ, בתנאים של שלטון רוב יהודי ומיעוט גויי, שחלקו נושא זהות יהודית, הוא טעות. טעות זו נובעת מאימוץ המסורת כמות שהיא ללא כל ניסיון לתרגמה למציאות חיים רעננה ומתחדשת. כך גם בנוגע למושגים כמו "תינוק שנשבה" או "ערכאות של גויים", מושגים שהחלתם במדינה יהודית בארץ ישראל מותירה את ההלכה בגלות.

ולענייננו: היום, כאשר נשים הן חלק מהסעודה ומהחבורה בכל מובן שהוא, ייתכן שהשמרנות היא חרב פיפיות הגורמת להתנתקות מהמשמעות המקורית של הזימון. דווקא שמירת המסורת עלולה

ליצור אצל נשים רבות ניתוק לא בריא בין המציאות ובין יחס ההלכה אליהן. כוונתה של ברכת הזימון היא לתת לסעודה המשותפת קדושה, מתוך שהשתתפו בה יחדיו. הזימון עניינו לתת לסעודה הקשר של מעשה שיש בו חגיגיות ורעות המשרות את השכינה, כמו הקידוש בתחילת הסעודה בשבת, או להבדיל, בדומה למנהגי סעודה המקובלים בתרבויות זרות: השקת כוסיות, איחולי "בתיאבון" הדדיים ואמירת ה"תודה" הטקסית של סוף הסעודה.[14] השאלה המרכזית בנקודה הזאת היא מהי מהותה של הסעודה המשותפת ועד כמה מכריע את הכף מעמדה של האישה והאם כשותפה לשיח ולדיון, לאכילה ולרעות.

מאחר ששאלה זו היא על הדיוק בתיאור המציאות, יש להניח שהדעות יהיו חלוקות – לא רק בין גברים, אלא גם בין נשים. נשים מסוימות ירגישו שלא בנוח להיכלל בזימון כשוות לא רק מפני שלא הורגלו בכך, אלא בעיקר מפני שזה ישווה להן מעמד שונה מזה שהן חוֹוֹת. אחרות, לעומתן, ירגישו שחובת הזימון המשותפת תהלום היטב את הסיטואציה של ההתכנסות המשפחתית החגיגית והשלמה, המתרחשת בדרך כלל אחת לשבוע, בשבת. ברור שדווקא ההתכנסות המשפחתית בהרכב מלא היא שמקנה את החגיגיות למעמד, וביטויה ההלכתי של התכנסות זו הוא החיוב לזמֵן. ייתכן שהתשובה לשאלה זו תשתנה גם על פי הרקע התרבותי והחברתי שבו צמחה וגדלה אותה אישה ואולי גם על פי הרקע החינוכי שלה. כך או כך, כדאי ומומלץ להתפנות לרגע ממלחמה של תורה ומהעמסה של מקורות ותחת זאת לנסות ולברר את המצב במציאות ולבחון את מקומה של החוויה של סעודה משותפת בימינו. לאיתור מדויק של החוויה המציאותית יש משקל וערך לא מבוטלים כיוון שהמקרה וההתרחשות הם הגרעין הבסיסי ביותר של ההלכה. ניתוק ההלכה ממגמתה הבסיסית ביותר,

14. המחקר האנתרופולוגי עסק רבות בנימוסי שולחן ומשמעויותיו. ראו למשל: M. Douglas, *Deciphering a Meal: Myth, Symbol and Culture* (CD.C. Gecrtz), New York, 1971; G. Feeley-Harnik, *The Lords Table*, Washington-London, 1994.

דהיינו משייכותה למציאות ומהתבוננותה עליה, פוגע ביכולתה של ההלכה להטעין את המציאות עצמה במשמעות, ויותר מכך, אף להעצים ולרומם מציאות זו.

מוסר והלכה

בניסיון להכריע איך נכון לנהוג יש להביא בחשבון שיקול נוסף, והוא הקושי של האדם המודרני לנוכח העמדה האי־שוויונית של התורה. ההלכה מבחינה בין איש לאישה, ויש לכך ביטוי בברכות השחר ובמצוות רבות שהנשים אינן מצוות בהן כמו גברים. נוסף על כך, הן אינן נספרות למניין ולכל דבר שבקדושה. הן אינן יורשות, הן פסולות מלהעיד ולדון, ויש המפקפקים בכשרותן למלא באופן כללי תפקידים ציבוריים. גם מעשה הקידושין ומבנה המשפחה אינם סימטריים, ועוד כהנה וכהנה שינויים והבדלים שבסופו של דבר מעמידים כל רב להמליץ ביושר על עמדת ההלכה בהתפתלות מאוד לא נוחה.

מאחר שכולנו מקבלים עלינו את ההלכה על כל פרטיה וצדדיה מתוך אמונה שזו מצוות ה׳, ובוודאי אין ביכולתנו ואין ברצוננו לשנות דברים יסודיים בהלכה, עלינו לשאול את עצמנו אם המניע המרכזי לשינוי ההלכתי שאנו מעוניינים בו הוא מניע פסול. כלומר אם התחושה שהאי־שוויון המובע בהלכה שנשים אינן מצטרפות לזימון אינו תואם את המציאות, שכן הוא פוסח על העמדה ההלכתית הכוללת, המבחינה בין גברים לנשים, עמדה שיש לה חיזוקים וראיות רבות מתוך הדיונים ההלכתיים. עוד עלינו לשאול, עד כמה האינטואיציה המוסרית החזקה, שהיא חלק מתפיסת העולם שלנו הכוללת רעיונות של שוויון ושל זכויות הפרט, היא עמדה שיש לתת לה ביטוי בפסיקת ההלכה. אם יתברר שהתורה חתרה להציג מודל לא שוויוני, וכי זהו אחד היסודות שבתורה, אולי אין מנוס מלהשאיר על כנה את הדיכוטומיה שנוצרה אצל רוב הנשים בין חיים לדת.

נדמה לי שבעניין הזה יש ללכת בעקבות שני תקדימים הלכתיים שיש להם מאפיינים דומים ונקודות השקה לדיון שלפנינו. הראשון

עוסק בסמיכת נשים על הקורבן. חז״ל מצאו דרך לעשות נחת רוח לנשים ולאפשר להן לסמוך,[15] אף שהן אינן מצוות בכך, ולכן מדובר ב״מעשה לבטלה״.[16] התקדים האחר הוא הפסיקה האשכנזית בעניין ברכת המצוות. מדובר בהיתר לנשים לברך על מצוות עשה שהזמן גרמן, אף שנשים אינן חייבות בהן, למרות החשש מברכה לבטלה.[17] ככל הנראה נקבע ההיתר הזה בזכות רצונן להיכלל במצוות הללו ולזכות בהן.[18] משמע שלאורך הדורות אנו מוצאים הגמשה של חוסר השוויון משיקולים שונים.

נדמה לי שמשני המקרים הללו יחד אפשר ללמוד קל וחומר למקרה שלנו, מכיוון שזימון אינו ברכה, אלא אמירת פסוקים בלבד, לפיכך אין בו אפילו חשש של ברכה לבטלה. לכל היותר מדובר בזילות המעמד, שעומדת כנגד רצון הנשים להיות שותפות במצווה על משמעויותיה.[19] לכן במקום שבו המקורות מאפשרים את הכללת האישה וצירופה לזימון עם גברים, במקום שאין חשש מפריצות,

15. לדעת ר׳ יוסי, חגיגה טז ע״ב; ספרא, דיבורא דנדבה, פרשה ב, אות ב.
16. וראו רש״י, עירובין צו ע״ב, ד״ה נשים סומכות רשות, וד״ה הא נשים מעכ־בין, שטעמם של האוסרים הוא רק משום שהמעשה נראה כהוספה על דברי תורה (ובאיסור ״בל תוסיף״) וכהגדרתנו כאן. אומנם המאירי, שם, ד״ה סמיכה בנשים, מבאר שהחולקים על ר׳ יוסי סברו שיש חשש זלזול בחשש איסור שבת.
17. אור זרוע, חלק ב, הלכות ראש השנה, סימן רסו בשם רבנו תם. ונחלקו בזה הראשונים, אבל המנהג היה לברך. ראו המאירי לעיל וסקירתו ההיסטורית של גרוסמן, חסידות ומורדות (לעיל, הערה 6), עמ׳ 309–312.
18. י׳ הפטמן, ׳קיום מרצון של מצות עשה שהזמן גרמן על ידי נשים׳, דברי הקו־נגרס הלאומי למדעי היהדות, ירושלים תשנ״ד עמ׳ 161–168; א׳ ברקוביץ, ׳התחייבות עצמית של נשים במצות עשה שהזמן גרמן׳, סיני, ק, א (תשמ״ז), עמ׳ קפז–קצד; י׳ תא־שמע, הלכה, מנהג ומציאות באשכנז, ירושלים תש״ס, עמ׳ 262–279; גרוסמן, חסידות ומורדות (לעיל, הערה 6), עמ׳ 51–54, ובעיקר ראו עמ׳ 53 והראיה שהוא מביא לכך שכל העניין היה ביוזמתן של הנשים שרצו לקיים מצוות עשה שהזמן גרמן.
19. ומשמע שאולי היה אפשר להכלילן אפילו בברכות ממש.

אפשר ללמוד מסמיכה שאפשר לעשות מעשה שיש בו משום נחת רוח לנשים.

קרב גדול או מערכות קטנות

כאמור, נושא מעמד האישה בהלכה הוא נושא רחב, ושאלת התנגשות ערכי המוסר עם ערכי הדת וההלכה אינה פשוטה. נשים רבות מגיעות אליי במבוכה גדולה ומציגות בפניי את קשייהן להכיל את שני העולמות שהן חיות בהם: העולם האקדמי והמקצועי, שבו הן נחשבות שותפות שוות, והן יכולות להתקדם בו לפי כישוריהן ובהתאם ליכולתן, ומולו העולם הדתי, שבו הן נחשבות נחותות, הן אינן מובאות בחשבון כחלק מהציבור וזכויותיהן בו נפגעות. שאלה גדולה היא אם יש לנהל את הדיון במערכות קטנות, לברר מצווה אחר מצווה והלכה אחר הלכה ועניינה, או שמא יש לדון במכלול ולנסות להתוות השקפה כללית שתאפשר את מניעת הפיצול הפנימי שנשים חוות, פיצול שגורם לתחושת ריחוק מן הדת ולתחושה שהיא אינה רלוונטית בעבורן. כך או כך, כיוון ששינויים דרמטיים בהלכה יכולים להיות שבר גדול מדי, נדמה לי שבינתיים מוטב ללכת בשיטה של צעדים בטוחים ואיטיים. עם הזמן, יהיה אפשר לראות את השינויים וההישגים הקטנים מצטרפים למכלול. כבר היום אפשר להצביע על התקדמות גדולה. ייתכן גם שבסופו של תהליך יוברר שהאישה שמדובר עליה בהלכה המסורתית אינה האישה שבפנינו.[20]

20. המגמה מודגמת אצל י׳ כץ, בין יהודים לגויים, ירושלים תשל״ז, עמ׳ 35–44. דברים מפורשים יותר ראו במאמרה של ת׳ רוס, ׳מעמדה של האישה ביהדות, כמה השגות על תפיסתו של ליבוביץ לגבי מנגנון התיאום בין הלכה ומציאות׳, א׳ שגיא (עורך), ישעיהו ליבוביץ – עולמו והגותו, ירושלים 1995, עמ׳ 148–161.

סוף דבר

תיארתי את הקוטביות בתפיסת החוויה הנשית בימינו, רתיעת "הדור הישן" מפני שינויים לעומת ההתרחקות של נשים מעולם ההלכה מפני שהוא אינו משתלב באורחות חייהן. הצגתי את הקושי בהחלת דין שלא נהג עד ימינו, את הקושי בשבירת מנהג ומסורת, שספק אם הוא נחלת התפיסה האשכנזית, ובפרט כאשר את השינוי מבקש חלק מהציבור ולא כולו. מנגד הצבתי את המחיר שההלכה משלמת בקיפאונה ואת הבעיה המוסרית המתגברת בשל ההתעלמות מהמציאות המודרנית ומערכי המוסר הנלווים לה.

דעתי נוטה לומר שממכלול השיקולים הללו יש להתיר לנשים שרוצות בכך להשתתף בזימון, במשפחה בלבד, ולהיזהר מקביעת עמדה חיובית עקרונית ונמרצת. כך גם תינתן לגיטימציה לנשים שמתאים להן להחזיק במנהג אימותיהן שלא לזמן. ייתכן שנמצא את עצמנו במצב שהרעיון הוטמע, וייתכן שלהפך, דווקא מסורת האי־זימון, ותחושת הזרות והניכור לאפשרות לזמן, ימשיכו להיות נחלת הכלל.

ימים יגידו.

כשרבי יוחנן מנמנם,
או: מה קורה עם החוצניקים?

אני קוראת שוב את הדברים שכתבתי בנושא הזימון ומגלה שאף שהם התפרסמו לפני כמה שנים, הם משקפים לבטים שעדיין קיימים בתוכי וגם מתעדים נאמנה את הלכי הרוח בחברה שעודנה שסועה וקרועה בין הקטבים הללו. עדיין יש לכל אלו מקום במחשבה ההלכתית.

ממרחק השנים הרהרתי מעט דווקא בצורת הכתיבה ולא רק בתוכן ונזכרתי בסוגיה חביבה במסכת שבת. הסוגיה התלמודית נסמכת למשנה שבה מתגבש העקרון ש"אין בישול אחר בישול". כלומר תבשיל שכבר בושל לפני שבת - אין בו איסור של בישול בשבת ומותר לחממו בשבת. ובלשון המשנה: "כל שבא בחמין מערב שבת, שורין אותו בחמין בשבת". בעקבות המשנה הזו יש דיון משמח לב על אודות מאכלים בבליים טיפוסיים ומאכלים ארץ ישראלים טיפוסיים והשתלחות הדדית בין אמוראי ארץ ישראל לבבל בנוגע לטעמם של המאכלים.[1] בהמשך מובאת אגדה שמצביעה על הבדלים תרבותיים בין ארץ ישראל לבבל. מסופר שם על שני תלמידי ר' יוחנן: רבי אסי ורבי חייא בר אבא (שניהם מארץ ישראל) שישבו לפני ר' יוחנן ללמוד. דא עקא, ר' יוחנן נמנם, והתלמידים ניצלו את הזמן לשוחח על נושאים החורגים מסדר הלימוד, ושיחתם נסובה על עניינים

1. משנה שבת כב, א; בבלי שבת קמה ע"ב. ב"תחרות" השתתפו כותח הבבלי ותרנגולתא דרבי אבא, שהוא אמורא ארץ ישראלי. אלה אינם מאכלים של ממש אלא תבלין ותרופה.

פוליטיים ותיאולוגיים. בשיחה זו רבי חייא בר אבא הציג בפני חברו ארבע שאלות, שכאן אתייחס רק לשלוש מהן, שכולן מניחות את העליונות והמצליחנות של בני בבל על בני ארץ ישראל: מדוע עופות שבבבל שמנים? מדוע החגים שלהם שמחים? ומדוע תלמידי חכמים שלהם מצוינים (הפרשנים מסבירים שהכוונה שהם לבושים בקפידה והדורים בלבושם)? כל השאלות נשאלות מעמדת נחיתות אופיינית לבני ארץ ישראל ומציגות היטב את הסטיגמות המקובלות עד ימינו ביחס לחוצניקים ולחוצניקיות... רבי אסי השיב לשאלותיו של חברו בדחייה מוחלטת של ההשוואה הלא מחמיאה.

עופות שבבבל שמנים? לך למדבר עזה (שבארץ ישראל) ותראה שם עופות שמנים הרבה יותר. **החגים שבבבל שמחים?** זה מפני שהם עניים. היינו, הפער בין היום־יום העלוב שלהם לחגים גדול אצלם. לעומת זאת, בקרב עשירים (כתושבי ארץ ישראל) אין תחושת חגיגיות ושמחה מיוחדת בחגים מפני שכל יום אצלם הוא חג.

ומדוע תלמידי חכמים שלהם מצוינים? מפני שאינם חכמים ומלומדים. כלומר, הם נאלצים להתלבש יפה ומכובד כדי לעשות רושם ולזכות בכבוד תלמידי חכמים. כבוד שאין רוחשים להם בטבעיות מפני שאין תוכם כברם. כמובן, כל זה נאמר כדי לרמוז שתלמידי החכמים בארץ ישראל הם תלמידי חכמים אמיתיים, ולכן הם לבושים ברישול. אין להם צורך להתקשט כדי לזכות בכבוד. הם זוכים לכבוד מכוח תורתם.

לאחר שרבי אסי השיב לשאלות אחת לאחת, התעורר ר׳ יוחנן וגער בתלמידו רבי אסי על שהשיב תשובות לא מבוססות. לבקשת תלמידיו הוא הציע תשובות משלו לאותן שאלות. הפעם התשובות היו מאוזנות יותר, ובבסיסן ישנה קבלה של השונות כפי שהיא מוצגת בפי השואל בתוספת ניתוח מעמיק שלה. ואלה תשובותיו של ר׳ יוחנן:

מדוע עופות שבבבל שמנים? מפני שהם לא גלו.[2] ובדומה, החגים בבבל

2. על פי הפסוק בירמיהו מח, יא: ״שַׁאֲנַן מוֹאָב מִנְּעוּרָיו וְשֹׁקֵט הוּא אֶל שְׁמָרָיו וְלֹא הוּרַק מִכְּלִי אֶל כֶּלִי וּבַגּוֹלָה לֹא הָלָךְ עַל כֵּן עָמַד טַעְמוֹ בּוֹ וְרֵיחוֹ לֹא נָמָר״.

שמחים מפני שלא היו בגזרה שנגזרה על בני ארץ ישראל להשבית את שמחת חגיהם.[3] בשתי התשובות גנוזה הטענה ששותפות הגורל חלה על מי שיושב בציון. מי שבחר לחיות בגלות חמק מהגורל היהודי המשותף, לטוב ולמוטב, ולכן הוא חי על סיר הבשר ואינו שותף לצלקות שהתהוו מהמכות ההיסטוריות שספג העם היושב בציון, בחצר המלך. ייתכן שבתשובותיו יש צליל ביקורת, אך גם הכרה במצב לאשורו.

לשאלה השלישית, מדוע תלמידי חכמים שבבבל מצוינים, השיב ר' יוחנן תשובה מעניינת: "לפי שאינן בני מקומן", כלומר, הם אינם במקום הטבעי שלהם, לכן עליהם להתלבש בצורה נאה במיוחד. ר' יוחנן הוסיף ראיה לדבריו מניסיון חייו: "כדאמרי אינשי במתא שמאי, בלא מתא תותבאי", כלומר, במקומך שמך מוכר, אך במקום שאינו מקומך הבגדים מחליפים את ההכרה הטבעית במעמד ומאותתים לסביבה כיצד עליה להתייחס לכל אדם.

בפשטות ר' יוחנן אמר שאדם בביתו ובמקומו נועל נעלי בית ולובש חלוק, אין לו צורך להתקשט. אולם מחוץ לביתו, אדם נדרש להתלבש בצורה מכובדת. תלמידי החכמים בחוץ לארץ אינם "בביתם", ולכן הם נאלצים להתהדר בבגדים כדי לזכות בכבוד הראוי להם. מובן שניתן לומר שדבריו של ר' יוחנן הם משל למצבה של התורה בחו"ל לעומת מצבה של התורה בארץ. הפרשנות שניתנת למקורות השונים בחו"ל היא תוצר של האיום מן החוץ, של העין הביקורתית הבוחנת. לכן, מחוץ למקומה הטבעי על התורה להתקשט. בארץ ישראל, לעומת זאת, אפשר ללמוד תורת אמת המשוחררת מאילוצים אלה. עין הביקורת שמביאה איתה ערכים זרים ומתוכם בוחנת את אמיתות התורה נקלשת בארץ. אולי לא לחינם "שתל" עורך הסוגיה את דברי רב יוסף הבבלי כאילו הם תגובה לדברי ר' יוחנן (שהרי רב יוסף

3. על פי הפסוק בהושע ב, יג: "וְהִשְׁבַּתִּי כָּל מְשׂוֹשָׂהּ חַגָּהּ חָדְשָׁהּ וְשַׁבַּתָּהּ וְכֹל מוֹעֲדָהּ", וישעיהו א, יד: "חָדְשֵׁיכֶם וּמוֹעֲדֵיכֶם שָׂנְאָה נַפְשִׁי הָיוּ עָלַי לָטֹרַח נִלְאֵיתִי נְשֹׂא".

חי מאוחר יותר, ואינו יכול להיות חלק מן הדיון המקורי) כשבפיו הקביעה שתלמידי חכמים שבבבל עושים ציצים ופרחים לתורה. בעיני ר' יוחנן, תורת חוץ לארץ היא "מלבושים" לתורה. תורת בבל כרוכה ב"צעצוע" ובהסתרה של האמת הטהורה. אך רב יוסף, הבבלי, דרש את ה"צעצוע" הזה לשבח והדגיש כי מדובר בתהליך חיובי של עידון ואסתטיקה.

הדיון הזה, המשווה בין תלמידי החכמים שבבבל לאלה שבארץ ישראל, מעניק מילים למחלוקות שמתקיימות עד היום מתחת לפני השטח ברבדים שונים. מחלוקת בין מי שמצפה לפסיקה ישרה ללא פניות ובין מי שמצפה לפסיקה שנענית לאתגרים המורכבים של החיים. בין המצפים לקלף את התורה ולהעמיד אותה בטהרתה ובין מי שסבור שיופי התורה דווקא תלוי בתכשיטים שעטתה עליה עם שנות הגלות הארוכות וגם בשיקולים השונים ששינו את נתיב הפסיקה לאורך הדורות והפכו להיות בשר מבשרה. בווריאציה כזו או אחרת, נדמה שאלו השאלות שאני שואלת. לעיתים אני מוצאת את עצמי בצד האחד ולעיתים בצד השני. בעיניי, זהו אחד הביטויים המובהקים של העובדה שההלכה אינה מתמטיקה. ושפוסק המכיר את משעולי ההלכה היטב, יודע ומבין שעליו להחזיק ארגז כלים עשיר. ההבנה באיזה כלי להשתמש מתי עומדת בבסיס מלאכת ההכרעה המבוססת על צבירת ניסיון וידע ועל שימוש תלמידי חכמים.

בפרק הבא אציב את אי־ספירת הנשים למניין כאקסיומה. עם זאת, נדמה שההלכה הזו צברה נפח ומשקל גדולים במיוחד בתודעה החברתית, וכתוצאה מכך הפכה את הנשים לכמעט שקופות בבית הכנסת ובקהילה. אבקש להפריד בין ספירה למניין ובין היכללות בציבור והיות חלק ממנו ולא רק בהיבט החברתי. החידוש המרכזי הוא בהצבעה על כך שנשים הן חלק מן הציבור גם במובן ההלכתי.

פרק ד

נשים בכלל ציבור ו'קהל'

מבוא

לפני שנים אחדות התארחתי בבית הכנסת של אחת מהקהילות בארצות הברית.[1] המבנה הפנימי של בית הכנסת תוכנן כך שעזרת הנשים הייתה לצד עזרת הגברים. הבמה הוצבה במרכז, בעזרת הגברים, אך נצפתה מכל נקודה בחלל בית הכנסת בצורה שווה, כולל מעזרת הנשים. המחיצה התנשאה אל מתחת לגובה העיניים, כך שמחד גיסא יצרה חיץ, אך מאידך גיסא שמרה על תחושת השיתוף. שליח הציבור עמד על הבמה כשעבר לפני התיבה, והודות למבנה המתואר, את קולו שמעו בכל רחבי בית הכנסת במידה שווה. בסיומה של תפילת עמידה, כמקובל, שליח הציבור הסתובב לבדוק אם הציבור ברובו

1. הבסיס לפרק זה נכתב בשנת 2015 והוא נדפס כאן לראשונה (ובמקביל – בספר נוסף הרואה אור בהוצאת תבונות, ושמו כותבות הלכה). אוסיף, שבעת האחרונה בעקבות מגפת הקורונה והמעבר ברוב המקומות לתפילות במנייני רחוב, פתחו והרחיבו את אפשרות שיתופן של נשים בתפילות שהפכו זמינות, משפחתיות יותר, קרובות וקצרות יותר. לפיכך, נושא הדיון כאן נכון שבעתיים.

סיים להתפלל. הוא הפנה את המבט לעזרת הגברים, ואז, להפתעתי, מבטו הופנה לעזרת הנשים. כשראה שרוב הציבור, כולל הנשים, סיים להתפלל החל בחזרת הש"ץ. זו הייתה הפעם הראשונה בחיי שבה ראיתי ששליח הציבור והציבור כולו מודעים לנוכחותן של הנשים בבית הכנסת ואף מתייחסים אליהן כחלק אינטגרלי מציבור המתפללים.[2]

נשים אינן נספרות למניין לכל דבר שבקדושה, אך האין הן חלק מן הציבור? התשובה לשאלה זו משמעותית לא רק לעניין ההתחשבות בכבוד הציבור, ובוודאי לא רק לעניין הנקודתי של דרך הסיום הראויה לתפילת העמידה. יש לשאלה זו השלכות הלכתיות. אך השאלה רחבה יותר ונוגעת לשאלת עיצוב המרחב היהודי המשותף של עבודת ה'. הנחת האצבע על היסודות הנכונים של המושג "ציבור" היא פעולה נחוצה וחיונית גם לנוכח הפער שנוצר בין ההלכה למציאות בכל הקשור למעמדן ההלכתי של נשים בדורנו. אין חולק שלהשקפה שנשים הן חלק מן הציבור יש השפעה על תפיסת מעמדה של האישה בכלל.

סוגיית ספירת האישה למניין היא מעין חלון ראווה מדומיין לנושא כללי יותר: שותפות נשים בקהילה. העמדה הרווחת והמזוהה בדרך כלל עם עמדתה של התורה היא שנשים אינן נספרות למניין, וכיוון שכך, הן אינן שייכות לעולם הפרהסיה וה'טקס'. השימוש במונח 'טקס' אומנם אינו שאוב מן העולם היהודי ומשפת ההלכה, אך השימוש בו כאן נעשה מתוך הבנה שדווקא המושג הזה מביא עימו תובנות חשובות.[3] בפרק זה ברצוני לברר אם אומנם התפיסה

2. מן הדין הש"ץ יכול להמתין לחלק קטן מן המתפללים כדי להתחיל את תפילתו. אולם נהגו להמתין לרוב הציבור שיסיים את תפילתו כדי לאפשר לרבים יותר לענות לקדושה. ראו סיכום ההלכה בנושא: ילקוט יוסף, קיצור שולחן ערוך אורח חיים סימן קכד, דיני החזרה ועניית אמן.

3. ראו: נ' רובין, ראשית החיים, רעננה 2005, עמ' 14; C. Levi-Strauss, *The Raw and the Cooked*, London, 1969; S. Cooper, "*On Rules of Mixture: Toward an Anthropology of Halacha*", in : H. Goldberg (ed.) *Judaism From*

הזו מוצדקת. אברר מהי עמדת ההלכה כלפי האישה במרחב הציבורי ואראה כי מדובר בתפיסה כוללנית ושגויה. המונח 'ציבור' טומן בחובו משמעות רבת גוונים אשר חלק גדול מהם כולל את האישה.

בין מניין לבין ציבור

בספרות חז"ל ובספרות הרבנית לדורותיה נכרכו יחד שלושת המושגים ציבור, קהל ומניין. קיומו של ציבור כמעמד נבדל, שהוא רחב יותר ממניין, לא נזכר בהם. כתוצאה מכך, בתודעה הדתית חל טשטוש בין המושגים הללו. גם העמדה החברתית הרווחת אינה מבחינה בין המושג מניין למושג של ציבור. בפרק זה אבקש לפתוח בדיון בנושא, לבררו ולערוך לו ארגון מחודש. הנושא, כפי שיועלה כאן, הוא רק פתיח לעיון פרטני ודקדקני מאומץ שחייב לבוא בעקבותיו.

נקודת המוצא לדיון היא שנשים אינן נספרות למניין והן אינן נכללות ב"עשרה" הנצרכים לכל הדברים שבקדושה.[4] אבל מה שייכותן למושג ציבור?

סוגיה חשובה בבבלי ברכות (מה ע"ב) מעמידה זו מול זו, ללא סתירה, את שתי האפשרויות הללו: גיבוש מניין אל מול הצגתן האפשרית של מספר נשים כקבוצה. מהסוגייה עולה שעל אף שהנשים אינן יוצרות חבורה במשותף, הרי שלצירוף נשים יש משמעות של ציבור:

Within/Without – Anthropological Studies, New York, 1987. במקביל כדאי להעיר שחקר התרבות מצביע על כך שהתפיסות הללו, שלפיהן הנשים אינן שייכות למרחב הציבורי, קיימות כתפיסה בחברה בכללותה. וייתכן שברקע של המחשבה שההלכה אינה מכלילה נשים בציבור נעשית השלכה לא נאותה של תפיסות חברתיות רווחות. וראו: חנה הרצוג, נשים ריאליות: נשים בפוליטיקה המקומית בישראל, 32, 34 (1994), המתארת את ההפרדה בין נשים לגברים כהפרדה בין הפוליטי ללא פוליטי בין הציבורי לפרטי ובין העליון לנחות כשלושה צירי הפרדה היושבים כתפיסות תרבותיות עמוקות.

4. בבלי ברכות כא ע"ב; בבלי מגילה כג ע"ב ועוד.

והא מאה נשי כתרי גברי דמיין (והלא נשים, אפילו מאה, נחשבות לכל היותר כשני גברים, ואין זה מספיק לזימון)?
וקתני: נשים מזמנות לעצמן ועבדים מזמנין לעצמן (ובכל זאת שנינו שנשים מזמנות בקבוצה של שלוש נשים)!
שאני התם, דאיכא דעות (אלא, יש לומר שהעניין שונה בזימון, כיוון שיש "דעות").[5]

הסוגיה הזו מניחה על השולחן את עניין ה"דעות" – כלומר, נוכחות של אדם תבוני שיש לו דעות ועמדות. קביעה זו מצמצמת את ההנחה המוכרת של חז"ל, שאפילו מאה נשים יחד אינן יוצרות מניין רק לעניינים שבקדושה. אבל במקרים אחרים יש משמעות להתכנסות המשותפת, התכנסות של יחידות בעלות ה"דעות". התוספות במקום מדגישים נקודה זו, ומציינים כי מספר רב של נשים נחשב כאוסף נשים בודדות רק ל"קיבוץ תפילה" ולעניינים שבהם נדרשים "עשרה" כלומר, למניין.[6] יחד עם זאת, בעניין של זימון שהוא הנושא הנדון בסוגיה הזו, חז"ל משתמשים בתשתית העובדתית של ריבוי "דעות" כבסיס ליצירת סוג של קהילה קטנה שלקיומה יש חשיבות ומשמעות הלכתית. המסקנה העקרונית העולה מן הסוגייה היא שלקבוצת נשים יש משמעות, ואינה דומה אישה בודדה למספר נשים במקובץ, לשותפותן יש ביטוי במציאות וגם המשגה הלכתית. וכמו שהרא"ש מציין "בתר דמסיק דעות שאני ויצא מכלל שני אנשים חזרו נמי לענין חובה כשלשה".[7] היינו קיומן של דעות מצרף שלוש נשים יחד לכדי פורום שיש לו השפעה ומשמעות הלכתית בנוגע לזימון. ההבנה העולה מכאן, שמניין אינו הדרך היחידה להיווצרות פורום משותף, סוללת את הדרך למחשבה מחודשת על היחס הנכון למעמדן של נשים כחלק מן הציבור.

5. בבלי ברכות מה ע"ב.
6. ראו תוספות, שם, ד"ה והא מאה נשים.
7. רא"ש, ברכות, ז, ד.

קהל במקרא ובחז"ל

ההבחנה בין קהל (מושג המקביל למושג ציבור בשפה המדוברת שלנו) ובין מניין קיימת כבר במקרא ובחז"ל. התורה פוסלת מציבורים מסוימים מלבוא ב"קהל ה'".[8] בכלל אלו הממזרים, עמוניים ומואביים. אלו פסולי חיתון שמומם אינו נמחה לדורות. מתוך ההוראה המתייחסת לאלו שלא יבואו ב"קהל ה'", חז"ל בירנו מי נכלל בקהל ה' ומי לא. בסוגיה ביבמות (נז ע"א) מתברר מעמדן של קהילות שוליים ונספחים לעם ישראל, כגון גרים, וכן אם הם פסולי חיתון.[9] נקודת המוצא בפשט הכתובים ובפשט דברי חז"ל היא שנשים נכללות בקהל ישראל וכל איסורי החיתון הללו עם הפסולים חלים עליהן בשווה, מדין "השווה הכתוב אישה לאיש...".[10] ההתייחסות אל הקהל הרחב מופיעה גם סביב ענייני יום כיפור. לגבי עבודת הכוהן הגדול ביום הכיפורים נאמר: "וכפר את מקדש הקודש ואת אוהל מועד ואת המזבח יכפר ועל הכהנים ועל כל עם הקהל יכפר".[11] ולא שמענו שעלה בדעתו של מאן דהו שנשים אינן מתכפרות על חטאיהן ביום הקדוש הזה וגם לא יעלה על הדעת שאינן זקוקות

8. דברים כג, ב–ט.
9. בבלי יבמות נז ע"א. וראו גם קידושין עג ע"א. כדאי לשים לב שהמושג קהל משמש גם כחלק מדיון על יחידות אוטונומיות מתוך קהל ישראל והגדרת יחידות כאלה. שם דנו אם כוהנים ולוויים זכאים למעמד של קהל. למסקנה הטילו ספק ביכולת שלהם להיקרא קהל משום שאינם זכאים לאחוזה, ואפשר להסיק שיש קשר בין ההתיישבות הגאוגרפית והטריטוריה להגדרה השבטית של הקהל כיחידה אוטונומית. אף כי ייתכן שהכוהנים התייחדו והם קהל מובחן, שבהרבה מובנים עומד לעצמו. ראו ר"ח יומא נ ע"ב. ולכן אכן התייחדו מתוך הציבור לעניינים של קורבנות ציבור. לעניין הזיקה בין קהל לטריטוריה ראו גם בבלי הוריות ג ע"א.
10. בבא קמא טו ע"א. זאת ועוד, כיוון שלהלכה נפסק "עמוני ולא עמונית", הרי שמבחינת האפשרות המעשית, פסלות עמוני ומואבי לבוא בקהל שייכת רק בנשים, ודווקא גברים מותרים בהם.
11. ויקרא, טז, לג. לגבי כוהנים ראו: מכילתא דר"י, מסכתא דבחודש פרשה ד, ד"ה וגם הכהנים; בבלי הוריות ו ע"א.

לכפרה.[12] בהקשר של יום הכיפורים יש להקדיש תשומת לב למבנה הצומח של התייחסות הכוהן הגדול אל העם: "וכפר בעדו ובעד ביתו ובעד כל עדת בני ישראל",[13] על פי ההנחה הפרשנית ש"ביתו זו אשתו", הרי שהכוהן מכפר עליו ועל אשתו תחילה, ומכאן מורחבת הכפרה על כל הקהל כיוצא בהם: איש ואישה וצאצאיהם.[14] בעניין פר חטאת של ציבור מתקיים דיון מרתק בקשר להגדרת קהל, ובשום שלב אין הצעה להחריג נשים כמי שאינן חלק מן הקהל.[15] אם כן, המושג קהל מתייחס לנשים ולגברים כאחד, וההחריגים, או ה"אחרים", הם סקטורים מובחנים סוציולוגית. ובראייה רחבה, המשמעות היא שנשים הן חלק מן הציבור. אומנם ניתן לטעון שהן אינן חלק מהציבור אלא פשוט חלק מעם ישראל, ובמובן הזה הן נכללות בקהל. אלא שמצאנו גם קהל שאינו מכיל את כלל עם ישראל, ועל כן לדעתי ניתן להסיק שהפנייה לנשים במצוות ציבוריות מגדירה אותן כחלק מן הציבור.[16]

ואף שנשים כונו "עם בפני עצמן", זו לשון הפרזה ספרותית־מליצית, ומשמעותה שיש להן גינונים ואפיונים ייחודיים מאלו של הגברים, ולכן דינן שונה לעניין הוצאה בשבת.[17]

הר"ן הבין את המימרה הזו ("עם בפני עצמן") בדרך שונה. לדעתו היא מעידה על כך שלנשים יש מעמד של עם כשם שלגברים יש מעמד של עם: "קסבר עולא נשים עם בפני עצמן הן. פירוש: ולא הוו גבי אנשים כרועים גבי אנשים משום דאלו ואלו אנשים הם אלא נשים עם בפני עצמן הן".[18] כלומר, הר"ן הדגיש שהמימרא הזו

12. וראו: בבלי ברכות כ ע"ב: "וחייבין בתפלה דרחמי נינהו".
13. ויקרא טז, יז.
14. בניגוד למשל, לנוסח שקיים ב"מי שבירך" שבו מברכים "הם ונשיהם ובניהם וכל אשר להם", כאשר ה"להם" הוא הגברים, "ונשיהם ובניהם" נספחים להם. וראו משנה יומא א, א.
15. בבלי, הוריות ג ע"א.
16. ראו לעיל, הערה 9.
17. בבלי שבת סב ע"א.
18. חידושי הר"ן (מיוחס לו) שם.

אינה מצביעה על הירכיה ועליונות אלא על שונות. התורה ניתנה לגברים ולנשים כאחד, ובפועל, בכל מקום שבו ההלכה מתייחסת אל הציבור, אף נשים בכלל.

שישה מודלים

הצבענו אפוא על המורכבות הקיימת בשאלת הגדרת ציבור בכל הנוגע ליחס לנשים ולהיכללותן בציבור. המורכבות היא מורכבות הלכתית, והיא נובעת מכך שמצד אחד יש מחוזות שבהם יש בלעדיות לגברים ולא רק עדיפות, ומצד שני יש מחוזות והקשרים הלכתיים שבהם אין כלל הבדל בין גברים לנשים וכולם נכללים באותו חיוב כאחד. המורכבות הזו מחייבת מיפוי הלכתי מחודש של הנושא ותובעת לדייק טוב יותר את האופי של המצוות המדוברות ואת אופני ההתחייבות בהן. מיפוי זה עשוי לפוגג מעט את הזיהוי החברתי של מושג המניין עם מושג הציבור. עיון באופני החיוב השונים מעלה ומציף את המודלים השונים המוצעים כאן.[19] באילו אין מקום להכללת נשים, ובאילו נשים הן חלק מהמכותבים העיקריים או המשניים של המצווה הנדונה.

אני מציעה לחלק בין שישה מודלים של מצוות:

1. מצווה המוטלת על יחידים.
2. מצווה המוטלת על כלל היחידים כחובה ציבורית.
3. מצווה המוטלת במניין (עדה).
4. מצווה המוטלת על מניין גברים, אך יש יתרון לקיומה בציבור.
5. מצווה המוטלת על עשרה אך לאו דווקא גברים.
6. מצווה המוטלת על הציבור בכללותו.[20]

19. המיון של מצוות לקטגוריות של מצוות על היחיד ומצוות על הציבור מצוי גם בדברי רס"ג בספר המצוות שלו. ראו ספר המצוות, מהדורת ר"י פערלא ירושלים, תשל"ג, ולאחרונה בספר המצוות לרס"ג, תרגום הרב נסים סבתו, ובפירוש הרב חיים סבתו, ירושלים תשע"ט.

20. בין מודל 2 למודל 6 יש הבחנה מאוד ברורה. יש מצוות שהן מצוות משותפות, נעשות באופן ריכוזי, בשם העם וכיוצא בזה. אלה מצוות המוטלות על הציבור

הצבת ששת המודלים יוצרת נקודת מבט כללית המציגה את המצוות השונות על רצף אחד בעל שני קצוות: בקצה האחד נשים הן בהחלט חלק מן הציבור והקהל הקדוש בקדושת ה׳, ובקצה השני נשים הן יחידות החייבות במצוות החלות על היחיד.

מנקודת מבט זו, נוכל לראות כי ישנן מצוות מסוימות המוטלות על יחידים, שנשים פטורות מהן. שהרי בידוע שנשים פטורות ממצוות עשה שהזמן גרמן, ואין הן מוציאות ידי חובה את מי שחייב במצוות הללו (בכך למעשה מתברר שקיים פיצול בתוך הקטגוריה הראשונה). דבר דומה נוכל לראות גם במצוות שמופנות אל הציבור, בקטגוריות 6-2 דלעיל. בחלק מן המצוות הללו נשים אינן נכללות: הן אינן נספרות למניין ולכל דבר שבקדושה וכיוצא בזה, ובחלק מהן נשים נכללות. אם כן, החידוש כאן אינו בהבלטה או בהצגה של המקרים שנכללים בכל אחת מהקטגוריות, אלא בתמונה המתקבלת מהעמדת כלל המצוות על רצף של אפשרויות ולפיה אי־מעורבותן של נשים במצוות ציבוריות או חוסר ההתחשבות בנוכחותן אינם קשורים לשאלת היותן חלק מן הציבור אלא מבטאים מקרה פרטי ומסוים.

התיאור ההלכתי הזה מלמד שהתפיסה החברתית ואף החברתית־הלכתית, שלפיה נשים הן אוסף פרטים ואילו גברים הם ציבור – היא תפיסה שגויה.

חשוב לי להדגיש זאת, מפני שתפיסה כזו מצמיחה תופעות פסולות, כגון התעלמות מוחלטת מנשים בבית הכנסת או חשד הלכתי־אוטומטי בכל פעם שסופרים נשים לעניין כלשהו, שמא אין לכלול אותן. למשל, בברכת הגומל או קריאת מגילה, וזאת מבלי שעורכים בירור יסודי של הסוגיה.

מתוך ששת המודלים שהצגתי לעיל, ברצוני להבליט את קיומם של המודלים האמצעיים, הממצעים, ולא הקוטביים והקיצוניים. קיומם

בדרך כלל. לעומת זאת, יש מצוות שהן מצוות שמוטלות על כתפי כל אחד ואחד, אלא שבניגוד למצוות כמו כיבוד הורים והנחת תפילין, למצוות אלו יש גם אופי ציבורי, והן נעשות במרחב אחד ובאותו זמן וכל היחידים עושים אותן.

של המודלים הללו מוכיח את התזה המרכזית שאני מציגה בפרק זה. המודל הראשון הוא פשוט וברור: מצוות המוטלות על היחיד תלויות במעמד האישי של היחיד, ברובן נשים חייבות, למעט אלו שנאמר לגביהן במפורש שהן פטורות מהן. ועדיין יש להן עמידה לפני ה' כיחידות. לכן נפתח במודל השני.

מודל 2 – מצווה על כלל היחידים כחלק מן הציבור

המצווה הקלאסית שמוטלת על כלל היחידים כיחידים וכחלק מציבור היא מצוות קורבן פסח. על מידת החיוב של נשים בקורבן פסח מתקיים דיון מורכב והוא נערך בשני מפלסים: המפלס הראשון הוא הדיון על עצם חיובה של האישה (כיחיד) בקורבן פסח. במישור הזה קיימת מחלוקת תנאים משולשת הקשורה בדרך גזרת ההלכה מפרשת קורבן פסח, ומכאן גם למחלוקת במסקנה לגבי רמת החיוב של נשים. הדיון הזה מורכב מהתייחסות כוללת הן לחיובן בפסח ראשון (י"ד בניסן) והן בפסח שני (י"ד באייר).

לדעת ר' יוסי אישה חייבת בפסח ראשון ובפסח שני כדין כל מי שלא הקריב פסח במועדו.

לדעת ר' יהודה אישה חייבת בראשון ובשני יש לה רשות להקריב אך אינה חייבת. לכן לדעתו, אין שוחטים עליה קורבן בפני עצמה בפסח שני, והדבר מותר רק בצירופה עם גבר שחייב בהקרבה.

ולדעת ר' שמעון יש לאישה רשות לעשות פסח ראשון והיא אינה שייכת בפסח שני בכלל.

כל אחד משלושת התנאים הללו ביסס את שיטתו על דרשת הפסוקים הקשורים בקורבן פסח. בפרשת בא נאמר: "ואם ימעט הבית מהיות משה ולקח הוא ושכנו הקרוב אל ביתו במכסת **נפשות** איש לפי אוכלו תכוסו על השה".[21] בפסוק זה מצוי המושג "נפשות", שהוא מושג מכליל, ולכן ר' יהודה סבר שנשים כלולות בחיוב להביא קורבן פסח. אומנם, דעתו לעניין פסח שני נגזרת מן הפסוקים המיוחדים

21. שמות יב, ד.

לפסח שני, ושם נאמר: "חטאו ישא **האיש** ההוא". מכאן הסיק ר' יהודה שחובת ההקרבה בפסח שני חלה על אנשים בלבד ולא על נשים. לעומתו, ר' יוסי סבר שאף בפסח שני נשים חייבות מכך שנאמר: "ונכרתה **הנפש** ההיא מישראל", ובכלל נפש כלולות גם הנשים. ר' שמעון סבר שכבר בפסח ראשון נשים פטורות מפסח והן רק רשאיות לעשותו על פי האמור: "במכסת נפשות **איש** לפי אוכלו" ולמעשה, לדבריו, כבר בפסח ראשון התורה מתייחסת בציווי לאיש ולא לאישה. ר' שמעון התייחס גם לשניות שבפסוק. מצד אחד "איש" ומצד שני "נפשות". לדעתו השניות הזו משקפת את מצבה של האישה, שהיא טפלה לחיוב הרובץ על האיש, ולכן היא מצטרפת איתו לקורבן כבר בפסח ראשון.[22] במחלוקת הזו נפסקה הלכה כר' יהודה, שבפסח ראשון נשים חייבות כגברים. כל אחת מהדעות נסמכת על דיוק מן הפסוקים לגבי נמעני המצווה: אם החיוב הוא על ה"נפש", נשים בכלל. ורק אם החיוב מוטל במיוחד על "איש", נשים פטורות או טפלות לאיש. ונחלקו על מי מוטל החיוב כפי שהוא מופיע בתורה, ולכל הדעות אין מחלוקת באשר להיותה של האישה חלק מהמושג המכליל.

המפלס השני של הדיון קשור לשאלה הרחבה של חיוב הציבור בפסח. כאשר רוב הציבור טהור במועד ההקרבה של פסח ראשון, י"ד בניסן, מקריבים את הקורבן במועדו בטהרה. במקרה כזה, המיעוט הטמא נדחה ומקריב את קורבנו רק בפסח שני, י"ד באייר. אולם, אם רוב הציבור טמא במועד ההקרבה של פסח ראשון, בניסן, כל הציבור מקריב את הקורבן במועדו בטומאה.

וכאן נשאלת השאלה המתבקשת: מה משקלן של הנשים בספירת הטמאים והטהורים?

שאלה זו הופכת להיות מכרעת במצבי שוויון. אם מתברר שמספר הטמאים הגברים ומספר הטהורים הגברים זהה. במקרה כזה, ציבור הנשים הופך להיות לשון המאזניים. שאלה זו נדונה במסכת פסחים

22. מכילתא דר"י, מסכתא דפסחא פרשה ג (שם מובאת רק הדעה המכלילה נשים); בבלי פסחים צא ע"ב.

ונחלקו בה רבותינו. נקודת המוצא וההנחה המשותפת לכל הדעות שם היא שהנשים נספרות כשהן חייבות במצווה, ואינן נספרות כשהן בגדר רשות במצווה או שהן פטורות ממנה. הספירה הזו יוצרת מצבים מוזרים, כיוון שלדעת ר' יהודה, שנפסקה להלכה, אין סימטריה בין חיובן של נשים בפסח ראשון לחיובן בפסח שני. לדעה זו, ייתכן מצב שבו הן משלימות את מספר הטהורים למחצית מדויקת בפסח ראשון, אך מחצית קהל אינו רוב קהל, ולכן לא יעשו את הפסח במועדו. אולם, אין סופרים את הנשים הטהורות לעניין פסח שני, ולכן מתברר שמספר הטמאים הנספרים לפסח שני עולה על מספר הטהורים שיכולים היו לעשות פסח ראשון, והרי הם רוב טמאים, ואין מביאים פסח שני. ויוצא שבאותה שנה לא יעשו פסח כלל.[23] מתברר ששאלת ההתחשבות בנשים כגורם בקביעת מעמדו של הציבור תלויה באופי החיוב שלהן במצווה כיחידות ולא רק באופייה של המצווה כמצווה החלה על כלל עם ישראל. דבר זה נובע משני פניו של הציווי על קורבן הפסח – הפן הציבורי והפן האישי. מצד אחד הוא מובא "בכנופיא", כלומר, כל עם ישראל מקריבים אותו בשעת בין הערביים, ובזה הוא נראה כעניין ציבורי, אך החובה מוטלת בסופו של דבר על היחידים: "קחו לכם איש שה".[24] לדואליות הזו יש יסוד בפרשות התורה המתייחסות הן ל"נפש", המושג המכליל, והן ל"איש" כמושג מבדל.[25]

23. ראו: בבלי פסחים, עט ע"ב.
24. המורכבות הזו, שבין חובה פרטית לחובה ציבורית, מתקיימת גם לגבי הגד־רתו של קורבן פסח כקורבן ציבור או קורבן יחיד, ואכמ"ל. ראו התייחסותי לנושא במאמרי, שיעור העיסה החייבת בחלה ומשמעותו, בד"ד 23 (תש"ע), עמ' 111-135.
25. כששבים אל מקורות מצוות קורבן פסח מתגלים הרבדים הללו ביתר בולטות בהוראה אחרת שלא נזכרה בסוגיה זו במסכת פסחים. הכוונה לפסוק שיש בו הוראה מכלילה מאוד: "ושחטו אותו כל קהל עדת ישראל" (שמות יב, ו). למרות שהשמיעה הבלתי אמצעית מדמה שההדגשה היא על הריבוי, חז"ל למדו את הצירוף של שלושת הביטויים "קהל", "עדה" ו"ישראל" כמושגים מצמצמים, ממעטים. כך הסיקו שיש עניין שבכל כת מקריבה יהיו לפחות שלושים איש, שזהו מספר לא מקובל כפורום מינימלי, שהוא מעבר אפילו למניין. רק המושג

מצוות קורבן פסח היא תופעה מרתקת במורכבותה. ההכרעה המעשית בענייני ההקרבה מניחה ממשק המצוי בין הפרטי ללאומי, יש בו אפשרות לחופש וגיוון לפרט, מבלי לגרוע מנקודת המבט המכלילה על הציבור כמורכב מפרטים השונים זה מזה. מחירה של נקודת המבט הזו עלול להיות שיתוק מוחלט, שבו עם ישראל כולו לא יעשה את הפסח כלל, כפי שהראינו.

מודל 3 – מצווה המוטלת על מניין גברים

המשנה במסכת מגילה מונה רשימת מצוות שאין מקיימים אותן אלא בעשרה, והן נחשבות ל'דבר שבקדושה':

אין פורסין על שמע,[26]
ואין עוברין לפני התיבה,
ואין נושאין את כפיהם,
ואין קורין בתורה,
ואין מפטירין בנביא,
ואין עושין מעמד ומושב,
ואין אומרים ברכת אבלים ותנחומי אבלים,
וברכת חתנים,
ואין מזמנין בשם
פחות מעשרה,
ובקרקעות – תשעה וכהן, ואדם כיוצא בהן.[27]

של "עדה" מקובל כמושג המכונן מניין, אבל שאר המושגים הם מושגים כוללים יותר, המתייחסים לציבורים מכלילים. יחד עם זאת, כריכתם אלו באלו עשויה להשפיע על תוכנם, ומכאן גם לקשיחות בהתייחסות לציבור כאל הרחבה של שלושת המושגים כאחד. ראו: בבלי פסחים סד ע"א-ע"ב.

26. לרש"י שם הכוונה לקדיש וברכו, אולם לשיטת רבנו תם, לעניינים אלו יש להסתפק בשבעה אנשים או אפילו פחות, ראו תוספות מגילה כב ע"ב ד"ה ואין פורסין על שמע.

27. משנה מגילה, ד, ג; בבלי מגילה כג ע"ב. המבנה הספרותי של המשנה ראוי לתשומת לב. המשנה מונה עשרה דברים, במבנה של תשעה ועוד אחד.

מוסכם להלכה על כל הפוסקים שאין מקיימים את המצוות המנויות במשנה זו אלא בעשרה גברים בלבד שעונים על הדרישות הללו: "י' זכרים בני חורין גדולים שהביאו ב' שערות".[28] אומנם, בחלק מן העניינים הנמנים כאן, ניתן לקיים את המצווה ביחיד, אך תוך שינוי משמעותי ובהעדר נקודת המבט הטקסית. למשל:

והיכי מברך? (כיצד מברך את ברכת התורה)
בעשרה אומר: "ברכו את ה' המבורך",
ביחיד כשהוא משכים לקרוא אומר: "ברוך אתה ה'... הנותן תורה מן השמים חיי עולמים ממרומים, ברוך אתה ה' נותן התורה".[29]

נראה שבברכת התורה ההבדל בין ברכת היחיד לברכה בעשרה הוא הבדל בין הברכה על עצם הזכות של לימוד התורה ובין ההכרזה על מעמד משותף של קריאה בתורה. אין מדובר בהכפלת כוח אלא בשינוי מהות המעשה ומהותה של הברכה, ובמעבר ממעשה של יחיד לטקס. מבין שני האופנים, המשנה המדברת על דרישה של עשרה מתייחסת לקריאה בתורה הציבורית והטקסית.[30]

חז"ל הביאו בפנינו את המקור למשמעות של קיבוצם של עשרה אנשים שבהיותם יחד הם הופכים להיות עדה הנצרכת כבסיס חיוני לכל דבר שבקדושה:

וכן אמר רב אדא בר אהבה: מנין שאין היחיד אומר קדושה? שנאמר: "ונקדשתי בתוך בני ישראל"[31] – כל דבר שבקדושה לא יהא פחות מעשרה.
מאי משמע?

28. שולחן ערוך אורח חיים נח, א, למשל. פרשנות זו מקובלת בהלכה אף שבמשנה ובגמרא לא הוזכרו גברים דווקא, ותמיד נאמר "בעשרה" בסתמיות.
29. מסכת סופרים יג, ו.
30. מנחת יצחק חלק ז, סי' ו; ילקוט יוסף חלק ג, קלה, ז.
31. ויקרא כב, לב.

דתני רבנאי אחוה דרבי חייא בר אבא: אתיא תוך־תוך.
כתיב הכא: "ונקדשתי בתוך בני ישראל"
וכתיב התם: "הבדלו מתוך העדה הזאת",[32]
מה להלן עשרה, אף כאן עשרה.[33]

הדרשה של ר׳ חייא בר אבא מבוססת על גזרה שווה בין שתי הפרשות שבהן נזכרת המילה "תוך". פעם אחת בפרשת קורח, בפסוק העוסק באפשרות לקדושת ה׳: "ונקדשתי בתוך...". המילה "תוך" מופיעה שוב בפרשת המרגלים ומתייחסת לעשרה המרגלים שחטאו. לדרשה הזו נצרכים שני הפסוקים מפני שמספר השותפים בפרשת קורח אינו מעלה ואינו מוריד. את המספר עשרה גוזרים מפרשת המרגלים שבה מופיע המושג "תוך" יחד עם המושג "עדה", ונוסף לכך ישנו פסוק המבהיר שהמילה עדה מתייחסת לקבוצה של עשרה: "עד מתי לעדה הרעה הזאת".[34] דרשה מסורבלת פחות מצויה בתלמוד הירושלמי, והיא בעלת יסוד משותף עם זו שבבבלי, שהוא ההתבססות על גזרה שווה של המילה "תוך":[35]

אמר ר׳ סימון נאמר כאן "תוך" ונאמר להלן "תוך",
"ויבאו בני ישראל לשבור בר בתוך הבאים".[36]
מה "תוך" האמור להלן עשרה אף כאן עשרה.[37]

ר׳ סימון מציע לגזור גזרה שווה מאחי יוסף, שהם עשרה היורדים למצרים לשבור בר. עליהם נאמר "בתוך", ומכאן שקדושת "ונקדשתי בתוך בני ישראל" מתקיימת אף היא בעשרה אנשים.

32. במדבר טז, כא.
33. בבלי ברכות כא ע"ב.
34. רש"י, מגילה כג ע"ב ד"ה עדה.
35. וראו: תורה תמימה בראשית מב, הערה ב.
36. בראשית מב, ח.
37. ירושלמי ברכות ז, ג.

בירושלמי שם מובאות גם דרשת ר' בא ור' יסא, המבססת את הגזרה השווה על המילה "עדה", ואף היא פחות מסורבלת מזו שבבבלי ונלמדת ישירות מפרשת המרגלים:

מניין לעדה שהיא עשרה?
ר' בא ור' יסא בשם רבי יוחנן: נאמר כאן "עדה" ונאמר להלן "עדה",
מה "עדה" שנאמר להלן עשרה, אף "עדה" שנאמר כאן עשרה.[38]

לכאורה, זהו המקור לדין של עשרה שלכאורה נוגע לכלל הרשימה שבמשנה. למעשה, הרשימה במשנה אינה אחידה. לא כל פרט ברשימה נגזר מן העיקרון של "דבר שבקדושה" ומהגזרה השווה שבסוגיה. כך למשל ברכת חתנים הנמנית ברשימה שבמשנה במגילה ודורשת עשרה אנשים מבוססת על דרשה ממקור אחר:

תנא: מנין לברכת חתנים בעשרה?
שנאמר: "ויקח עשרה אנשים מזקני העיר ויאמר שבו פה וישבו".[39]

המקור המובא במשנה הוא נישואי בועז ורות. במגילת רות מפורש שבועז לקח עשרה אנשים מזקני העיר לטקס הקידושין. ומשם למדו שברכת חתנים בעשרה. הפסוק הזה הוא חד־משמעי ולכאורה ניתן להסיק ממנו שבכל נישואין נדרשים עשרה אנשים דווקא.[40] גם לעניין

38. לא כל הדרשות מחייבות שהעשרה יהיו גברים, ולא כאן המקום להרחיב בעניין. וראו: שו"ת יביע אומר חלק ד, אורח חיים סי' ט.
39. רות, ד, ב; בבלי כתובות ז ע"א. בגמרא שם ע"ב דרשה זו נאמרה בשם הונא בר נתן, ורבי אבהו חלק ולמד מ"במקהלות ברכו אלוקים", ונעסוק בכך בהמשך.
40. בגמרא שם, רבי אבהו, שחלק על המקור הזה, סבר שאצל בועז לא היו אלה נישואין רגילים והיה שם צורך מיוחד בעשרה בגלל הייבום. כך או אחרת לדעתו, הפסוק מתייחס לעשרה דיינים והרי אין לומדים שיש צורך דווקא בעשרה דיינים, ולכן הפסוק אינו מקור מתאים.

זימון בעשרה, העוגן אינו בדבר שבקדושה ובדרשה הנלמדת מ"עדה" ומ"תוך", אלא מהלשון "נברך לאלוקינו", המתאימה בעשרה ואינה הולמת פורום קטן יותר.[41] בשני העניינים האחרונים (זימון וברכת התורה) ראינו שקיימת אפשרות לקיים את המצווה גם כשאין עשרה, אלא שאופי המעשה משתנה והן שייכות גם לקטגוריה של מצווה על יחידים (או קבוצות שאינם מניין). כך או כך, ייתכן שלהבחנה בין המקורות יש השפעה על פרטי ההלכות ועל המשמעות של הדרישה לעשרה אולם בשלב זה נראה כי בכל המצוות הללו התייחדו הגברים היוצרים יחד ציבור. לכאורה, נשים אינן שייכות במעמדות הללו כלל, גם לא כתוספת. לאחר בירור נוסף יתבהר כי לפחות בחלק מהמקרים הללו, נשים מעצימות את המעמד בנוכחותן ובלבד שיש כבר עשרה גברים, כפי שיבואר בהמשך.[42]

מודל 4 – המניין כמינימום נצרך, ויתרונו של ציבור

האם יש משמעות לכלל הנוכחים

ברצוני לטעון (וזו טענתי המרכזית בנושא) שגם בעניינים המחייבים מניין, ישנה חשיבות לתוספת אנשים גם מעבר למניין, כי ריבוי השותפים מגדיל את עוצמת המצווה. לניתוח הדברים יש השלכות מעשיות, ואחת מהן עשויה להיות קשורה לסיפור שסיפרתי בראשית הפרק, על שליח הציבור החוזר על תפילתו על בסיס של מניין, אך כדי לשתף את כל הקהל, הוא ממתין שרוב הציבור יסיים את תפילתו. שאלה נוספת מרתקת שהתשובה לה עשויה להיות מושפעת מהדיון הזה היא אם אומרים תחנון כאשר הכלה, ולא החתן, נמצאת בבית

41. ראו במשנה ברורה סימן קצט, טו שאינו סובר כן. וכדבריו: "דהזכרת השם הוא דבר שבקדושה וכל דבר שבקדושה איננו בפחות מעשרה זכרים ובני חורין וכדלעיל בסי' נ"ה".

42. הרב ויטמן העיר לי כי המקור הראשון שבו נזכר המספר עשרה הוא כשאברהם פונה לקב"ה בקשר לסדום ומבקש "אולי ימצאון שם עשרה". שם מדובר על עשרה ושם נכללות אשתו של לוט ובנותיו בספירה.

הכנסת.[43] שאלה זו תלויה במידה רבה בפרספקטיבה הנדונה כאן, אם מה שקובע הוא היותה של הכלה חלק מהמניין או שמא עצם שותפותה בתפילה כחלק מהציבור.[44] מעבר לשאלות הלכתיות קונקרטיות, קיימות תבניות של התייחסות לקהל ולציבור שגרעינם הוא מניין גברים, אך נוספים עליו אנשים ונשים רבים. אחת התבניות שחז"ל עשו בה שימוש היא של "ברוב עם הדרת מלך", והדגישו שהמעמד מתייקר וכבוד ה' גדל בעולם ככל שיש יותר אנשים במעמד. דוגמה לכך נמצאת בעניין קריאת מגילה.[45] המשנה ברורה כותב שברוב עם חשוב נוסף על קריאת הציבור בעשרה:

43. שולחן ערוך, אורח חיים סי' קלא; משנה ברורה שם, ס"ק כג.

44. ראו הרב עובדיה הדאיה, שו"ת ישכיל עבדי, חלק ז, עמ' רצ, השמטות, או"ח, סי' ג, א שכתב: "הנשים יש להם עזרת נשים בפני עצמן, **ואינם מצטרפים עם האנשים כלל**..." (לעניין אמירת תחנון כשהכלה בעזרת נשים). לטענתו, מי שאינו כלול או עשוי להיכלל במניין גם אינו מצטרף להיות חלק מן הציבור. ובשו"ת שבט הלוי חלק ה סימן יב לרב ואזנר כתב: ומה ששאל אם יש כלה בעזרת נשים אם היא סבה שלא לומר נפילת אפים בבית הכנסת... אין מקום לדבר מזה כי פשוט שאין כלה לבד פוטרת מנפילת אפים כיון **שאינה בצרוף אתם**". ובניגוד לכך כתב בתשובה אחרת: "דודאי אם הולכים להתפלל בבית הכלה היא נעשית עיקרית לפטור מנפילת אפים... שעל פי רוב באים לכבודה להתפלל שם". ראו: שו"ת שבט הלוי ח"ח סי' כד. קרי שזה לא תלוי רק בצירופה של הכלה למניין, אלא במידת חשיבותה שם.
וראו התשובה שניתנה בשו"ת ארץ חמדה לשאלה זו, בעמ' 14: http://www.eretzhemdah.org/Data/UploadedFiles/FtpUserFiles/Books/shotBemarehH/5.pdf. שם התשובה המורה להימנע מאמירת תחנון כשרק הכלה בתפילה במקום הקבוע בו היא מתפללת. אך הנימוק הוא שיש מן הפוסקים שסברו שגם כשהחתן אינו בבית הכנסת במצבים מסוימים אין אומרים תחנון. ולמעשה, נמנעו מלומר שיש משמעות לנוכחותה של האישה בעזרת נשים. למעט איזכור אחד של פסיקה הקובעת שעזרת נשים היא חלק מבית הכנסת.

45. בהמשך המאמר נייחד דיון למקרה של קריאת מגילה כמקרה שבו כבר בעשרה הראשונים ניתן להכליל נשים. אך כאן, אנו מתעלמים מכך ומתייחסים למודל הכללי ממנו עולה שלאחר שיש עשרה עדיין יש חשיבות בריבוי.

> ואם בעת ההוא קורין אותה בצבור בבית הכנסת, אז אפילו יש לו מאה אנשים בביתו מצוה לילך לשם משום ברוב עם הדרת מלך...[46]

מניין כיחידת הבסיס של קהל

על פי המשנה במגילה, ברכת חתנים נאמרת בעשרה, לעיל הבאנו את המקור לכך ממגילת רות. אומנם זו גישת רב נחמן, אולם בעיון במקורות הנוגעים לברכת חתנים אנו מוצאים עמדה חולקת, עמדת רבי אבהו, הסוברת שאת הצורך בעשרה לומדים מהפסוק: "במקהלות ברכו אלוקים ה' ממקור ישראל".[47]

> **אמר רב נחמן:** אמר לי הונא בר נתן, תנא: מנין לברכת חתנים בעשרה?
> שנאמר: "ויקח עשרה אנשים מזקני העיר ויאמר שבו פה".
> **ורבי אבהו אמר** מהכא: "במקהלות ברכו אלהים ה' ממקור ישראל".[48]

כפי שהערנו קודם, מקור הלימוד כאן שונה. אין מדובר כאן בלימוד בדרך של גזרה שווה מהמילים "תוך" ו"עדה", שעניינם קיום האפשרות להשראת שכינה שמתקיים בפורום מיוחד, של עשרה לפחות. ההפניה היא ל"במקהלות ברכו אלוקים", החובה הציבורית להנכיח בכל מפגש משותף את הקב"ה. נוסף לכך, עיון בפסוק בתהלים שעליו מבסס רבי אבהו את החיוב בעשרה, ובחינת הקשרו בפרק כולו, מלמדים ש"מקהלות" אינו מושג מספרי מוגדר, אלא מושג המתייחס לכלל ישראל, על כל רבדיו. "קידמו **שרים** אחר **נוגנים**, בתוך **עלמות** תופפות. **במקהלות** ברכו אלוקים, ה' **ממקור ישראל**...". הפסוק עצמו בנוי

46. משנה ברורה אורח חיים, סימן תרצ, ס"ק סב.
47. תהלים סח, כז.
48. כתובות ז ע"ב.

בצורת תקבולת, והמילה "מקהלות" מקבילה לכינוי "מקור ישראל". הכינוי הזה בפשוטו מכליל אף הוא, ויש בו פנייה לכל היקום להשתתף בקריאת ההלל לבורא עולם. הנושא של הפרק כולו הוא ההתפעלות דווקא מהשותפות הכללית של כל הברואים כולם בהלל ובתשבחות לבורא עולם.

הפסוק הזה מובא גם במשנה העוסקת בברכת המזון וזימון בעשרה:

> כיצד מזמנין בשלושה? אומר נברך...
> בעשרה? אומר נברך לאלהינו...
> במאה? אומר נברך לה' אלהינו...
> באלף? אומר נברך לה' אלהינו אלהי ישראל...
> **ר' יוסי הגלילי אומר** לפי רוב הקהל הן מברכין שנאמר: "**במקהלות ברכו** אלהים ה' ממקור ישראל".
> **אמר רבי עקיבא**, מה מצינו בבית הכנסת, אחד מרובין ואחד מועטין, אומר ברכו את ה'...[49]

המקרה של זימון מעניין משום שבניגוד לאמור במסכת מגילה, מהמשנה בברכות מצטיירת תמונה שונה, ולפיה "עשרה" הם רק תחנה אפשרית אחת ברצף שבין שלושה אנשים ועד (לשיטות מסוימות) מאה או אלף איש. עמדת רבי עקיבא היא שדין עשרה כדין מאה המזמנים, ואין למספר השותפים השפעה על נוסח הזימון. אולם, לדעת ר' יוסי הגלילי, נוסח הזימון משתנה בהתאם להתרחבות הפורום גם מעבר לעשרה. לדבריו, הכלל הוא ש"לפי רוב הקהל הן מברכין", וכי על הנוסח לבטא את תוספת האנשים שסעדו ומזמנים. לתמיכה בשיטתו מובא הפסוק של "במקהלות ברכו ה'..." כמציין קהילות מרובות, ככל הנראה במספרים גדלים.[50] הפסוק הזה שעליו נסמך ר' יוסי הגלילי הוא

49. משנה ברכות ז, ג.

50. ברכות ז, ג. לא הצלחתי להבין כיצד הדברים נובעים מהפסוק וממילותיו. ר'

הפסוק שמשרת את רבי אבהו בעניין ברכת חתנים. ניתן להסיק מכאן שהמחלוקת בין רב נחמן לרבי אבהו בברכת חתנים אינה רק על תקפות המקור והתאמתו למקרה של ברכת חתנים, אלא היא משקפת מחלוקת עמוקה על משמעותו של פורום של עשרה בהקשר של נישואין, האם מדובר ברף מספק או רף מינימום. רבי אבהו נסמך אף הוא על הפסוק "במקהלות ברכו ה'", ויש בדבריו "הפניה" לדרשתו של ר' יוסי הגלילי שלפי רוב הקהל מתרבה השמחה.[51]

בעל המאור ושמש הרחיב את התשתית הרעיונית שבהלכה של ר' יוסי הגלילי: "כי לפי רוב הקהל – כן משיגים הקדושה העליונה, שברב עם הדרת מלך".[52] לדבריו, ציבור גדול הוא מסד דתי ורוחני

עקיבא חולק. הוא סבור שכשם שבבית הכנסת אין מבחינים בין מניין ובין אנשים מרובים כך אין עושים זאת בברכת המזון ובזימון.

51. כך הוא פירוש שיטתו של ריה"ג בירושלמי "במקהלות – בכל קהילה וקהילה", וכך ביאר האור זרוע את שיטת ריה"ג, ראו: ירושלמי, ברכות ז, ג; אור זרוע, חלק א, הלכות סעודה סימן רב. לדעתי, העובדה שתחילת זימון בשלושה אף היא מצטרפת לכך שהעיקרון של זימון הוא קודם כול על "ריבוי" ועשרה הם רק שידרוג מסוים של אותו עיקרון. וכיוון שהעיקרון הוא של ריבוי, הרי שאין סיבה לעצור בעשרה, וניתן לעצור בכל מספר טיפולוגי אחר. לתמיכה בעמדתי זו ניתן להביא את הירושלמי (מסכת יומא פרק ב) "רבים – ג', יכול רבים – עשרה? אמר ימים ואמר רבים מה ימים מיעוט ימים שנים **אף רבים מיעוט רבים ג'**" אמנם, ייתכן שהירושלמי מתייחס לרבים כאל שלושה בגלל שמדובר בריבוי נוסף על שניים שכבר נלמדו מן הפסוק "ימים רבים" ועיינו שם. עיון נוסף בדיון על ברכת חתנים עצמה, שלגביה ראינו כי המושג של "מקהלות" זוקק מניין, אך כל הפרשנים העירו שתקנת הברכות היא מפני ולכבוד ההתאספות של קהל רב, כנלמד מן העיקרון של "ברוב עם". הצורך ב"רוב עם" בולט לכל הפחות ככל שהדבר נוגע לברכה הראשונה, ברכת "שהכול ברא לכבודו". וכך למשל מובא בתוספות רי"ד: "פי' תחלה מברך שהכל ברא לכבודו משום דברכת חתנים צריכה בעשרה כדכתיב במקהלות ברכו אלהים, וכתיב ברוב עם הדרת מלך, וזו האסיפה היא על כבודו לברכו ברבים, משום הכי מתחיל ומברך שהכל ברא לכבודו" ראו: פסקי רי"ד מסכת כתובות, ח ע"א, וראו גם רש"י, שם.

52. משלי יד, כח; מאור ושמש לפרשת קדושים.

ויוצר תשתית להישגים רוחניים גבוהים. עצם החיבור של מגוון קולות, תחנוני הרבים והעמידה המשותפת תומכים בעמידה בפני ה'. על העיקרון הרעיוני הזה, המחשיב ציבור גדול כמנגנון בעל עוצמה הגדולה מעוצמתו של מניין, לא נחלק איש מעולם.[53] מדובר בעיקרון רחב הנוגע לתחומים הלכתיים שונים המתקיימים במעמד הציבור: בקריאת מגילה,[54] בתפילה,[55] בקריאה בתורה,[56] באמירת הלל[57] ועוד.[58]

מכאן שבחלק מהמקרים הדרישה לפורום של עשרה היא דרישת סף, אך בליבה טמון היסוד של השאיפה למצב של "ברוב עם". כך עולה שבפנינו כלל ש"מיעוט קהל – בעשרה". מעבר לכך, המשנה במגילה עצמה, המונה את הדברים שבהם נדרשת נוכחות של עשרה, מתנסחת כך במפורש: "אין... בפחות מעשרה", ומשמע שכל תוספת היא הידור.

53. הרב זילברשטיין (חשוקי חמד ברכות מט ע"ב) השיב לשאלה אם להעדיף בית כנסת שבו מאה מתפללים על פני בית כנסת שבו תשעים ותשעה מתפללים. בתחילת דבריו הוא מתייחס לעצם החשיבות של המספר שמעבר למניין של עשרה: "ויתכן שגם רבי עקיבא מודה שיש הבדל בין עשרה למאה, אלא שהנוסח הוא אחד, או בגלל שאלו נכנסים ואלו יוצאים או בגלל שמספיק בכל דרגת קדושה לאמר נברך אלוקינו, אבל להלכה יש הבדל בקדושה, וצ"ע".

54. רשב"א מגילה ה ע"א ד"ה אמר רב. וראו: שולחן ערוך אורח חיים תרצ, יח, שיש הסוברים כי במגילה נשים נספרות אפילו למניין, משום שעיקר המניין הוא לפרסום הנס ולא משום דבר שבקדושה. בהמשך הפרק אתייחס לכך.

55. רבנו יונה על הרי"ף ברכות ד ע"א ד"ה אלא ביני עמודי, העיר שהחכמים העדיפו להתפלל במקום לימודם בבית המדרש מאשר בבית הכנסת, והיה זה במניין אך לא "ברוב עם", ועשו זאת מפני שיש ערך בתפילה במקום הלימוד, אך לולא זאת, יש עניין בתפילה ברבים יותר מתפילה בעשרה. ובשו"ת בצל החכמה חלק ה סי' כח סבר שמצוות ברוב עם עיקרה בעשרה, וכשמתווספים על העשרה מקיימים עוד מצוות ברוב עם, אך מצווה עודפת זו נדחית בקלות מפני שיקולים חשובים נוספים.

56. יומא ע ע"א; רבנו חננאל שם ד"ה הרואה.

57. חשוקי חמד, פסחים פה ע"ב.

58. וישנה הבחנה בין העניינים השונים שהזכרתי, שכן למשל, קריאת מגילה אינה מצריכה מניין גברים דווקא, אף שהיא נקראת בגרעינה בעשרה, וראו להלן.

לפי הצגה זו של הדברים, עשרה זו לא יחידה שלימה וסופית אלא יחידה בסיסית, וכל אדם שמתווסף וצופה בברכת חתנים או בשאר המעמדות ההלכתיים שמנינו מעלה את רף הקדושה בנוכחותו. לכאורה, לדעה שלפיה אין שינוי בנוסח הברכה בהתאם לריבוי המשתתפים, יש לרבות נשים. ואם לפרט: לשיטה שהברכה משתנה בכל מצב שבו נוסף "מניין" או יותר מכך, כמו מאה או רבבה, יש לומר שיש קשר בין התרבות הקהל ובין זהותו כראוי להימנות על "מניין". אולם לדעה הסוברת שאין לשנות את נוסח הברכה גם ביותר ממניין, מרגע שמגיעים למספר עשרה (מניין) אין חשיבות לזהות המצטרפים, ואין בהם אלא תוספת ריבוי ולכן אין משמעות לזהותם ככשרים להיות חלק מהמניין או לא. כעין זה מצאנו במצוות ביכורים, שהיא מצווה הנעשית ברבים ומחייבת את סגירת החנויות והתייצבות של אנשים רבים, גם אלו שאינם מביאים את הביכורים.[59]

את מי סופרים כחלק מן הקהל?

השאלה את מי סופרים כחלק מעשרה נשאלת בכמה מקומות ולגבי כמה עניינים: האם החתן נכלל בעשרה לברכת חתנים, האם האבל נכלל בעשרה לברכת אבלים. בשני המקרים מדובר באדם שבאופן עקרוני ראוי להיספר כחלק מהעשרה, אך השאלה נשאלת מכוח מעמדו המיוחד באותו מקרה (חתן או אבל) ומכך שפעולת אותו מניין אנשים נעשית כלפיו. הוא מוקד עשייתם, הם מנחמים או משמחים אותו. ומכאן שהשאלה על ההיכללות היא רחבה או שונה מהשאלה מי חייב בדבר.[60] נוסף לכך, ברוב המקרים העשרה אינם מובחנים ומיוחדים, אלא ידוע שיש בקהל לפחות עשרה למניין גם מבחינה מעשית. השאלה המעניינת, שאינה נדונה במפורש, היא מהו היחס בין מרכיבי הגרעין

59. לדוגמה ממצוות הביכורים, ראו: הרב ש"פ הלוי רוזנבוים, 'חיוב עמידה בברכת אירוסין ושבע ברכות', בית אהרן וישראל, פו (תש"ס), עמ' עז-קטז.

60. המנחת חינוך, מצווה רצה-רצו, שאל גם אם המקדש את ה' במותו נכלל בעשרה שמחייבים אותו בקידוש ה' מדין פרהסיה.

ובין מרכיבי המעטפת. האם הגרעין הוא מניין גברים והמעטפת היא גברים נוספים, מנייני גברים נוספים? או שמא, מכאן ואילך תוספת מכל סוג של קהל מעצימה את האירוע, כולל נשים.

המהרש"א נתן דעתו לשאלה זו וסבר שעיקר עניין הריבוי הוא בכפולות של עשרה. המקור לעמדתו הוא במשנה בברכות, לפי עמדת תנא קמא שם, המבוססת על שינוי הזימון בהתאם לגידול ידוע בכל פעם מעשרה למאה ומשם לאלף, אך אין התעכבות על מספרים אחרים בתווך.[61] מדבריו של המהרש"א עולה שהספירה של הריבוי היא נגזרת של ריבוי עשרות, שחוזרת בכפולות של עשר אל מעלת הייחוד. מדובר במכפלות של הגרעין הראשוני. ולכאורה, רק ריבוי של כפולות של עשרה ולא סתם ריבוי של קהל מעצים את המעמד. אומנם ייתכן שמדובר רק בעיקרון אגדי, ובכל זאת הוא בא לבאר את ההכרעה ההלכתית בענייני זימון. הרב זילברשטיין סבר שאין להסיק מהמשנה מסקנה מרחיקת לכת כזו. לדעתו, יש משמעות הלכתית ידועה למספרים הנזכרים במשנה הזו כשלעצמם בלא קשר למכפלה שהם מייצגים. מספר כמו מאה ידוע ממקומות אחרים כמספר המגבש אינסטנציה הלכתית, כגון ב"היתר מאה רבנים",[62] ומכאן שהמספר הזה עומד לעצמו כמקרה פרטי.

לפי מבנה זה של ספירה, ולשתי התפיסות, היה צריך לומר שאין משמעות אלא למספרים בכפולות של עשר ומאה, אבל לריבוי שבין לבין אין כל משמעות וחשיבות, ודין תשעה עשר איש כדין עשרה. השלכה חשובה נוספת של המבנה העשרוני הזה היא שרק גברים הם חלק מהקהל ו"רוב עם" היינו גברים רבים וספורים. דא עקא, שלא מצאנו דיון מצמצם שכזה במושג של "רוב עם" כשהוא נזכר כפרמטר הלכתי, לא במקרים שמנינו ואף לא בעניינים נוספים כמו מילה, סיום מסכת, הנחת תפילין וכדומה. ואף במקום שבו השיקול של "רוב עם"

61. וכך כתב מהרש"א חידושי אגדות ברכות מט ע"ב ד"ה אחד עשרה.
62. בבלי הוריות ג, ע"ב; כלבו סימן קטז; שו"ת משיב דבר חלק ד סי' ד; משנה ברורה סי' תרפז ס"ק ז.

עמד מול השיקול של "זריזים מקדימים", והיה מצופה להגדיר מהו "רוב עם", בוודאי אם מדובר במספר קבוע ומדוד או בסוג מסוים של אנשים, אך לא מצאנו כן, והלכה למעשה אין משמעות למספר אלא רק לריבוי.

מי שאינו מחויב במצווה – האם נחשב קהל

מפשט הפרק בתהלים משמע שהציבור הוא מושג רחב וכולל, וכולו בדין "מקהלות". התייחסות שונה לשאלה זו מצאתי בבבלי פסחים. השיטה הגורסת ש"רוב עם" שייך רק למחויבים בדבר קיימת בקורבן פסח. ייחודו של קורבן פסח הוא שבכל כת מקריבים יש צורך בשלושים איש.[63] ובעניין זה קובע האור זרוע שכל השלושים צריכים להיות מי שטרם הקריבו ועדיין חייבים במצוות ההקרבה. הוא גם קושר בין גודל הכת ובין דין "רוב עם":

> ...אבל היכא שכבר שחטו אף על גב דעומדים בעזרה בשעת שחיטה אין זה הדרת מלך, הואיל ולא מיחייבי.

מדבריו עולה שמי שאינו מחויב בדבר – אינו שותף מהותי ואינו תורם לעוצמה המתקבלת מצירוף אנשים רבים למעשה מצווה.[64]

עמדת רש"י בסוגיה שונה. לשיטתו, כל שלושים איש, ללא קשר לשאלה אם חייבים בקורבן או לא, עונים על הדרישה ההלכתית. אומנם, ייתכן שרש"י סבר שכל מי שהוא בגדר מחויב בדבר, גם אם כבר יצא ידי חובתו ומסיבה אחרת אינו חייב במצווה כעת, יכול להשלים ל"רוב עם" ואין הדבר כך במי שאינו מחויב כלל.

מחלוקת האור זרוע ורש"י אינה מעלה או מורידה לעניין קורבן פסח עצמו אם פוסקים שנשים חייבות במצוות קורבן פסח. שהרי אז הן יכולות להיות חלק מהעומדים בעזרה לקורבן. השאלה החשובה

63. בבלי פסחים סד ע"ב.

64. אור זרוע חלק ב הלכות פסחים סי' רכו, וכך מבארים גם הר"ח והמאירי שם.

כאן היא אם ניתן להסיק מדעות אלו לשאלה העקרונית הכללית: מי נכלל בהגדרת "רוב עם", המגדיל את עוצמתה של המצווה, כל אדם או שמא רק מי שחייב בה. האם "רוב עם" הוא מושג הלכתי שיש לו הגדרות קשוחות או שהוא מושג הגזור מן המציאות. המציאות מלמדת שריבוי בני אדם תמיד מגדיל את השמחה והעוצמה שבמעשה המשותף, ואין משמעות לזהותם של הפרטים המתאספים להיות רוב עם.

על פניו, מדעת האור זרוע למדנו שאין סופרים ל"רוב עם" אלא את החייבים במצווה. אך ייתכן שדעת האור זרוע אינה חושפת שיטה עקרונית בנוגע ל"רוב עם", שכן נראה שהמושג "רוב עם" שם השתרבב כטעם לחובה להקריב את קורבן הפסח במעמד שלושים איש.[65] אבל משמעותו המקומית שונה כיוון שיש צורך מפורש במספר מדוד ומדויק של שותפים להקרבה המבוסס על דרשת הכתובים ממש, ושם מתאימה ההנחה בדבר הקפדה על זהות המצטרפים, מה שאין כן לכל עניין אחר שאין בו דרישה מפורשת כזו.[66]

לכן, להבנתי, ההבחנה בין קהל שותף ובין קהל מחויב נראית כהבחנה יסודית, ובהתאם לכך "רוב עם" מתייחס לשותפים שמעבר, שהם שותפים בחוויה של המצווה.[67]

65. הרמב"ם פסק לאור זה שאם אין חמישים איש, כך שיוכלו להיות בכל כת מתוך שלוש הכתות של ההקרבה שלושים ובתוכם עשרה שלא היו במעמד כת קודמת, אין מקריבים. היינו, ש"מעמד שלושים" הוא ממש תנאי לקיום המצווה ולא תוספת פאר והדר למצווה. מכאן שדברי האור זרוע הם רק נימוק וטעם להלכה קיימת. ראו רמב"ם הלכות קרבן פסח, א, י-יא.
66. הדרישה לשלושים מבוססת על דרשה של צירוף המילים "קהל", "עדה" ו"ישראל", ולכן אין סיבה ללמוד משם למושג ה"אורירי" יותר של רוב עם.
67. וראו שו"ת בצל החכמה חלק ה סי' ל ומה שהביא בשם שו"ת מהרי"ל דיסקין קונטרס אחרון סי' ה אות טו.

מי שאינו בדין עשרה – אם עדיין חייב במצווה

במקרים רבים הנשים עצמן חייבות במצווה אלא שאינן נספרות למניין עשרה. הדוגמה המשמעותית ביותר היא אולי דווקא ממצוות קידוש השם, המצווה שממנה לומדים את דין עשרה. ספר החינוך קבע: "ונוהגת מצוה זו בכל מקום ובכל זמן, בזכרים ונקבות"[68]. כלומר גם נשים חייבות בקידוש השם,[69] וביאר המנחת חינוך:

> ...ואם הוא בפרהסיא מחויב למסור נפשו. וכמה היא פרהסיא? עשרה מישראל.
> ...ובגמרא מבואר דכתיב "ונקדשתי בתוך בני ישראל" ויליף תוך תוך ועדה עדה ממרגלים מה להלן עשרה אף כאן עשרה... ועיין רמב"ם דצריך שיהיו עשרה גדולים ובני חורין...
> ועל כרחך נראה דכאן נמי צריך דוקא להיות זכרים בני חורין.

הרי שאין זיקה בין עצם החיוב במצווה לחיוב מימושה דווקא בעשרה. כך הוא גם בעניינים נוספים המנויים במסכת מגילה. לפיכך נוצר מצב מעניין. נשים אומנם אינן מגבשות פורום מחייב, אבל כיוון שהן חייבות במצווה, ייתכן שהן מוציאות את הרבים ידי חובתם בהינתן מצב שבו יש עשרה גברים והן נוספות על המניין. בדומה לכך, הן יכולות להיות ממניין שבעת הקרואים כשיש מניין גברים. וכך או אחרת, אפילו לדעת האור זרוע, אין סיבה שלא לכלול אותן בקהל הרחב המהווה עיבוי של הגרעין של עשרה, מדין "רוב עם". לכן במקרים אלו הנשים שותפות עם הציבור במובן המלא, ואף מגדילות ומפארות את שם ה' בעולם, שנאמר: "במקהלות ברכו אלוקים".[70]

68. מצווה רצו.
69. וראו שו"ת חוות יאיר, סי' רכב; שו"ת תשובה מאהבה חלק ב, סי' רכט.
70. אומנם, בספר הליכות שלמה (תפילה פ"ה סע' ב בהערת דבר הלכה ד) כתב "ואשה לא תדלג בסדר התפילה כדי להספיק להתפלל עם הציבור, כי אין לה דין תפילה בציבור כלל". דברי הרב אוירבך המובאים כאן מתבססים על המובא בשמו בספר אבני ישפה (תפילה פרק טז, סע' ו). ושם בספר הובאה

מודל 5 – נשים כחלק מעשרה

נשים במקרא מגילה[71]

המושג המנחה בנושא של קריאת מגילה הוא "פרסומי ניסא", המבטא את הרצון בפרסום נרחב כמה שיותר של הנס. בהתאמה, נמעני הפרסום הם בני אדם, ולאו דווקא זכרים. הגמרא קובעת שיש צורך בעשרה לקריאת מגילה (לדעת רב אסי תמיד, ולדעת רב רק שלא בזמנה):

> אמר רב: מגילה, בזמנה – קורין אותה אפילו ביחיד, שלא בזמנה – בעשרה.
> רב אסי אמר: בין בזמנה בין שלא בזמנה בעשרה.[72]

בבית יוסף הובאה מחלוקת בעל העיטור והר"ן אם נשים נספרות לעשרה בקריאת מגילה. לדעת העיטור הן אינן נמנות לעשרה לקריאת מגילה, בדומה לעשר נשים בזימון, אולם לדעת הר"ן הן מצטרפות לעשרה, מפני שהן חייבות במגילה כגברים. המחלוקת ביניהם היא למעשה אם יש לשאוף לאחידות מושגית של "עשרה" או לבחון כל תחום ועניין לגופו. לכן כתב בעל העיטור "כי היכי דנשים מזמנות לעצמן ואינן מצטרפות לברכת הזימון,[73] הכא נמי אינן מצטרפות

גם עמדתו החולקת של הרב וואזנר: "שכל מקום שמוזכר שיש עדיפות כדי להתפלל בציבור עבור האשה הדבר בגדר רצוי ולא חובה כיון שאינה מחויבת בתפילה בציבור אבל כיון שהדבר רצוי היא יכולה גם להקל היכן שצריך כדי שתוכל להתפלל בציבור וכגון שרשאית לדלג בפסוקי דזמרה כדי להספיק להתפלל עם הציבור". ולדבריו, יש לאישה זכות כשמתפללת עם הציבור (וראו גם שו"ת שבות יעקב, חלק ג סי' נד). נראה לי שגם אם מקבלים את הדעה שאישה חייבת בתפילה קודם כול כיחידה, ולכן אינה יכולה לדחות את תפילת היחיד שלה מפני תפילת הציבור, עדיין אין זה סותר את הטענה שהיא עצמה חלק מהציבור. ומכל מקום הבאתי די ראיות על מנת להפריך את כיוון המחשבה הזה.

71. וראו גם בפרק הבא, הדן בפרט בקריאת מגילה לנשים על ידי נשים.
72. בבלי מגילה ח ע"א.
73. בבלי ברכות מה ע"ב.

לעשרה לכתחילה"[74] (במקום שבו נשים מזמנות לעצמן, שם גם אינן מצטרפות לעשרה לכתחילה).

ואילו הר"ן כתב:

> התם הוא שאינן מוציאות אנשים בברכתן, אבל כאן היאך אפשר שמוציאות אנשים ידי קריאה ואין מצטרפות עמהם למניין? אלא ודאי מצטרפות.[75]

וכך נפסק להלכה בשולחן ערוך:

> מגילה בי"ד ובט"ו צריך לחזור אחר עשרה...[76]

והרמ"א העלה שם במפורש את האפשרות שנשים נספרות כחלק מן העשרה וכך הוסיף:

> ויש להסתפק אם נשים מצטרפות לעשרה.[77]

בעל המשנה ברורה הסביר שהסיבה לספק זה היא שהדרישה לעשרה בבסיסה נובעת מהצורך בפרסום הנס, לפיכך אין סיבה שנשים לא תיחשבנה בכלל הציבור המודה על הנס.[78]

הרב אליעזר ולדנברג ביאר בשו"ת ציץ אליעזר שחוסר הנחרצות של הרמ"א לגבי שותפות נשים אינו נובע מן הניתוח ההלכתי הנקודתי, שהרי ברור וחד־משמעי שנשים מצטרפות לעשרה. לדבריו, הספק המובע ברמ"א נובע אך ורק מן הלגיטימציה לתערובת גברים ונשים,

74. ספר העיטור, עשרת הדברות, הלכות מגילה, קי, א.
75. ר"ן מגילה ו ע"ב בדפי הרי"ף ד"ה מתניתין; בית יוסף, אורח חיים סי' תרפט. אומנם סברת הר"ן היא בניגוד לסברה שהעלינו אנו, שייתכן שאישה חייבת במצווה ולכן מוציאה את הרבים ידי חובתם גם אם אינה מצטרפת עימהם.
76. שולחן ערוך אורח חיים תרצ, יח.
77. שם, בשם הגהות אשרי מגילה א, ו; טור אורח חיים סי' תרפט.
78. שם ס"ק סג.

שיש בה חשש פריצות. אבל חשש זה אינו קיים בקבוצת נשים, שהן ודאי יוצרות לכתחילה קבוצה של עשר הראויה לפרסום הנס ולקריאת מגילה.[79]

דיון מעניין יש במקרה שהנס כבר התפרסם כיוון שהמגילה נקראה בעשרה, האם עדיין יחיד מחויב למצוא לעצמו עשרה לקריאה. המשנה ברורה ציין שייתכן שעדיין נותר החיוב של "ברוב עם" לגבי אותו יחיד, ומוטב שימצא אנשים לשתפם במצווה.[80] כלומר, שהחובה על היחיד אינה רק שמיעת המגילה או קריאתה, אלא יש לטעון את הללו במשמעות של פרסום הנס. דבר זה לא ניתן לתקן אלא באמצעות השותפות עם הציבור. ייחודו של המקרה הזה הוא בהדגשה ש"רוב עם" אינו בהכרח רק תוספת על המצווה הבסיסית שהיא מקוימת במניין, אלא גדר בפני עצמו.

נשים בברכת הגומל

על בסיס האמור בתהלים נקבע כי ארבעה אנשים חייבים להודות: יורדי הים, הולכי מדברות, מי שהיה חולה ונתרפא והחבוש בבית האסורים ששוחרר.[81] נוסח הברכה והלכותיה נדונים בסוגיה בברכות:[82]

> אמר רב יהודה אמר רב: ארבעה צריכין להודות...
> מאי מברך?
> אמר רב יהודה: ברוך גומל חסדים טובים.

ברכת הגומל הנזכרת כאן אינה מופיעה ברשימה שבמשנה במסכת מגילה, אולם בהמשך הסוגיה מוצב הצורך באמירתה בנוכחות עשרה אנשים:

79. שו"ת ציץ אליעזר, חלק יג סי' עג, והוא מביא שם אף מדברי ר' חיים זוננפלד התומכים בדעתו זו מספר חוט המשולש, וכך מופיע במפורש בשו"ת שלמת חיים לרי"ח זוננפלד, או"ח סי' שע.
80. שם ס"ק סד.
81. תהלים פרק קז.
82. בבלי ברכות נד ע"ב.

אביי אמר: וצריך לאודויי קמי עשרה,
דכתיב: "וירוממוהו בקהל עם" וגו'.
מר זוטרא אמר: ותרין מינייהו רבנן,
שנאמר: "ובמושב זקנים יהללוהו".
מתקיף לה רב אשי: ואימא כולהו רבנן.
מי כתיב בקהל זקנים?
"בקהל עם" כתיב.
ואימא: בי עשרה שאר עמא, ותרי רבנן!
קשיא.

הדין שברכת הגומל נאמרת בעשרה מוסכם, ואביי ומר זוטרא נחלקו בנוגע למקור דין זה. לשיטת אביי המקור הוא: "בקהל עם", ולדעת מר זוטרא: "במושב זקנים". להבדל בין השיטות יש השלכה על אופי המעמד והפורום. "קהל עם" הוא מושג עממי יותר שאין בו דרישות מיוחדות מעבר לפומביות ולריבוי, דרישות שעיקרן הוא "פרסומי ניסא" – מן הראוי שמי שניצל יפרסם את הנס. "מושב זקנים" הוא מושג אליטיסטי המחייב נוכחות של תלמידי חכמים המכונים "זקנים". דעת מר זוטרא שמתוך העשרה יש צורך לפחות בשני תלמידי חכמים, וזו גישה המכליאה בין הצורך בקהל עממי ובין מעמד מיוחד.[83]

הצבת המושגים "קהל" ו"זקנים" זה מול זה מעמידה בחזית הדיון לא רק את השתתפותם או אי־השתתפותם של תלמידי חכמים בפורום, אלא למעשה גם את השאלה אם מדובר בגברים דווקא או שמא גם בנשים, ואפילו בפורום שיש בו רק נשים די כדי להוות קהל.

להלכה נחלקו הפוסקים. הרי"ף סבר שיש להודות בפני עשרה כאביי, והוא מביא את שני הפסוקים כראיה.[84] הרמב"ם פסק ששניים

83. דעת רב אשי בסוגיה יכולה להתפרש כמחייבת עשרה ועוד שני תלמידי חכמים, אפשרות שאינה מתקבלת על הדעת. עם זאת, נראה שכך פירשו בעלי התו־ספות את הסוגיה.

84. רי"ף ברכות מג ע"א.

מתוך העשרה צריכים להיות תלמידי חכמים, כמר זוטרא.[85] מדברי התוספות יש שהסיקו שהם פסקו כהווה אמינא שנשארה ב"קשיא" בסוגיה: שיש צורך בשנים עשר אנשים, עשרה פשוטי עם ועוד שני תלמידי חכמים.[86] אך מנוסח התוספות שבפנינו נראה להפך, שיש להחמיר ולברך גם ללא נוכחות של שני תלמידי חכמים, וכרי"ף.[87] הטור סבר שאין לברך בפחות מעשרה, אך בדיעבד יצא, שכן הלשון "צריך" בגמרא עניינה למצווה אך לא לעיכוב.[88] השיטה המקובצת הביא בפירושו לסוגיה את האפשרות לברך אף ביחיד בדיעבד, אם אדם המתין שלושים יום ולא הזדמן לו מניין לברכה.[89] בשולחן ערוך הובאו שתי הדעות האחרונות הללו למקרי דיעבד.[90] במשנה ברורה הוסברה עמדת הסוברים שאם בירך בפחות מעשרה יצא ידי חובה. המשנה ברורה קבע שלדבריהם דין עשרה הוא להידור המצווה אך לא מעכב כדעת הטור, כלומר, עיקרה ביחיד.[91]

מכל זה נראה שעיקר המצווה הוא בברכה ובהודאה (של היחיד),

85. רמב"ם הלכות ברכות י, ח.
86. ראו טור אורח חיים סי' ריט.
87. ראו תוספות ברכות נד ע"ב ד"ה ואימא בי עשרה. ר' עקיבא אייגר תהה כיצד ומהי חומרה זו, שהרי "ספק ברכות להקל", שכן כל הכרעה לברך היא קולא בהלכות "לא תשא", ולכן לעולם יש סתירה בין חומרה ובין ההכרעה לברך במצבי ספק. ואכן נוסח התוספות אינו בהיר והעירו על כך כמה מהאחרונים, וביניהם הגר"א.
88. טור, שם.
89. שיטה מקובצת ברכות נד ע"ב: "ומיהו כל היכא דלית ליה עשרה איפשר דימתין עד שלשים יום דילמא מיתרמי ליה דלעביד מצוה כהלכתה ומכאן ואילך מברך אפילו ביחיד". דעה זו הובאה בשם הרא"ה במשנה ברורה, סי' ריט ס"ק ח.
90. שולחן ערוך אורח חיים ריט, ג. נראה שהשולחן ערוך עצמו סבר שאין יוצאים ידי חובה ללא מניין על פי המובא בדבריו בבית יוסף אורח חיים סי' ריט, ג. וראו: ט"ז ופרי מגדים שם.
91. שם ס"ק ח.

וכי הדרישה לעשרה נועדה רק לפרסם את הנס. ורק לדעות מסוימות מדובר במעמד ייחודי ועקרוני שבו שותפים גם תלמידי חכמים.

בביאור הלכה הרחיב שלמעשה יש מחלוקת אם כשאין עשרה יברך או שברכה כזו היא ברכה לבטלה:

> ודע דמדברי המחצית השקל בריש הסימן משמע דלדעה אחרונה אם מברך בלא עשרה הוי ברכה לבטלה, דלא נתקנה כלל בלא עשרה, וא"כ לדבריו כיון שהמחבר לא הכריע בפלוגתא זו א"כ ממילא אינו רשאי לברך בלא עשרה.
> אבל דעת ר' עקיבא אייגר בחידושיו דאפילו לדעה אחרונה אינו אסור לברך בלא עשרה דרך שבח והודאה.[92]

מדברי הביאור הלכה משמע שיש הבדל אם הברכה נאמרת שלא בפני עשרה, שאז היא נאמרת דרך שבח והודאה, ובין אם היא נאמרת בפני עשרה, שאז היא נאמרת בגדר של מימוש חובה הלכתית.

לגבי נשים התקיים דיון נפרד. בעל הכנסת הגדולה[93] כתב שנשים חייבות בברכה, והוסיף:

> ועוד, שהרי אפשר לאשה לעמוד בבית הכנסת של נשים [עזרת נשים] ולברך ברכת הגומל וישמעו האנשים בבית הכנסת שלהם.
> ועוד, דלא נאמר שצריך לאודויי באנפי עשרה אלא לכתחילה (לא נאמר שצריך להודות בפני עשרה בהכרח, אלא רק לכתחילה), אבל בדיעבד אפילו שלא באנפי עשרה יצא (בדיעבד אפילו אם אמר בפני פחות אנשים – יצא),
> ...ובאשה שאינה יכולה לברך בפני האנשים, לכתחילה תברך שלא בפני עשרה.

92. ביאור הלכה, סי' ריט, ג ד"ה וי"א שלא.

93. ר' חיים בן ישראל בנבנישתי, קושטא, בן המאה השבע עשרה.

> ולכן נראה שראוי שתברך האשה ברכת הגומל באנפי עשרה,
> ולפחות בפני איש אחד או נשים,
> ואם בירכה בינה לבין עצמה יצאת.[94]

הקושי שעמד בפני בעל הכנסת הגדולה הוא כיצד תברך אישה בפני עשרה. לאחר שהוא הציע את האפשרות שתברך בפני עשרה או פחות גברים או בפני נשים, או אפילו בפני עצמה, כדין דיעבד לברכת הגומל פומבית, הוא מציע את האפשרות שתברך בפני נשים. מדבריו נשמע שזו אינה הצעה השקולה לברכה בעשרה. ככל הנראה נשים רבות נמנעו לאורך הדורות מברכה זו, ומכאן צמחה התקנה שבדיעבד אישה תברך בפני נשים. ועדיין, אפשרות זו משקפת את העובדה שגם ציבור נשים ממלא את הפונקציה הנדרשת להודאה לה'. גם מהסוגיה ניתן להגיע למסקנה זו.[95] מעניין שדברי בעל כנסת הגדולה מובאים בדברי הרב יהודה אשכנזי בדבריו בבאר היטב, בשינוי מסוים:

> מה שאין האשה מברכת ברכת ההודאה מפני שצריך לאודויי בפני עשרה ולאו אורח ארעא דכל כבודה בת מלך פנימה... וכנה"ג הסכים שיברכו בבית הכנסת שלהם ושישמעו האנשים מבית הכנסת, או לפחות בפני נשים ואיש אחד.[96]

ההצעה של באר היטב היא שהברכה תהיה בפורום נשים (שמספרן לא ננקב במפורש, ייתכן שהתכוון לתשע נשים) בצירוף גבר אחד ולא כחלופה. הפורום הזה משונה מעט, והעיר על כך הרב ניר וינברג במאמרו, שלדעת הבאר היטב יש לומר שציבור תמיד מורכב מגברים

94. כנסת הגדולה, הגהות בית יוסף אורח חיים, סי' רט, ג.
95. וראו משנה ברורה שם, ג, שמביא את דבריו בשינוי ככל הנראה מפאת בעיית נוסח.
96. באר היטב אורח חיים סי' ריט ס"ק א.

ונשים יחד. אומנם אין כאן מניין אבל יש כאן ציבור שדי בו לפרסם את הנס.[97]

מעניין להתבונן בפסיקות האחרונים בעניין זה. ר׳ חיים דוד הלוי כתב:

> ...בשאלתו בדין נשים בברכת הגומל.
> למעשה כבר כתבתי בזה בספרי "מקור חיים השלם", ושם העליתי שאף שמן הדין **נשים חייבות** בברכת הגומל וזה פשוט ללא חולק, **אף על פי כן אין המנהג כן**, ולא שמענו ולא ראינו מעולם נשים מברכות ברכת הגומל, **וכל כבודה בת מלך פנימה.**

למעשה, תיאורו זה אינו עומד במבחן היום, שכן אנו רואים בהזדמנויות שונות נשים מברכות ברכת הגומל, כגון בברית המילה של בנן וכדומה.

> ...דעת מרן (סי׳ רי״ט ס״ג) היא שהמברך בפחות מעשרה לא יצא... וא״כ היא ברכה לבטלה (=אם תברך בפני שלושה).
> אבל אם יש לנערה זאת בני משפחה שיכולים להתכנס בביתה עשרה, ודאי שטוב וראוי שתברך בפני בני משפחתה, ובזה לא שייך טעם כל כבודה בת מלך פנימה.
> ואם אי אפשר בכל זה, אפשר לה לברך בלא שם ומלכות.[98]

גם הרב עובדיה יוסף כתב שאין לסמוך על דברי בעל הכנסת הגדולה שהובאו כאן.[99] לעומתם כתב ר׳ משה פיינשטיין תשובה בנושא זה, התשובה האחרונה שכתב בכתב ידו, ואלו דבריו:

97. ניר וינברג, ׳יאמרו גאולי ה׳, ברכת הגומל והמזמור ליום עצמאותנו׳, מישרים א (תשס״ב), עמ׳ 213–222. הדברים המובאים כאן מתוך עמ׳ 219–220.
98. שו״ת עשה לך רב, חלק ה, סי׳ לט. ושו״ת בצל החכמה חלק ו סי׳ עח הביא מנהגים שונים בעניין זה מקהילות אשכנזים וספרדים.
99. שו״ת יחווה דעת חלק ד סי׳ טו.

> הנה בעצם אין מקום ואין טעם לחלק בחיוב ברכות ההודאה בין איש לאשה... וכיוון שאיש מחויב לברך, וודאי שגם אשה מחויבת לברך. אך איכא דברים שהחמירו חכמים באופן העשייה, שיברך החייב לברך דווקא בעשרה, וביום הקריאה, ובשעה שקראוהו לתורה. ורק אם אי אפשר לו שיקראוהו לתורה, מברך על הבימה תיכף אחר הקריאה בתורה. והוא אף שלא שייך זה לברכת התורה. כהמנהג בברכת הגומל... שזה לא שייך באשה בזמננו, שאין קורין אשה לתורה.

ר' משה פיינשטיין סיים את דבריו בתיאור הקושי של נשים לברך הגומל. מצד אחד, הן חייבות בברכה. ומצד שני, לא ניתן לקרוא להן לתורה. אולם על פי עדות המהדיר, ר' משה פיינשטיין הוסיף על התשובה בעל פה. וכך כתב המהדיר:

> עד כאן כתי"ק של מרן זצוק"ל. זו היתה התשובה האחרונה שכתב בעצם כתב ידו, וניסה לכתבה שלש פעמים, עד שהניח מחמת קושי הראייה. כתיבת שורות אלה נמשכה כמה שעות.
> על פה הוסיף שלא כדהביא במשנה ברורה ס"ק ג' שתברך בפני עשרה, עכ"פ בפני נשים, ואיש אחד. אלא שאין עניין במניין של נשים, ודייה אם תברך בפני אדם אחד, איש או אשה, ולכתחילה, אם היא נשואה, תברך בפני בעלה.[100]

אפשר לראות בתשובתו מגמה אחרת מזו שראינו בדברי ר' חיים דוד הלוי והרב עובדיה יוסף. מגמתו של הרב פיינשטיין היא לעודד נשים להיות חלק פעיל מקיום המצוות. יחד עם זאת, הוא ממליץ שאישה תברך בפני אדם אחד, איש או אישה. אומנם ר' משה פיינשטיין לא שלל את האפשרות המעשית שאישה תברך במניין נשים, אלא רק סבר שאין לכך משמעות מיוחדת. ושמא רצה להדגיש בכך שעשר נשים

100. שו"ת אגרות משה אורח חיים חלק ה סי' יד.

אינן יוצרות פורום שיש לו חשיבות הלכתית, כמו אצל גברים.[101] אך ברור הוא שככל שתהיינה יותר נשים בברכת הגומל, כך יגדל שם השם בעולם.

ניתוח המקורות מחז"ל ועד ימינו מראה שיש שתי גישות אפשריות לברכת הגומל: האחת, הטבעית, הגורסת שצריך להודות על הטוב שה' גמלנו ברוב עם ותוך פרסום מעשי ה'. וגישה אחרת, פורמליסטית, המתייחסת אל ההודאה כאל חלק ממעשה מצווה. זהו היסוד למחלוקות הרבות וכולן מסתעפות מחילוק זה. כך הוא לגבי מחלוקת האמוראים בדבר הפורום הנדרש לברכה, עשרה מן העם או עשרה תלמידי חכמים. וכך גם ניתן להסביר את המחלוקת להלכה אם אין לברך אלא בעשרה או שמא בדיעבד ניתן לברך ולהודות גם בלא עשרה. זהו גם שורשה של המחלוקת בדבר מעמדן של נשים בברכה זו. לדעה הרואה בברכת הגומל "מעשה מצווה", הפתרונות עבור נשים הוא שלא לומר את הברכה, שאחר יברך עבורן וכדומה. זאת כיוון שהן מנותקות מן הריטואלים הדתיים ואינן חייבות במצוות שמצריכות שותפות של הקהל. בשל הבנה זו פוטרים אלו את האישה מחובתה להודות, בניגוד למקורות הראשוניים שלא החריגו נשים. לעומת אלו, יש מי שמבליט את כפיות הטובה שבהימנעות מברכה ואת החובה הטבעית של האדם שה' השפיע עליו שפע טוב כעניינים מרכזיים, ולכן סבר שיש למצוא פתרון עבור נשים לברך הגומל. להבנתי, מהדיון כאן עולה בבירור שנשים צריכות לברך הגומל, וכי יש מקום לברך בפני עשר נשים.

101. ייתכן שתפיסתו גם נבעה מהחשש שהוא מביע בפסקים שונים שלו מ"הנשים השאננות", והוא העדיף שלא לתת פתח למחשבה שנשים יכולות להוות פורום תחליפי דומה לזה של הגברים. וכיוון שיש דעות שניתן לברך גם בפני יחידים, המליץ על הדרך הזו. ראו: אגרות משה, אורח חיים, חלק ד סי' מט.

חבורת נשים לקורבן פסח

במשנה במסכת פסחים נקבע כי אין שוחטים קורבן פסח על היחיד. כלומר, קורבן פסח מובא רק בחבורות, כמו שמתואר בתורה שהשה נלקח למשפחה, ואם יש צורך, כגון שהמשפחה קטנה ולא תוכל לאכול את כל השה לבדה, מוסיפים מנויים לקורבן. ובוודאי שאינו נלקח עבור אדם בודד:

> דַּבְּרוּ אֶל כָּל עֲדַת יִשְׂרָאֵל לֵאמֹר בֶּעָשֹׂר לַחֹדֶשׁ הַזֶּה וְיִקְחוּ לָהֶם
> אִישׁ שֶׂה לְבֵית אָבֹת שֶׂה לַבָּיִת:
> וְאִם יִמְעַט הַבַּיִת מִהְיוֹת מִשֶּׂה וְלָקַח הוּא וּשְׁכֵנוֹ הַקָּרֹב אֶל בֵּיתוֹ
> בְּמִכְסַת נְפָשֹׁת אִישׁ לְפִי אָכְלוֹ תָּכֹסּוּ עַל הַשֶּׂה:[102]

וזו לשון המשנה:

> אין שוחטין את הפסח על היחיד דברי רבי יהודה. ורבי יוסי מתיר.[103]
> ואפילו חבורה של מאה שאינן יכולין לאכול כזית אין שוחטין עליהן.
> ואין עושין חבורת נשים ועבדים וקטנים.[104]

102. שמות יב, ג-ד.
103. בגמרא מובאת ברייתא ובה המקור לדברי ר' יהודה מפסוק אחר: "תנו רבנן: מנין שאין שוחטין את הפסח על היחיד? תלמוד לומר 'לא תוכל לזבח את הפסח באחד', דברי רבי יהודה. ורבי יוסי אומר: יחיד ויכול לאכלו – שוחטין עליו, עשרה ואין יכולין לאכלו – אין שוחטין עליהן" ראו: דברים טז, ה; ספרי דברים ראה, פיסקא קלב; בבלי פסחים צא ע"א. הפסוק התומך בדעת ר' יהודה הוא "לא תוכל לזבוח את הפסח באחד שעריך", והוא נראה כפסוק שהוצא מהקשרו בדרשת ר' יהודה. ר' יוסי לא למד מדרשה אלא תלה את הדין של הקורבן באפשרות אכילתו בפשט הפסוקים ובגילוי מילתא שהקורבן נועד לאכילה, שהרי התורה אמרה "איש לפי אכלו תכוסו על השה".
104. משנה פסחים ח, ז.

המשנה עוסקת בכמה עניינים שהקשר ביניהם נראה רופף: קורבן פסח של יחיה, קורבן בחבורה של מי שאינם יכולים לאכול וקורבן של חבורת נשים עבדים או קטנים.[105] מסקנה אפשרית מן המשנה היא שחבורה של נשים היא כקורבן של אדם אחד, בדומה להצעה של הגמרא לגבי ריבוי נשים בעניין זימון:

> והא מאה נשי כתרי גברי דמיין.[106]

בגמרא הובאה מסורת אחרת בשם ר׳ יהודה ולפיה שוחטים על אישה יחידה את הפסח. נראה שהלכה זו מנוגדת לעמדתו המובעת במשנתנו, שאין שוחטים על היחיד כלל, ואולי יש ללמוד קל וחומר לאישה יחידה, ולכן הגמרא רואה במסורת שבברייתא סתירה לדעת ר׳ יהודה במשנה:

> ורמינהו: אשה בראשון – שוחטין עליה בפני עצמה,
> ובשני עושין אותה טפילה לאחרים, דברי רבי יהודה!

התירוץ של רבא לקושיה זו היא שהברייתא לא באה אלא לומר שנשים בפסח ראשון חייבות בחיוב ראשוני ולא משני, ולכן למעשה אינן צריכות להיסמך על קורבן של גברים כדי לצאת ידי חובתן. בפועל, אישה שתרצה להקריב קורבן פסח תצטרך להצטרף לחבורה של נשים, וזה משום הדין הכללי שאין עושים חבורה של יחיד. וכך קבע רבא:

105. אפשרות פרשנית היא לקשור בין חלקי המשנה כך שההלכות משתלשלות אלו מאלו, שכן טעמו של ר׳ יוסי שמתיר הקרבה של קורבן יחיד הוא שעיקר ההקרבה היא באכילה. מכאן שהדין הבא במשנה, העוסק בחבורה של אנשים שלא יכולים לאכול את הקורבן הוא השלמה להלכת ר׳ יוסי, שלפיה אף יחיד מקריב אם יאכל את הקורבן במלואו. וההלכה השלישית נוגעת לחבורות נוס־פות שאין להן תוקף של חבורה.

106. בבלי ברכות מה ע״ב.

אמר ליה: לא תימא בפני עצמה, אלא אימא בפני עצמן.

דא עקא, תירוצו של רבא סותר את הדין שבסוף המשנה, שאין עושים חבורה של נשים, ולכן נדרש רבא לבאר את הסיפא במשנה וקבע שהאיסור לעשות חבורת נשים, עבדים וקטנים נוגע רק למקרים של תערובת ביניהם, מפני החשש מפריצות. אך נשים יכולות לייסד חבורה בפני עצמן. וכך אכן נפסק להלכה ברמב"ם:

אבל עושים חבורה כולם נשים, אפילו בפסח שני.[107]

המשמעות הפשוטה של הדין הזה מנוסחת בדברי הציץ אליעזר: "הנה מפורש יוצא דאף על גב דאין שוחטין הפסח על היחיד, כל שהן חבורת נשים לא הוו יחיד".[108]

מכאן שנשים יוצרות יחד חבורה וקבוצה משמעותית. והדברים פשוטים, מפני שהיסוד המרכזי של קורבן פסח הוא חיוב במצווה ויכולת לאכול, והצירוף נועד ליצירת חבורה ולא מניין, והנשים מצטרפות לחבורה. כיוון שנשים עונות על דרישת הבסיס, הרי שבקיבוצן נוצר ציבור. אומנם, במקרה הזה אין שום משמעות למספר עשר.

סיכום

פתחתי את דבריי בהצגת התודעה החברתית המקובלת, שלפיה נשים אינן בכלל ציבור לענייני קדושה ותפילה – אבל עיון במקורות מעלה שאין זה כך: המקורות ההלכתיים חושפים תמונה מגוונת המאפשרת את שותפותן של נשים כחלק מן הציבור בדרכים משתנות ובתחומי

107. רמב"ם הלכות קרבן פסח ב, ד.
108. שו"ת ציץ אליעזר חלק יג סי' עג.

הלכה שונים. לפיכך יש לבחון בכל הקשר מחדש את עניינו של הריבוי ואת מעמדו של הציבור ותפקידו ביחס למצווה.

באופן כללי, נראה שיש להבחין בין מצב שבו אין צורך בכלל הציבור לקיום המצווה, אך נוכחותו שם מעשירה את קיומה, ובין מצב שהציבור הוא המכותב הראשון של המצווה (כמו בקורבן פסח, שבו ההכרעה אם להקריב אם לאו תלויה במעמד הציבור בכללותו ואף שהיחידים מקריבים אותו, ההקרבה תלויה בשאלה אם הציבור טהור או טמא, ולכן הציבור הוא הנמען של המצווה). בין מצב שבו הציבור מוגדר על ידי צירוף בסיסי ל"דבר שבקדושה" ובין מצב שבו הוא מוגדר על ידי המציאות עצמה (כמו דעות, רוב, חבורה). בפרט יש לשים לב שלעיתים יש במצווה עצמה רבדים שונים: פעמים שהיא נחשבת לדבר שבקדושה אך נחשבת למצווה מהודרת יותר ברוב עם, כיוון שהיא דורשת מעשה פורמלי, ונוסף לכך יש לה מטרה חברתית. הצורך בציבור הוא פונקציה שיש בה שני פרמטרים: יש בה ציר אנכי, שעליו מונחים שיקולים משפטיים, וציר אופקי, שעליו מונחים שיקולים חברתיים דתיים. מצוות מסוימות שייכות רק לציר האנכי, מצוות אחרות רק לציר האופקי ואחרות מונחות בצומת המפגש.

בעיניי, המסקנות מפרק זה יכולות להשפיע על המציאות החברתית של נשים בבית הכנסת ובקהילה. מעמדן כחלק מן הציבור הוא נתון הלכתי. אני מסיקה זאת מכך שלא הוחרגו מכלל ישראל ולכן כל פנייה אל הציבור כוללת אותן. והעובדה שהן אינן נספרות למניין היא רק פרט בתוך מכלול שבו שותפותן ונוכחותן הן בעלות משמעות וחשיבות. העובדה שבכל נושא יש לדון מחדש ולבחון את שותפותן של הנשים מלמדת שאי־ספירתן למניין אינה בהכרח הכלל החשוב שממנו יש לגזור את המסקנה לגבי שותפותן עם הציבור.

האישה נכללת בהגדרות רחבות של ציבור. במצוות מסוימות נוצרת עבורה המשגה מיוחדת, וכך ניתן לה מרחב תמרון ייחודי ועצמאי. במובן מסוים כמעט שאין הבדל בין התחייבות נשים במצוות בקטגוריה של מצוות על היחיד ובין אופן התחייבותן במצוות המוטלות על הציבור. בשתי הקטגוריות הן שותפות לא מלאות.

לסיום אוסיף שבפרק זה אני פונה לא רק אל הגברים אלא גם אל הנשים. ההבנה שאתן־אנחנו חלק מן הציבור, שותפות בהגדלת כבוד ה' בעולם – יש לה השלכות. היא משנה תודעה בעמידתנו בעולם התורה והמצוות, ולא פחות מכך – מטילה עול ואחריות, ומחייבת.

קריינית על הבימה

כשכתבתי בפרק הקודם על נשים כחלק מהציבור, עסקתי גם בצירופן למניין כדי לקרוא מגילה בציבור, אבל לא הזכרתי ולא עסקתי כלל באפשרות שהן עצמן יקראו. ברצוני לספר כאן על התהליך שאני עברתי בתפיסת הנושא.

במשך שנים ארוכות לא הבנתי את בקשתן של נשים לקרוא מגילה. אני מודה ששילוב נשים בנושאים שבאופן היסטורי היו נחלתם של גברים פחות מלהיב אותי. רוב הזמן אני חשה ששיבוש הסדרים המוכרים והרגילים אינו בריא במיוחד ואיני מהתומכות הנלהבות של שינויים אלו. לא של ריקוד נשים עם ספר תורה ולא של קריאת מגילה על ידי נשים ועוד.

במרוצת הנשים נחשפתי למצוקה הכנה של נשים הנובעת מן הפער העצום שנפער בין אישיותן הדתית לבין ישותן הקיומית האחרת. שמעתי תלמידות רבות מדברות בכאב על החוויה הקשה והבנתי שמדובר במשימת הדור. לפני שנים רבות נכחתי בהצגה באנגלית של תיאטרון רוממות של נשות גוש עציון סביב סיפורה של מגילת אסתר. במהלך ההצגה, בין הסצנות, עברה על הבמה בחורה מלאכית וקראה פסוקים מהמגילה בטעמים ובקול זמיר. זו הייתה הפעם הראשונה שהבנתי שהאפשרות שנשים תקראנה מגילה מגלמת גם אפשרות לחידוש ולהאזנה אחרת לסיפור המגילה.

חלפו שנים רבות, ועד ליום כתיבת שורות אלה השתתפתי רק פעם אחת בקריאה של נשים. בדרך כלל אני משתתפת בקריאה המרכזית

או בקריאה המאוחרת יותר לנשים. בפרק זה אציג את קריאת המגילה על ידי נשים מבחינה הלכתית. אעשה זאת כמתבוננת מן הצד, אפרוס את הגישות השונות ואת הבעייתיות שיש בכל אחת מהן. אציג את העדיפויות ההלכתיות שאני רואה בהן, בין השאר, מניפה המשקפת את הנוף הדתי המפולג ביחס לעניין זה.

כהערת פתיחה לפרק אציע למי שלא נכחה עדיין לחוות מקרוב, במו עיניה, את היתרונות שבקריאת מגילה על ידי נשים.

היתרונות בגישה המגבילה (שגם אליה אני מתייחסת ומבססת אותה במקורות) ידועים ומוכרים, ואין לזלזל בהם. התרשמותי נעוצה בבנות הצעירות שהשתתפו בקריאה שעבורן היא הייתה חוויה יוצאת דופן ומעצימה, שהעניקה להן כוח עשייה ומעורבות בעולם הדתי. קשה להתעלם מהניצוץ בעיניים של מי שמצליחה לעבור מעמדת הצופה אל המבצע, על הבמה. היכולת להיות מעורבת יותר ושליחה נאמנה של ציבור שלם מעניקה זריקת עידוד לחיים דתיים עשירים ומלאים יותר, שיש בהם אחריות אישית למילוי החובה הדתית. ההצצה האישית והחד־פעמית שלי מובאת כאן כעניין בעל ערך, מעין דברי חז"ל ש"מי שלא ראה שמחת בית השואבה לא ראה שמחה מימיו".[1] שנים רבות תהיתי על קביעת חז"ל זו. האם היא באה לצער אותנו, שאין לנו אפשרות לנכוח בשמחת בית השואבה? האם הם טוענים טענה מיתית על שמחה שאין כדוגמתה בעולם הזה? שהרי אם לא כן, מניין להם הוודאות?

גם על בניין הורדוס אמרו חכמים דבר דומה: "כל מי שלא ראה בניין הורדוס, לא ראה בניין יפה מימיו".[2] וכי ראו חז"ל כל הבניינים היפים בעולם שהיו ושעתידים להיות? אפשר כמובן לטעון שחז"ל דיברו בהפרזה מכוונת, כדי להבהיר את העוצמות של מה שראו עיניהם.

1. משנה סוכה ה, א.
2. בבא בתרא ד ע"א.

אך נדמה לי שחז"ל טוענים משהו שהוא מעבר להתפעלות מיופיו של הבניין ומעוצמתה של השמחה. הם אומרים דבר מה על המעבר מכלי ראשון של שותפות בחוויה לכלי שני של שמיעת העדות. בדיון הלכתי בכל נושא יש ממד מוחמץ עבור מי שאינו יודע "מבפנים" במה בדיוק הוא דן.

איני נותנת לחוויה משקל מכריע אבל משקל מסוים ודאי שיש לה, ואין לדיין אלא מה שעיניו רואות. כפי שכבר נאמר כאן וניכר מהפרק שלפניכם, אני פורסת את היריעה ונותנת מקום לכל הגישות ההלכתיות והדתיות שקיימות על הספקטרום, לכולן עוגן במקורות.

פרק ה

קריאת מגילה על ידי נשים

בילדותי, אבי ז"ל היה קורא לאימי את המגילה כשהיה חוזר מבית הכנסת או במהלך היום. בדרך כלל, השכנות ביקשו להצטרף לקריאה, וכך יצא שבכל פורים התקבצה בביתנו חבורת נשים לשמוע את קריאת המגילה. אני התרגלתי כל כך לקריאה הזו, עד שגם לאחר נישואיי ביקשתי להגיע במיוחד לקריאה הזו, המשפחתית. עד היום אני מתגעגעת לקולו של אבי ז"ל הקורא את המגילה בדייקנות, בנועם ובקול צלול. הקריאה הנפרדת לנשים אינה חידוש של הדור האחרון. בירושלמי מסופר שר' יהושע בן לוי כינס את בני ביתו לקריאת מגילה, ולאורך הדורות קריאה זו הייתה פתרון נוח לנשים רבות שהתקשו להגיע לבית הכנסת. אומנם עד היום, ברוב המקרים מדובר בגבר הקורא עבור נשים. השאלה העומדת לפתחנו היא אם אישה יכולה להוציא נשים ידי חובת קריאת מגילה ואם לשינוי כזה יש השלכות נוספות על הלכות הקריאה.[1] אוכל לומר שככל שנחשפתי לתופעה עצמה ולא להופעתה המתוקשרת, כך הבנתי כמה עוצמות

1. בשאלה זו דנו בלא מעט מאמרים ופסיקות הלכה בדור האחרון וקצרה היריעה למנותם. אין אני רואה במאמר הזה חידוש אלא ש"אין שני נביאים מתנבאים בסגנון אחד", ומן הסתם פערי הניסוח ושינויי הסגנון יש בהם גם היבט מהותי.

יש לקריאה כזו משותפת של נשים לנשים ואיזו רוממות רוח ושמחת פורים יש בקריאה כזו.

הסתירה במקורות חז"ל

במקורות העוסקים בחיוב נשים במקרא מגילה יש שני מקורות ראשוניים הסותרים זה את זה: המשנה בערכין מציגה את העמדה המרחיבה כשהיא קובעת: "הכל חייבין במקרא מגילה, הכל כשרין לקרות את המגילה". בגמרא פירשו שההכללה הנרמזת במילה הפותחת את המשנה: "הכל", מעידה שגם נשים חייבות בקריאת מגילה ובשמיעתה.[2] ההלכה הזו מתיישבת עם דעת ר' יהושע בן לוי, מראשוני האמוראים, שנשים חייבות במקרא מגילה כשם שהן חייבות בנר חנוכה ובמצה, מפני ש"אף הן היו באותו הנס".[3] לדבריו, הנימוק לחיובן הוא שנשים הן גיבורות החגים הללו, ש"עיקר הנס נעשה על ידן".[4] אך בעוד שלגבי חנוכה ופסח הטענה שנשים הובילו את הגאולה דורשת מאמץ דרשני, כמו הקביעה "בזכות נשים צדקניות נגאלו ישראל ממצרים", או דייג של דמויות משנה כמו יהודית, בפורים אין הדבר צריך ראיה: דמותה של אסתר, שהביאה גאולה לעם ישראל בימי אחשוורוש בזכות מסירות נפשה, עומדת במרכזו של החג. על כך ניתן להוסיף שאילולי פנייתה לחכמים "קבעוני לדורות", החג לא היה נחוג כלל (מגילה ז ע"א).

האם יש ללמוד מכך שנשים נצטוו בחגים הללו יותר מאשר הגברים, שכן עיקר הנס היה על ידן? בעלי התוספות לא סברו כך. לדעתם, משמעות דבריו של ר' יהושע בן לוי היא שגם נשים ניצלו ונגאלו בחגים הללו, יחד עם הגברים. ובכל זאת, פירושם לסוגיה זו הוא חד־משמעי: נשים חייבות בקריאת מגילה באותה רמת חיוב של גברים, וכדבריהם: "מכאן משמע שהנשים מוציאות את אחרים

2. ערכין ב ע"ב.
3. מגילה ד ע"א; ערכין ג ע"א.
4. ראו דעת רשב"ם בתוספות, מגילה ד ע"א, ד"ה שאף הן היו באותו הנס.

ידי חובתן".[5] גם רש"י קבע: "וכשרות לקרותה ולהוציא זכרים ידי חובתם".[6]

מנגד, ישנה תוספתא הסוברת שנשים פטורות לגמרי מקריאת מגילה. התוספתא מתארת מדרג של חיובים בקריאת מגילה, וזו לשונה:

> הכל חייבין בקריאת מגלה, כהנים לוים וישראל גרים ועבדים משוחררין חללים נתינים וממזרים סריס אדם סריס חמה פצוע דכא וכרות שפכה, כולן חייבין ומוציאין את הרבים ידי חובתן.[7]

זו הרשימה הפותחת את התוספתא ובה נמנו אלו שחייבים בקריאת מגילה ברמה זהה ביניהם ולכן הם מוציאים אחרים ידי חובתם. התוספתא ממשיכה ומונה יוצאי דופן, כאלו שחייבים בקריאת מגילה אך אין מוציאים אחרים ידי חובתם, ומשמע שקריאתם אינה ברמת חיוב זהה:

> טומטום ואנדרוגינוס חייבין ואין מוציאין את הרבים ידי חובתן.
> אנדרוגינוס מוציא את מינו ואינו מוציא את שאינו מינו.
> טומטום אינו מוציא לא את מינו ולא את שאינו מינו.

אנדרוגינוס הוא מי שיש לו סימני נקבות וזכרות, וטומטום הוא מי שאיבריו מכוסים ואין יודעים אם הוא איש או אישה. הסיבה שאנדרוגינוס אינו מוציא זכרים ידי חובתם ומוציא ידי חובתם רק אדרוגינים כמוהו היא שהצד הנשי שבו אינו יכול להוציא גברים ידי חובתם.[8] אלו חייבים במצווה גם אם אינם מוציאים ידי חובה את

5. תוספות מגילה, ד ע"א, ד"ה נשים.
6. רש"י ערכין, ב ע"ב ד"ה לאתויי נשים
7. תוספתא מגילה, ב, ז.
8. נראה שהתוספתא התייחסה לאנדרוגינוס כאל חצי גבר וחצי אישה. קיימת

האחרים בגלל ה"חצי אישה" שבזהותם או מפני שהם ספק נשים. ומכאן שהתוספתא והמשנה חלוקות בדין הנשים. המעיין בהמשך התוספתא מגלה שלדעת התוספתא נשים פטורות לגמרי ממקרא מגילה:

נשים ועבדים וקטנים פטורין ואין מוציאין את הרבים ידי חובתן.

אומנם כבר בהמשך התוספתא מסופר שהיו שפסקו שקטנים יקראו את המגילה אפילו לרבים ולהוציאם ידי חובה, וכי כך נהגו לכאורה, ומכאן קל וחומר לנשים:

אמר ר׳ יהודה, קטן הייתי וקריתיה לפני ר׳ טרפון בלוד וקבלני.
אמ׳ ר׳, קטן הייתי וקריתיה לפני ר׳ יהודה באושה והיו שם זקנים ולא אמר אחד מהן דבר.
אמרו לו, אין מביאין ראיה מן המתיר.
מיכן ואילך הונהגו קטנים שיהו קורין אותה לרבים.[9]

אולם להלכה המקור מהתוספתא הובא כמקור המפקפק בעוצמת חיובן של הנשים במקרא מגילה.[10]

פסיקת ההלכה

לאור הסתירה בין שני המקורות בחז"ל, להלכה הובאו כמה דעות

מחלוקת ראשונים לגבי המעמד המדויק של אנדרוגינוס, אם הוא ספק איש ספק אישה, חצי איש חצי אישה, איש לגמרי, או סוג שלישי שאינו איש ואינו אישה. ולא כאן המקום להיכנס לפרטי המחלוקת הזו.

9. שם, הלכה ח. אומנם הגרסה בירושלמי היא שנהגו לקרוא מגילה בבית הכנסת, ברבים. ראו: ירושלמי מגילה, ב, ה.
10. וראו ערוך השולחן, או"ח סי׳ תרפט, סע׳ א, שתיקן את גרסת התוספתא, וכתב שלשון התוספתא צריכה להיות שנשים חייבות, ולדעתו פטורות מפני שאין זה כבוד הציבור, וכפי שיבואר בהמשך.

שחלקן קיבלו את עמדת המשנה והעדיפו אותה על פני הנוסח שבתוספתא, וחלקן ניסו ליישב בין שני המקורות ולפשר ביניהן. בפועל ניתן למצוא חמש שיטות להלכה בנושא הזה. ודוק, חלק מן השיטות סדורות וסלולות בהלכה וחלקן דעות דחוקות ודעות יחיד ומעמדן ההלכתי פחות. ובכל זאת אמנה אותן כאן, שכן בתפיסת העולם הכללית ביחס לתפקידן ומעמדן של נשים, יש לכל אחת מהדעות מקום, גם אם במקורות הקשורים לנושא דנן יש מהן המעוגנות טוב יותר, ולכן ראוי יותר לסמוך עליהן להלכה:

חייבות בקריאה ומוציאות גם אנשים ידי חובה

עמדתו הפרשנית של רש״י בסוגיה בערכין, שנשים כשרות לקרות את המגילה ולהוציא זכרים ידי חובתם, נחשבת כעמדתו ההלכתית.[11] הרמב״ם פוסק כך להלכה. ואלו דבריו המובאים במשנה תורה:

> הכל חייבים בקריאתה אנשים ונשים וגרים ועבדים משוחררים, ומחנכים את הקטנים לקרותה,
> ואפילו כהנים בעבודתן מבטלין עבודתן ובאין לשמוע מקרא מגילה...[12]

בהלכה הבאה הרמב״ם קבע:

> אחד הקורא ואחד השומע מן הקורא יצא ידי חובתו והוא שישמע מפי מי שהוא חייב בקריאתה.

נקל לראות שהרמב״ם לא הבחין בין חיוב נשים לחיוב גברים, וסבר שהן יכולות להוציא ידי חובה את הגברים. מה שעומד ביסוד פסיקתו

11. וראו ספר האגור הלכות פורים סי׳ אלף מג; רבנו ירוחם, תולדות אדם וחוה נתיב י חלק ג סג טור ב; טור אורח חיים סי׳ תרפט.
12. רמב״ם הלכות מגילה א, א.

הוא הכלל הבסיסי שהלכה כסתם משנה וכפשט התלמוד. במקרה שלנו, כשהתוספתא סותרת את המשנה ומחלקת בין גברים ונשים, אין לנו אלא לדחותה. וכך העיר גם המגיד משנה על אתר.[13] השלטי גיבורים הזכיר שזו ככל הנראה גם דעת הרי"ף, שנשים מוציאות את הרבים ידי חובת קריאת מגילה. דעה זו הובאה בסתם בשולחן ערוך ונראה שגם ערוך השולחן פסק כך.[14]

חייבות כגברים אך לא מוציאות גברים משום כבוד הציבור

גישה אחרת גורסת שנשים חייבות במגילה כגברים אך אינן מוציאות אותם ידי חובתם בשל "כבוד הציבור". זו היא וריאציה של הגישה הקודמת. לגישה זו, נשים אינן מוציאות גברים ידי חובתם מסיבה צדדית ולא עקרונית. לדעה זו ייתכן לומר שקריאת מגילה דומה לקריאה בתורה. וכיוון שאישה אינה מוציאה אנשים ידי חובת קריאה בתורה מפני כבוד הציבור, הרי שאין מחלקים בין קריאה לקריאה, ולהלכה לגישה זו פוסקים בדרך דומה לגבי קריאת מגילה. הגישה הזו נזכרת בדברי ערוך השולחן.[15] משמע מגישה זו שהסיבה שבגללה אישה לא תוציא גברים ידי חובתם אינה מפני שחיובה העקרוני הוא ברף נמוך יותר אלא מפני "כבוד הציבור".[16] כמובן, שלפי שיטה זו ואף קודמתה, נשים מוציאות נשים ידי חובת הקריאה.

חייבות רק בשמיעה ומוציאות נשים ידי חובתן

בספר הלכות גדולות, מתקופת הגאונים (להלן: בה"ג), התחשב בעמדת התוספתא ופירש את המשנה והגמרא בהתאם. בה"ג הציע אפשרות הלכתית הממצעת בין הגישה של המשנה הקובעת חיוב מוחלט ורחב

13. שם, אות ב.
14. שולחן ערוך אורח חיים תרפט, א; ערוך השולחן שם סע' ו.
15. ערוך השולחן, או"ח סי' תרפט ה.
16. אומנם, המשנה ברורה עצמו הביא גם את הדעות שאישה מחויבת רק בשמיעה ושזו הסיבה שאינה מוציאה גברים ידי חובתם (שם ס"ק ז).

ובין הגישה שבתוספתא, המציגה פטור מוחלט לנשים. מסקנתו של בה״ג היא שנשים חייבות בשמיעה ולא בקריאה:

> הכל חייבין בקריאת מגילה... נשים ועבדים וקטנים פטורין מקריאת מגילה.
> אלא שחייבין במשמע, למה?
> שהכל היו בספק להשמיד להרוג ולאבד והואיל והכל היו בספיקא הכל חייבין במשמע.[17]

המשמעות ההלכתית של דברי בה״ג היא שנשים חייבות לשמוע מגילה אך פטורות מלהשמיעה, כלומר מלקוראה. ולכן אינן יכולות להוציא ידי חובה בקריאתן את מי שחייב לא רק בשמיעה אלא גם בקריאה, היינו גברים.

בעלי התוספות הביאו את דברי הבה״ג הללו וכתבו כי בכל מקרה, גם לדעת בה״ג אישה מוציאה נשים ידי חובת שמיעה. וכל מה שבה״ג קבע הוא שגברים לא יוצאים ידי חובתם בקריאתן של נשים. גם הרא״ש הביא את דברי בה״ג הללו וקבע: ״דלא תימא אף נשים אינן יוצאות אלא בקריאה חשובה של אנשים. קא משמע לן שהאישה מוציאה חבירתה״.[18] כלומר, שנשים מוציאות נשים ידי חובה בקריאתן, אף שאינן מוציאות גברים ידי חובה. דעה זו הובאה בשולחן ערוך בדעת ה״יש אומרים״ וכן ברמ״א ובלבוש.[19]

ראוי לציין שעל העמדה הזו תהה הגר״א, מפני שעצם ההתחשבות בתוספתא בעייתית בעיניו. המדרג ההלכתי מחייב לפסוק לפי המשנה כשהיא סותרת את התוספתא. לכן הגר״א כתב שסברת השולחן ערוך הראשונה היא העיקר, ונשים חייבות ומוציאות גברים ידי חובתם:

17. הלכות גדולות, סי׳ יט.
18. רא״ש מגילה א, ד.
19. על שולחן ערוך אורח חיים תרפט, ב.

וסברא ראשונה סבירא לי (וסברה ראשונה בשו"ע נראית לי),
דההיא תוספתא לאו דסמכא היא (התוספתא נראית משובשת),
דגמרא פליג על התוספתא (שכן הגמרא חלוקה על התוספתא),
שהרי רישא הכל חייבין אמרינן בגמ' דאתי לאתויי נשים (שכן בגמרא משמעות המילה "הכל" היינו גם נשים, ולכאורה כך גם לגבי הפתיחה של התוספתא "הכל" – כולל נשים),
והיאך תני בסיפא פטורין (אם כן, כיצד בחתימת התוספתא נאמר שנשים פטורות, אלא פשוט שהגמרא לא קיבלה את עמדת התוספתא),
והא ע"כ דומיא דרישא היא.[20]

לדברי הגר"א חייבים לומר שהגמרא דחתה את התוספתא, ואילו העמדה הנזכרת בגמרא, שנשים חייבות, היא המכריעה להלכה. למרות דבריו הנכוחים, פוסקים לא מועטים הלכו בדרך שסלל בה"ג כפי שהראינו.

חייבות בשמיעה בלבד ואין מוציאות נשים רבות ידי חובתן אלא את עצמן

חלק מהפוסקים סברו שנשים חייבות במגילה, אולם עדיין סברו שאישה לא תוכל להוציא אפילו נשים ידי חובתן, כיוון שיש בכך משום זילות ופחיתות כבוד לנשים. דעה זו מופיעה בקורבן נתנאל ולדבריו: "שאין אישה מוציאה נשים רבות ידי חובתן משום דזילא בהו מילתא".[21] בחינה של דברי הקורבן נתנאל במקורם מורה שהוא נסמך בדבריו על פירושם של בעלי התוספות במסכת סוכה. דא עקא, המעיין בפירוש התוספות שם יראה שהשיקול של "זילא בהו מילתא" נאמר בדבריהם כדי למנוע מנשים להוציא דווקא גברים ידי חובתם, ובהסתמך על

20. גר"א, שם.
21. אות מ. דבריו הובאו בשער הציון אות טו.

דברי בה"ג שקבע בפירוש שנשים מוציאות נשים.[22] לכן דברי הקורבן נתנאל לכל הפחות תמוהים.

חייבות בשמיעה ואינן קוראות אפילו לעצמן

במדרש הנעלם לרות, שמקורו בספרות הקבלית, נאמר (בתרגום לעברית): "ואמר רבי אבא, נשים חייבות במקרא מגילה, אבל הם אינן קוראות לאחרים, אבל חייבות לשמוע הברכה מפי המברך... ומחויבות במקרא מגילה – לשמוע מפי הקורא".

המגן אברהם הביא את המדרש הזה להלכה וכתב: "ובמדרש הנעלם רות כתוב דלא תקרא לעצמה רק תשמע מהאנשים".[23] ערוך השולחן ניסה להבין את דברי המדרש הללו והציע שייתכן שהסברה של המדרש היא "דקריאה לא נתקנה להן".[24] כלומר, שניתן להבין את דעת הבה"ג כעמדה רוחנית מהותית שאישה אינה בת קריאה, והקריאה לא תוקנה לנשים. אומנם, ערוך השולחן הסתייג מהבאת מדרש זה להלכה, ולאחר שהזכיר את דעת המגן אברהם, קבע שהדבר צריך עיון. גם בעל החיי אדם תהה על הבאת מדרש הנעלם, שהוא מקור לא מרכזי ולא מוכר, ולדבריו גם לשון הגר"א שמצטט את המדרש אינה מחייבת את התוצאה ההלכתית שגזר המגן אברהם. ואלו דברי החיי אדם:

> וכן נשים אף על פי שמחויבות, מכל מקום אין עליהן חובת קריאה אלא חובת שמיעה, שמחויבת לשמוע מאיש, ואפילו לעצמה לא תקרא, אלא שיקרא לפניה איש.
> לשון זה שכתב המגן אברהם ס"ק ו' לא נמצא בזוהר חדש רות, והגר"א הביא לשונו,

22. תוספות סוכה לח ע"א, ד"ה באמת.
23. דברי המגן אברהם הוזכרו גם במשנה ברורה ס"ק ח, ובביאור הגר"א ד"ה אין מוציאות.
24. ערוך השולחן או"ח סי' תרפט סע' ה.

> ואינו מוכרח אם רוצה לומר אינה קוראת לאחרים אבל לעצמה קוראה וצ"ע.[25]

אכן, קריאה מדוקדקת של המדרש כפי שציטטתי כאן אינה מחייבת את מסקנתו ההלכתית של המגן אברהם. ויש להוסיף ולפקפק בשימוש במקור קבלי כמקור הלכתי שווה ערך למקורות חז"ל. חדירה של רעיונות קבליים למרחב ההלכתי אומנם מתרחשת במקומות לא מועטים, אך היא לא הייתה מקובלת על הכול, ובוודאי שאין זו דרך המלך של הפסיקה.

לפנינו אפוא חמש גישות, שבחלק מהן אין הבדל הלכה למעשה אלא רק מהבחינה המהותית:

1. נשים חייבות בקריאת מגילה כגברים ומוציאות את הגברים ידי חובתם (שולחן ערוך בסתם).
2. נשים חייבות בקריאת מגילה כגברים אך לא מוציאות גברים ידי חובתם מפני כבוד הציבור כמו בקריאת התורה (פרי מגדים).
3. נשים פטורות מקריאה וחייבות בשמיעת מגילה ומוציאות רק נשים ידי חובתן (בה"ג, שולחן ערוך ב"יש אומרים").
4. נשים פטורות מקריאה וחייבות בשמיעה אך מוציאות רק את עצמן ולא את חברותיהן (קורבן נתנאל).
5. נשים פטורות מקריאה וחייבות בשמיעה ויוצאות רק בקריאה מפי גברים (מגן אברהם).

מדרג האפשרויות מעיד על התחבטות ארוכת שנים בנוגע למקומן של נשים במרחב העשייה הריטואלית ההלכתית. מההצעה לשוויון מוחלט כשמדובר מהותית במצווה שאין סיבה לומר שגברים התחייבו בה יותר מן הנשים ועד להצעה שעבודת ה' של נשים היא משנית לזו של הגברים, תלויה בהם ונסמכת עליהם. נדמה לי שהמדרג הזה נוכח

25. חיי אדם חלק ב-ג כלל קנה, יא.

בשיח הציבורי הדתי, ומנעד הגישות משקף תודעות וחוויות דתיות שונות בין אם מדובר בחוויה הדתית של גברים ובין אם בזו של הנשים.

יחד עם זאת, במקרה ההלכתי הזה נקל לראות שיש שתי גישות מרכזיות וסלולות השעונות על מקורות חז"ל. הפסיקה כדברי התלמוד שאינו משתמע לשני פנים או הפסיקה המנסה ליישב בין הגישות הסותרות בדברי חז"ל. אל מול הגישות הללו, יש הצעות השעונות על סברות "חדשות" או סברות שמיובאות מנושאים הלכתיים אחרים או ממקורות סמי־הלכתיים.

שיטת המגן אברהם, שאישה חייבת בשמיעה דווקא ואינה מוציאה אפילו את עצמה, היא שיטת יחיד שלא נזכרה קודם לכן בדברי הפוסקים. עמדתו של המגן אברהם אף סותרת את התוספתא, שאנדרוגינוס וטומטום מוציאים את עצמם ידי חובה. פנייתו של המגן אברהם אל מדרש הנעלם, שהוא נעלם כפשוטו, אינה משכנעת דיה. כמו כן, ההצעה של הקורבן נתנאל לומר שנשים אינן מוציאות נשים סותרת את דבריהם המפורשים של הראשונים שעליהם הוא עצמו נסמך. גישה זו נסמכת על מקור לא הלכתי ונראה שהדברים מאלצים את דברי הבה"ג לומר הפך מדבריו. לפיכך, על בסיס המנגנון המקובל בפסיקת ההלכה, תהיה זו טעות להפוך את הגישות הללו להוראה רחבה. יש להתחשב בשתי העמדות המרכזיות: האחת שנשים חייבות כגברים ומוציאות אותם ידי חובה, והשנייה שנשים חייבות בשמיעה ואינן מוציאות גברים שחייבים גם בקריאה. אך מוציאות נשים אחרות ידי חובתן. כמובן, שנשים החפצות בכך יכולות לצאת ידי חובה בקריאה של גברים בבית הכנסת. וכך יוצא שכל העמדות הרוחניות נשמרות אלו בצד אלו.

פרסום הנס

השולחן ערוך פסק שמגילה שנקראת בזמנה, קרי בי"ד ובט"ו באדר, "צריך לחזור אחר עשרה, ואם אי אפשר בעשרה קורים אותה ביחיד"[26]

26. אורח חיים תרצ, יח.

קריאת מגילה נקראת אפוא לכתחילה בפרהסיה. אך בניגוד לעניינים אחרים המצריכים עשרה משום שהם מוגדרים כדבר שבקדושה, במקרה של קריאת מגילה הצורך בעשרה נגזר מן החיוב לפרסם את הנס. לכן נשאלת השאלה מי נכלל בעשרה הללו. בעניין זה יהיה הבדל בין שתי הגישות ההלכתיות המרכזיות שהבאנו לעיל. לגישה הגורסת חיוב זהה לגברים ולנשים, נשים נספרות למניין עם הגברים. מי שמצדד בעמדה זו הוא הר"ן, הפותח בהשוואה לזימון, שבו נשים אינן מצטרפות למניין, והוא הבחין בין זימון לבין קריאת מגילה והכריע שלעניין מגילה נשים נספרות למניין:

> ויש אומרים שאף על פי שהן מוציאות אין מצטרפות למנין עשרה למאן דמצריך עשרה במקרא מגילה כדאשכחן בברכות [מה ע"ב] לענין ברכת המזון דאף על גב דנשים מזמנות לעצמן אפילו הכי אין מצטרפות למנין ג' לזמן עם אנשים משום פריצותא.
> וא"א דהתם הוא שאינן מוציאות אנשים בברכתן אבל כאן היאך אפשר שמוציאות אנשים ידי קריאה ואין מצטרפות עמהם למנין **אלא ודאי מצטרפות.**
> וכי תימא ואמאי לא חיישינן הכא לפריצותא כי היכי דחיישינן התם, אפשר לומר דשאני הכא דע"י צירוף אין שנוי במטבע ברכה, אבל זמון דהוי שנוי במטבע ברהמ"ז וכיון שניכר צירופן עם אנשים איכא למיחש לפריצותא, אבל כאן במגילה אין צירופן ניכר שכן דרך קריאתה ליחיד כרבים.
> וכיון דאין צירופן ניכר מותר דדכותיה נמי בבהמ"ז היכא דאיכא תלתא בר מנשים מצטרפין אף הנשים עמהן משום דהשתא אין צירופן של נשים ניכר עמהם כלל.[27]

הר"ן ביאר שבזימון משמעות הצירוף היא פריצות, שכן יש שינוי בנוסח, וצירופן של הנשים ניכר. אולם, לדעתו, במקרא מגילה, שאין

27. ר"ן על הרי"ף, מגילה ו ע"ב ד"ה מתני'.

שום היכר לצירוף הנשים, כיוון שאין משנים את נוסח הברכה, אין חשש פריצות, ולכן נשים נספרות כחלק מהציבור הנדרש לקריאה.

המאירי בפירושו למגילה הזכיר את דעת הר"ן הזו בקצרה, אך דחה אותה:

> יש אומרים הואיל וחיוב הנשים שוה בה לאנשים מצטרפות הן לעשרה.
> ואף על פי שלעניין זימון אמרו נשים מזמנות לעצמן ואין מצטרפות עם האנשים,
> זו אינה אלא מטעם פריצות... אבל למגילה מצטרפות.[28]

המאירי הוסיף "ולא ייראה כן" ולא ביאר את דבריו, אם משום שגם במגילה יש חשש פריצות או מטעם אחר. גם הרמ"א כתב: "ויש להסתפק אם נשים מצטרפות לעשרה", ולא ביאר את צדדי הספק. וכן כתב הלבוש: "וכן אין מצטרפין לעשרה".[29]

נראה לי לומר שהפקפוק בדברי הפוסקים נוגע רק לשאלה אם נשים נספרות יחד עם גברים. כפי שעולה מתוך דברי הר"ן עצמו, החשש מפריצות בולט בנוכחותו בספירה למניין משותף שבו נמצאות נשים עם גברים. נוסף על כך, ייתכן שהסיבה להתחבטות הזו נובעת מהעובדה שיש ספק לגבי אופי חיובן, אם הוא שווה לגברים או לא. וייתכן שלדעה שאינן חייבות כגברים הן גם אינן מצטרפות למניין עם גברים.[30]

לכן, נראה לדעתי שוודאי שאם יש עשר נשים הן נחשבות למניין לעניין פרסום הנס ורשאיות לברך גם ברכת "הרב את ריבנו" בסוף הקריאה, הנאמרת רק כשיש עשרה נוכחים בקריאה. וכך פסק הרב עובדיה יוסף בתשובה:

28. המאירי, מגילה ה ע"א ד"ה כל שהיא צריכה לעשרה.
29. רמ"א, אורח חיים תרפט, ב.
30. ראו אליה זוטא סי' תרצ סע' ז.

> כל שיש עשר נשים איכא פרסומי ניסא שפיר.[31]

גם ר' חיים זוננפלד צידד בדעת הר"ן, המתירה צירוף של נשים למניין עשרה לקריאת מגילה, וכתב:

> אין להזניח היש אומרים (=דעת הר"ן המובאת במאירי כ"יש אומרים"),
> דשאני ברכת המזון בשם שצריך עשרה משום כבוד השם וצריך בני חורין ככל דבר הצריך עשרה,
> אבל בכאן טעם עשרה משום פרסומי ניסא, יש לומר דשפיר דמי...[32]

כיון שנשים רבות מתכנסות לקריאת מגילה לאחר שהגברים שבים מקריאת מגילה, הן בערב והן בבוקר, הרי שברוב המקרים, הציבור המתכנס הוא של נשים, ולכן נראה לי שאם התכנסו יחד למעלה מעשר נשים, הן יכולות לברך "הרב את ריבנו" וגם יוצאות ידי חובת הקריאה בציבור.[33]

ברכת לשמוע מגילה או על מקרא מגילה

בבית הכנסת בקריאה המרכזית, הקורא מברך "על מקרא מגילה" וזה

31. יביע אומר חלק ח, אורח חיים, סי' נו. וראו בפנים שנסמך גם על דעת הרב צבי פסח פרנק ועוד.
32. שו"ת שלמת חיים אורח חיים סי' קא.
33. עקרונית נראה שנשים חייבות כגברים בקריאת מגילה בציבור. ראו: שו"ת משנה הלכות חלק ד סי' פב; עולת ראיה לגר"א וייס סי' פג; דרכי משה אורח חיים סימן תרצ, ח; ב"ח ולבוש אורח חיים ראש סי' תרפז, חיי אדם סי' קנה סע' ז', סדר היום עמ' מח; כף החיים סי' תרפ"ז ס"ק יב. וכן אפשר להסיק מדברי המשנה ברורה, שכתב שמנהג טוב להביא קטנים וקטנות לבית הכנסת, היינו מגיל חינוך, וכל שכן גדולות.

נוסחה הקבוע של הברכה. אולם, לגבי נשים יש לדון איזו ברכה יברכו. אם אינן חייבות אלא בשמיעה, הרי לכאורה הן צריכות לברך "לשמוע מגילה". דעה זו נזכרת ברמ"א על סמך דברי המרדכי: "אם האשה קוראה לעצמה מברכת: לשמוע מגילה שאינה חייבת בקריאה".[34] לפי זה, הנוהגות כשיטת השולחן ערוך, שחייבות בקריאה ולא רק בשמיעה, מברכות על מקרא מגילה. ואילו הנוהגות כרמ"א, שנשים חייבות רק בשמיעה, תברכנה "לשמוע מגילה".[35] אומנם, בניגוד לדברי הרמ"א, ר' חיים זוננפלד כתב שאולי אין לשנות ממטבע הברכה גם לנשים ואין לייחד להן ברכה, ודעתו מעוגנת בדברי הגר"א והפרי חדש.[36] לכן, אם נשים הנוהגות כרמ"א בירכו "על מקרא מגילה", יש להן על מי לסמוך.[37] וכך כתב בילקוט יוסף:

> יש מהאשכנזים שנוהגים שנשים מברכות קודם המגילה "לשמוע מגילה" במקום "על מקרא מגילה".
> אולם מנהג כל קהלות הספרדים שאף בקריאת המגילה לנשים יש לברך על מקרא מגילה.
> וכן מנהג כמה מקהלות האשכנזים.[38]

קריאות נפרדות לנשים

המנהג שנשים קוראות מגילה בנפרד מגברים רווח, מקובל ומוכר עוד מתקופת האמוראים. וכך העיד התלמוד הירושלמי:

34. וכן ראו לבוש, אורח חיים סי' תרפט סע' ב.
35. רמ"א אורח חיים סי' תרפט, ב.
36. פרי חדש אורח חיים סי' תרפט ס"ק ב: "ויש אומרים אם האשה קוראת לעצמה מברכת לשמוע מגילה כו'. אינן דברים של עיקר לסמוך עליהם, אלא מברכות על מקרא מגילה כמו האנשים, וזה פשוט".
37. הנהגות ופסקים, הלכות פורים וקריאת מגילה, ו.
38. ילקוט יוסף, קיצור שולחן ערוך אורח חיים תרפט, ט.

> בר קפרא אמר צריך לקרותה לפני נשים ולפני קטנים,
> ר' יהושע בן לוי עבד כן מכנש בנוי ובני בייתיה וקרי לה קומיהון.[39]

לפי עדות זו, הקריאה לנשים הייתה נפרדת וכחלק מקריאה לבני הבית בדרך כלל.

וכך כתב גם ערוך השולחן:

> וכיון שנשים חייבות לכן הבתולות שהגיעו לי"ב שנים ויום אחד חייבות לשמוע מקרא מגילה.
> וכל אדם צריך לקרות בביתו לפני הנשים והבתולות,
> או שילכו לבית הכנסת של נשים,
> ובירושלמי [ב, ה] איתא דריב"ל הוה מכניש בני ביתו וקרא קמיהון.[40]

ערוך השולחן הציע אחת משתיים: או שנשים תשמענה קריאה בבית או שתלכנה לבית כנסת של נשים, כלומר עזרת נשים. אך הוסיף והעיר (סי' תרצ סע' כג) כמה קשה לנשים לשמוע בעזרת נשים בשל הרעש והכאות המן. ואף לגברים הוא הציע שם שאם הרעש חזק מדי ואי אפשר למנוע זאת, עדיף לקרוא בבית. הרב עובדיה יוסף כתב אף הוא ש"יש לעודד המנהג הנ"ל".[41]

ואכן הקריאה הרגילה שבבית הכנסת אינה מותאמת לצורכיהן של הנשים. לי אישית קרה שהחמצתי את המילים הראשונות של הקריאה מפני שעד שכולם התיישבו לקריאה והשתרר שקט בבית הכנסת כבר סיימו לקרוא את הפסוק הראשון של המגילה.[42] הריחוק

39. ירושלמי מגילה ב, ה.
40. ערוך השולחן אורח חיים סי' תרפט סע' ג.
41. יביע אומר חלק ח אורח חיים סי' נו.
42. ערוך השולחן אורח חיים סי' תרצ סע' ג: "וכתב הרשב"א בתשובה [חלק א סי' תסז] צריך השומע לשמוע כל תיבה ותיבה מהקורא".

של הנשים מבעל הקורא, ולפעמים אף חוסר היכולת לצפות ולראות אותו, אינם מאפשרים לשמוע את הקריאה כראוי. ומובן שהעובדה שרוב הילדים בוחרים לשבת ליד האימהות, וכמעט בלתי אפשרי שאף אחד מהילדים לא יעיר איזו הערת ביניים או ישמיע קול, די בכך כדי להחמיץ מספר מילים בודדות הפוסלות את כל הקריאה כולה. מכאן שהפתרון האולטימטיבי עבור נשים הוא קריאה נפרדת המיועדת להן. ובקריאה כזו, של מגילה בפורום של נשים, אין מניעה שאישה תקרא את המגילה. ואפילו לדעה שנשים אינן מוציאות גברים ידי חובתם, הן מוציאות את הנשים ידי חובתן.

ואם הנשים תתכוננה לקריאה במידת הרצינות הראויה, הקריאה עשויה להישמע יפה, צלולה ומדויקת לא פחות מקריאה על ידי גבר.

כאמור לעיל, אם יש יותר מעשר נשים, ניתן לברך "הרב את ריבנו", ברכה הנאמרת בעשרה, ולגבי הברכות לפני קריאת המגילה, אולי מוטב לתת למי שנוהגת כשולחן ערוך, שתברך "על מקרא מגילה", ובזה הן יוצאות ידי חובת כל השיטות.

הטקס והחידוש

הקידושין והנישואין של יהודים במדינת ישראל מוסדרים על ידי חוק שיפוט בתי דין רבניים. חוק זה קובע כי ההסדר היחיד התקף לגביהם במדינת ישראל הוא נישואין כדת משה וישראל. אין זה סוד שבציבור הכללי, ואולי לא רק בו, רבים אינם נישאים דרך הרבנות ומביעים בכך מחאה על חוסר השוויון שבמעמד הנישואין על פי ההלכה. דיון ושיח פנימי מתנהלים גם בתוך העולם הדתי, כי גם בו יש לא מעט זוגות שמבקשים לערוך שינויים במבנה המסורתי של טקס החופה. ברשימת השינויים הנחוצים הם מבקשים לחרוג מהטקס הקבוע כדי לתת ביטוי לחוויה האישית שלהם לגבי מהותם של הנישואין. הם מבקשים שיהיה ביטוי להדדיות שבקשר שלהם ולאחריות המשותפת שהם מבקשים ליצור בכל תחומי החיים. אחת השאלות שמטרידות חלק מהזוגות הבאים בברית הנישואין היא כיצד לשתף נשים במעמד החופה. נקודת המוצא המשותפת לרוב הזוגות הללו היא הדרישה הבלתי מתפשרת לחופה וקידושין כדת משה וישראל. הם שואלים כיצד יוכלו להביע את השינוי החברתי שהתחולל בלי לפגוע בקדושת המעמד. כל זוג כזה מוצא את המזור שלו למתח הזה בדרכו. לא אוכל לפרט כאן את מכלול ההצעות היצירתיות ואתייחס רק לחלק מהן.

במבנה החופה, תחילה נעשה מעשה הקידושין (מעשה קניין שלאחריו האישה אסורה על כל העולם), ותכף אחריו נעשה מעשה הנישואין, שהוא הכנסת האישה לבית בעלה על מנת לחיות חיים משותפים. בעבר היו ממתינים שנה בין מעשה הקידושין (הקניין שנעשה היום

באמצעות הטבעת) למעשה הנישואין, אלא שראו שהדבר גורם לתקלות לא מועטות ולכן איחדו את שני המעשים תחת החופה, והם נעשים זה אחר זה. כדי להבחין בין שני החלקים הללו, קוראים את הכתובה בין הקידושין והנישואין. למעשה ניתן היה לבחור גם כל אפשרות אחרת להפסיק בין החלקים: בתפילה ובקשה, בשירה וכדומה. אלא שהסיבה שנוהגים לקרוא את הכתובה היא מפני שהיא מעניינה של החופה. כיוון שקריאת הכתובה היא בבחינת הפסקה בלבד, ולא נדבך מן הקידושין והנישואין, אישה יכולה לקרוא את הכתובה.

עניין אחר שנעשה בחתונות שונות כדרך לשלב נשים בחופה הוא מה שנודע בכינוי העממי "ברכה שמינית". מקור הברכה הזו בסידור רב עמרם גאון, שהוא הסידור העתיק ביותר המצוי בידינו בנוסח מלא. ושם בסדר החופה, תכף אחרי שמובאות שבע הברכות, מובאת ברכה נוספת. ברכה זו שונה וחריגה ועיקרה איחול לבבי וחם לבני הזוג לחיים עשירים ומלאי משמעות. אין בה "שם ומלכות", כלומר היא לא כוללת נוסח רגיל של ברכה ("ברוך אתה ה'"). היא אינה מסדר שבע הברכות ואין בה חלק מסידור החופה והקידושין הנחוץ, אך יש לה עוגן במקורות קדומים ויש לה נוסח ברור ומדויק, שהופך אותה לטקסית, וניתן לכבד באמירתה גם נשים. מובן שניתן לעשות זאת לאחר שבע הברכות, כהוספה שלאחר הנישואין וכאיחול.

יש הנרתעים משתי האפשרויות הללו ורואים בהן פגיעה במסורת או הטעיית הקהל, שיחשוב שהאישה עושה דבר מה שאסור לה הלכתית.

יש אפשרות אחרת, ואותה יישמנו בחתונה במשפחתנו, והיא לאחד בין שתי ההצעות. תכף לאחר קריאת הכתובה (שאותה קורא גבר) וכהמשך לאותה "הפסקה" שבין הקידושין והנישואין, לכבד אישה באותה "ברכה שמינית". בשלב זה עוד לא התחילו שבע הברכות, וממילא נתונים בתוך פסק זמן מסוים מן החופה, וזהו הזמן המתאים

לשלב בו אמירה נוספת, בפרט אם היא קדומה ויפה. וזה נוסח הברכה והאיחול שבסידור:

כהיום הזה בירושלים -
ירבו שמחות בישראל, וינוסו אנחות מישראל,
ירבו בשורות טובות בישראל, ירבו ישועות בישראל,
ירבו נחמות בישראל.
תרבה אהבה בישראל, תרבה ברכה בישראל,
תרבה גילה בישראל, תרבה דיצה בישראל,
ירבה הוד בישראל, ירבה ועד בישראל,
ירבו זכות בישראל, ירבה חתן בישראל,
ירבו ימים טובים בישראל, תרבה כלה בישראל.
יצליחו חתן וכלה, ישמחו שניהם זה עם זה
ויעלצו שניהם זה עם זה,
ישמח חתן בכלה וכלה תשמח בחתן.
ברוך אתה משמח חתן בכלה וכלה בחתן.[1]

ישנן היום הצעות כאלו ואחרות (כגון: שיאמרו החתן והכלה יחד "אם אשכחך" אחרי שבירת הכוס, שהכלה תברך את החתן ועוד) ורבנים לא מעטים סומכים את ידיהם עליהן כל עוד אין מדובר בעניין שפוגם או עשוי לפגום בתוקף הקידושין.

עם זאת, יש יסודות חשובים שמאפיינים את החידוש שבכניסה לברית הנישואין על פי התורה שעליהם לא ניתן לוותר ואותם לא ניתן לשנות. הבעל הוא המקדש את האישה, ונדרשת הסכמה בלבד של האישה למעשה הקידושין. רגע זה, שבו האישה מושיטה את אצבעה, הוא רגע דרמטי בחייה. בהנחת הטבעת על אצבעה היא הופכת מפנויה למקודשת, על כל המשתמע מכך (איסור עריות וכו').

1. הנוסח המובא כאן שונה מעט מן הנוסח המובא בסדר רב עמרם גאון. המעו־ניינים בנוסח המקורי יעיינו שם.

בפרק זה אני עוסקת בהסכמת האישה לקידושיה. מה נחשב להסכמה? נדמה שהמורכבות בתשובה מעידה על התפיסה המורכבת של חז״ל את רגע ההתקשרות בין הבעל לאישה. בשולי הדברים אעיר שמפעם לפעם קורה שבחור מקדש בחורה כחלק מהלצה משותפת. במצבים כאלה הפוסקים בוחנים מחדש את האירוע לפרטי פרטיו במיקרוסקופ מדעי־הלכתי, תוך ניסיון לאתר נקודת כשל הלכתית במעשה הקידושין כדי שיוכלו לשחרר אותם ללא צורך בגט. קשר הקידושין שאנו לומדים עליו כל כך הרבה, ומבקשים להטעין לתוכו את כל הקדושה האהבה והשמחה, מתברר ברגעים כאלו כמעטה על גבי הגרעין הנחוש והעירום שלפיו קידושין מתרחשים ברגע אחד ובקלות בלתי נסבלת כמעט. המעשה המשפטי הגולמי־הקר יש לו משקל עצום. עם זאת, בתשתית המעשה המשפטי הושקעו חכמה ותבונה רבים, ואת אחת הזוויות האלה אני מבקשת להראות כאן, כשחז״ל מבקשים לאתר מתי וכיצד מביעה האישה את הסכמתה להתקדש.

פרק ו
יסוד ההסכמה בקידושין

מבוא

האומנם כך הוא? האומנם "לא" הוא "אולי"? האומנם "לא" הוא "בוא"? האומנם "לא" הוא "כן", ואף "עוד יותר מזמין מ'כן'"? אין ספק בלבנו שהפזמונאי כתב דברים שכתב בחיוך, בקלילות ובבדיחות דעת – בוודאי בכישרון – ואולם מתגנב חשש אל לב כי יש שיראו בדבריו מורה דרך להליכות ולמנהגות, וכאומרים: ממנו נשמע וכן ננהג. על כך נאמר אנו, בלשון צלולה ובלא פקפוק וגמגום: כשאישה אומרת "לא" היא מתכוונת ל"לא" כמשמעותו בחיי יום־יום וכהוראתו במילון.

(השופט מישאל חשין, מתוך פסק הדין בעניין האונס בשמרת)[1]

1. השופט חשין מתכתב עם משפט מתוך פזמון מאת דן אלמגור, שנכתב ללהקת התרנגולים בשנת 1962 והולחן בידי סשה ארגוב. פזמון זה זכה לביקורת השופט חשין בפסק הדין בעניין האונס בשמרת, ובעקבות פסק הדין אף נוסף לו בית ברוח דברי השופט, המדגיש כי כשאישה מסרבת ואומרת "לא", אין הכוונה לתשובה חיובית. ראו: ע"פ 5612/92, מדינת ישראל נ' אופיר בארי ואח', פ"ד מח (1) 302.

הסוגיות שבפתח מסכת קידושין עוסקות בתקפות מעשה הקידושין על מגוון צורותיו. מעשה הקידושין הוא לכאורה מעשה חד־סטרי שעושה הבעל באחד מהאמצעים הכשרים לקידושין, ואילו האישה מתקדשת באופן פסיבי. השימוש בלשון קניין ("האישה נקנית") מעצים את נקודת המבט הקשה לעיכול הזו. מה שמשנה באופן מהותי את נקודת המבט הזו היא הדרישה שהאישה תסכים לקידושין, והקביעה הנחרצת שהיא אינה מתקדשת אלא מדעתה.[2]

הצורך בהסכמת האישה מקורו במקרא, והביטוי העקיף אך הבולט שלו הוא בעניינן של בנות צלפחד. התורה מצביעה על כך שאף שעליהן להינשא למי מבני שבטן בשל בעיית הנחלות, עדיין: "לטוב בעיניהן תהיינה לנשים". מתברר שהן רשאיות לבחור לעצמן בן זוג שנושא חן בעיניהן.[3] לנוכח דרישה זו להסכמת האישה, מתקיים, בצד סוגיות הקניין, דיון גם בשאלת אופי ההסכמה הנדרש. פרק זה עוסק בסוגיית הסכמתה של האישה: כיצד למדים על קיומה או העדרה מתוך מכלול של התנהגויות, מחוות ומילים. מתוך כך ינסה המאמר לעמוד על מהותה של אותה הסכמה נדרשת.

את הסכמתה של האישה קל לוודא במצבים ה"סטריליים", כשהכול מתנהל "לפי הספר": הצעת נישואין מסודרת, קידושין שנערכים באולם מפואר וברוב עם. האישה מגיעה מקושטת וזוהרת, הסכמתה ניכרת מלבושה ומהתנהגותה ואינה צריכה ראיה. כשהתורה מספרת על נישואי יצחק ורבקה, הנרקמים בתיווכו של עבד אברהם, היא מספרת כיצד רבקה נשאלת האם תאבה ללכת עם האיש: "ויאמרו נקרא לנערה ונשאלה את פיה. ויקראו לרבקה ויאמרו אליה התלכי עם האיש הזה? ותאמר: אלך".[4] הסכמתה של רבקה ברורה וחד־משמעית ואינה נזקקת לעיון ובחינה. דא עקא, מעשי קידושין רבים בעלי תוקף

2. בבלי, קידושין ב ע"ב ומקבילות.
3. במדבר לו, ו. וראו: יקותיאל יעקב נויבואר, תולדות דיני הנישואין במקרא ובתלמוד, ירושלים תשנ"ט, עמ' 34-35.
4. בראשית כד, נז-נח.

הלכתי נעשים בדרכים עקלקלות וב"תנאי שדה". השינוי במעמד האישי של האישה, על מלוא השלכותיו החמורות, מתחולל כהרף עין. תפקידן של הסוגיות הוא להגדיר ולשרטט את המתווה העדין של התנאים להיווצרות הקידושין במקרים הלא־טיפוסיים הללו. הסוגיות נצרכות לדיון עקרוני בשאלה מהי אותה הסכמה הנדרשת מהאישה, ועליהן להניח תחת זכוכית מגדלת את נקודת הזמן שבה יש חשד שהתרחשו קידושין, לבחון כל ניואנס ולנתח את המקרה לפרטיו, עד שניתן יהיה להבחין בשינוי זה כשהוא התחולל.

בפתח הדברים נבהיר שבשום שלב לא מוצע לשאול את האישה לאחר מעשה למה היא התכוונה כדי לדעת אם הסכימה אם לאו. הנחת היסוד היא שהסכמתה אמורה להילמד מהתנהגותה וממחוותיה, ללא פרשנות כוונות שבדיעבד מצידה. הנחה זו מבוססת על העיקרון ש"דברים שבלב אינם דברים":[5] מה שהיא חשבה והניחה בינה לבין עצמה אינו מעלה ואינו מוריד. השאלה הרלוונטית היא כיצד נראים פני הדברים מבחוץ.

הקביעה כי "דברים שבלב אינם דברים" היא כלל מקובל ומוכר מכל תחומי ההלכה, והיא נכונה גם בעולם העסקי. במקרה ששני אנשים סיכמו ואישרו עסקה מסוימת, העסקה תתקיים גם אם אחד מהם יטען שבליבו הוא לא רצה בה. טענתו אינה טענה, כי כל מה שאינו ניכר לעין אין לו משמעות.[6] עולם המשפט אינו יכול להתבסס על הלכי נפש נסתרים, וכך גם עולם הכלכלה. הביטחון בהתנהלות יציבה ומתמשכת של עסקים וקניינים יאבד אם ייאלץ האדם להסתמך על מה שנסתר מן העין.

הסכמת האישה למעשה הקידושין נמצאת בכלל זה. הטענה שהאישה אינה יכולה או מתקשה להביע את דעתה ועמדתה באופן

5. בבלי, קידושין נ ע"א; וראו: תהילה בארי, 'היסוד הנפשי הנדרש לכינון הקי־דושין בהקשרן של טענות הטעות והתנאי', עבודת דוקטור, אוניברסיטת בר־אילן, ה'תש"ע, עמ' 69–70.

6. כתובות קט ע"ב, ועוד סוגיות רבות.

שלם ומלא, בשל לחצים סביבתיים, מעמדיים וחברתיים שונים – טענה שעשויה לעלות כאן ושיכולה לתרץ מדוע האישה נוהגת באופן המהופך לרצונה ולכוונותיה האמיתיות – אינה יכולה להיות קבילה משפטית. המשמעות שתינתן לתגובה של האישה למעשה הקידושין – תגובה שאינה חד־משמעית, תהיינה סיבותיה אשר תהיינה – אינה יכולה להיות מבוססת על הסבר שהיא תיתן בדיעבד. ומה אם תרצה לחמוק מקידושין שהסכימה להם בטענה שהיא בעצם לא הסכימה להם? ומה אם תאמר שהסכימה רק מפני שאותם לחצים שהופעלו עליה להסכים גרמו לה לטעון שהסכימה?

עם זאת, אשתדל להראות בפרק זה שבשל אותם קשיים אפשריים המונעים מן האישה לבטא קול ברור, קשיים שאולי עומדים מאחורי שלל תיאורי התגובות הנשיות הסבוכות, הסוגיות אינן מסתפקות בהקשבה למחווה החיצונית בתגובותיה של האישה ומנסות לקרוא גם מה שבין השורות ולהתחקות אחר אותו קול נאלם.

הסכמה אינה הבעת רצון

סרט קולנוע שהופק בשנים האחרונות ("למלא את החלל") מתמקד, לפי אחת הביקורות שנכתבה עליו,[7] בשאלת רצון האישה בנישואין המוצעים לה. בסרט נדרשת נערה צעירה להינשא לבעלה של אחותה המתה כדי לשמור על הנכד בתוך המשפחה.

> למלא את החלל, בעיני [הוא] סרט על רצון. מה רוצה שירה? כלומר, מה היא רוצה באמת? הסרט לא עונה תשובה ברורה על שאלה זו ובכך מצליח לא ליפול לקלישאות התרבותיות המקובלות שבהן רצונות צעירים נחסמים על ידי מסורת נוקשה ותרבות שמרנית [...] סיפור נערה צעירה שנאלצת להכריע בין טובתה הפרטית לבין טובת המשפחה מגולם בעולם האגדות

7. חיותה דויטש, 'עת רצון', מקור ראשון, 9.11.12

> בסיפור היפה והחיה: הנערה מתבקשת להקריב את חייה ועתידה למען הצלת אביה. [...] התשובה לשאלת הרצון אינה פשוטה כלל ועיקר – הנערה רוצה לחיות באושר, אבל היא אוהבת את אביה ורוצה שיחיה. הרצונות הסותרים מתנגשים בתוך ליבה שלה. השאלה שתישאל בסיפור המיתולוגי ההוא, כמו גם בסיפור שלנו היא – האם בחירתה, להקריב את עצמה, היא בחירה שנובעת מרצון חופשי. [...] גם שירה, גיבורת הסרט, מוכנה להקריב את עצמה למען המשפחה, אבל פה מתרחש היפוך מעניין: דווקא הרבי, המנהיג הרוחני של המשפחה שעל פיו יישק כל דבר, עוצר את תהליך ההקרבה כדי להציף את שאלת הרצון ולברר אותו באמת.

רצון, כורח והסכמה – הם שלושה מושגים נבדלים. רצון סותר כורח, אבל כורח, על פי חז"ל, אינו סותר הסכמה. גם מתוך כורח אדם עשוי להגיע להסכמה מודעת. הסכמה עשויה לשקף רצון פנימי עמוק, אך פעמים רבות הסכמה נובעת משיקולי כדאיות. מעשה הקידושין, למרות כל ההילה שסביבו, אינו נרקם בהכרח מתוך התלהבות מעצם העניין. לאישה עשויים להיות מניעים שונים להינשא: אפשרויות פרנסה ברווח, כבוד ועוד. בכל המקרים הללו עדיין ישנה הסכמה של האישה לקידושין. בכלל אלו אפשריים גם קידושין שהם בבחינת "הרע במיעוטו": החלטה לבחור באפשרות הטובה ביותר מבין כל האפשרויות שעל הפרק, ויתור על חלומות שלא מומשו לטובת היתרונות שבנישואין. ההסכמה הנדרשת לקידושין דומה בנקודה זו להסכמה הנדרשת בעסקאות. ישנה הנחת מוצא כללית, שלפיה אדם מעוניין להחזיק ברכושו גם במחיר הפסד: "אמר רב כהנא: אדם רוצה בקב שלו מתשעה קבים של חבירו".[8] למרות חזקה זו, עולם העסקים הוא דינמי ביותר: אנשים קונים ומוכרים ומוותרים על קב וקביים "שלהם". חז"ל הניחו שכל עסקאות המכר שנעשות בהסכמה יסודן

8. בבלי, בבא מציעא לח ע"א.

דווקא בחוסר רצון, אף שהיסוד הנפשי הבסיסי של האילוץ שקיים בוויתור הזה נסתר מן העין: "כל דמזבין איניש, אי לאו דאניס לא הוה מזבין". כל מה שאדם מוכר, אלמלא שנאלץ לעשות כך, הוא לא היה מוכר.[9]

ההשלכה ההלכתית של הקביעה הזו היא למקרה של "תליוהו וזבין":[10] אדם שנאנס למכור בכוח הזרוע או באמצעי כפייה אחרים, כמו כפיית ממון.[11] לדעת רב הונא, כיוון שמדובר רק בהקצנה של האונס הקיים ממילא בכל מכירה,[12] אפילו במצב כזה הסכמת הנאנס לעסקה מספקת, גם אם ברור שאין לו שום חפץ ורצון בעסקה זו,[13] ולפיכך המכירה תקפה.

המקרה המקביל בעניין קידושין הוא "תליוה וקדיש": אישה שאולצה בכוח להתקדש לאיש אחר. על פי דברי אמימר, קידושיה תקפים. אומנם דעת חכמים אינה נוחה מקידושין כאלה: "הוא עשה שלא כהוגן, לפיכך עשו עמו שלא כהוגן".[14] חכמים הפקיעו את הקידושין כאשר ברור שהקידושין נעשו בכפייה. אך ההסכמה הכפויה

9. בבלי, בבא בתרא מח ע"ב.
10. בבלי, בבא בתרא מז ע"ב.
11. וראו תוספות לבבא בתרא מח ע"א, ד"ה אמר רבא הלכתא תליוהו וזבין. התוספות סוברים שמדובר לאו דווקא באונס שיש בו ייסורים אלא אפילו אונס ממון, היינו ששכנעו אדם למכור בתמורה לממון רב ולמעשה הוציאו מידו חפץ שהיה רוצה לשמור. וראו גם מנחת חינוך, מצווה לח: לא תחמוד, א, עמ' רג-רט (ובפרט עמ' רד), מהדורת מכון ירושלים.
12. העיקרון המשפטי שעליו מבוססים דיני החוזים הוא עקרון חופש החוזים. עיקרון זה בא לוודא שכל אדם מתחיל התקשרות רק במצב של הכרה ורצון וכשיש "מפגש רצונות" של הצדדים. ראו: בנימין פורת, 'החוזה הכפוי ועקרון הצדק החוזי', דיני ישראל כב (תשס"ג), עמ' 49–110, הדן בבעיית הצדק בתיקוף חוזים כפויים.
13. על פי הסוגיה שם, היה אפשר לאמץ את המודל הזה של הסכמה בכפייה כהסכמה משפטית והלכתית גם לענייני גיטין.
14. בבלי, בבא בתרא מח ע"ב.

נחשבת הסכמה והקידושין תקפים,[15] שאם לא כן, לא היה כל צורך להפקיע אותם – הם כלל לא היו חלים.[16] מפאת ההגדרה הרחבה של "הסכמה", חז"ל לא הסתפקו בהגדרה זו, ובהציבם את המגבלה של "שלא כהוגן" דרשו למעשה הסכמה "חופשית" של האישה.[17] חז"ל סימנו אפוא את הגבול בצידה האחד של הסוגיה: אין צורך ברצונה של האישה להתקדש. די שתסכים הסכמה חופשית להתקדש, ולו מאילוצים או מנסיבות חיצוניות, ובלבד שלא נאנסה להסכים.[18]

הסכמה לא ברורה: שאלה של פרשנות

כשאישה מסרבת להתקדש המצב ברור: לא הייתה הסכמה והאישה אינה מקודשת. אולם תשובתה של האישה אינה תמיד חד־משמעית,

15. הר"ן תיאר כל מעשה קידושין כמצוי על הרצף התרצות והפקרה: "מכיון שהיא מסכמת לקידושי האיש היא מבטלת דעתה ורצונה ומשוי נפשה אצל הבעל כדבר של הפקר והבעל מכניסה לרשותו"; ראו ר"ן, נדרים ל ע"א, ד"ה ואישה נמי. אליאב שוחטמן, 'קידושין מחמת אונס', סיני קה (כסלו–טבת תש"ן), עמ' קט-קכד, ביאר (עמ' קיג) שבכל קידושין יש לאישה רווחים, כגון כסף הקי־דושין והזכויות הנובעות מן הקידושין, ולדעתו זו הסיבה שהסכמתה נחשבת הסכמה, בהקבלה למכר רגיל, שגם בו יש תמורה למכירה.
16. בבלי, בבא בתרא מח ע"ב. ראו גם: אליעזר ברקוביץ, ההלכה כוחה ותפקידה, ירושלים תשס"ז, עמ' קעח-רב.
17. וראו: שוחטמן (לעיל, הערה 15), עמ' קיז-קכג, שמוכיח שהגרסה של הסוגיה בעייתית, וכי יש לומר שהקידושין אינם תקפים כלל. בשונה מההלכה במכר, כאן אין לומר שאישה מקנה את עצמה עבור כסף הקידושין, שאינו תמורה של ממש. שעבוד גופה אינו דומה לשום מכר. שוחטמן הציע שהמימרה המתייחסת להפקעת הקידושין אינה חלק מקורי בסוגיה והועברה אליה ממקום אחר, ולכן הקידושין אינם תקפים מלכתחילה. לפי דבריו, הטענה שיש צורך בהסכמה חופשית של האישה היא חלק מהדין העיקרי ולא מתקנת חכמים.
18. ההצעה הנוספת בסוגיה, כהסבר לתקפות המכר במצב של כורח, היא ש"אגב אונסיה גמר ומקנה": חוסר האונים יוצר ייאוש וויתור המולידים הסכמה. הסכמה זו היא ברמה פחותה אף מזו שהצעתי כאן: מדובר בהתרצות. וראו לעיל, הערה 15.

והיא נזקקת לעיתים לביאור ופרשנות. נעקוב כאן אחר סוגיה מרתקת העוסקת בשאלת הפרשנות לתגובותיה של האישה וננסה להבין על מה פרשנות זו יכולה להיות מבוססת.

מקרה מיוחד כזה הוא כאשר האישה אינה משיבה ישירות להצעת הקידושין.

הסוגיה בקידושין (ט ע"א) מתארת שלושה מצבים, שלוש דוגמאות הדומות זו לזו: רוכל תכשיטים, לקוח בחנות לממכר יינות וקוטף תמרים. בכל אחד מהמקרים האישה פונה לאיש ומבקשת ממנו בהתאמה – מחרוזת, כוס יין או תמר. את מניעיה לבקש זאת במתנה אפשר רק לשער. העלילה מסתבכת כשאותו איש מציע לה את המחרוזת, היין או התמר תמורת הסכמתה להתקדש לו בהם. בכל המקרים הללו האיש מנצל את פניית האישה אליו ואת הצורך הרגעי שלה על מנת לסחוף אותה למערכת יחסים מחייבת וארוכת טווח. המקרים האלה, המתוארים בגמרא ברצף, גורמים לקורא לתהות במה מדובר: האם יש כאן מפגש רומנטי של אהבה ממבט ראשון, המוביל את האישה לפנות אל האיש בבקשה, או להפך, ניצול של מצוקה וצורך. אם מדובר בפנייה רומנטית, תגובתו של האיש צפויה ומתבקשת. אך שמא סביר יותר לומר שיש כאן מצוקה: איזו אישה תפנה לבקש מאיש דבר מאכל או משקה, ואפילו תכשיט, חינם אין כסף, אם אינה במצב של נזקקת?

תגובות האישה להצעות הקידושין הללו, בהתאמה, הן "הבה מיהבה", "אשקיי אשקויי" ו"שדי מישדא" (תן־תן, השקה־השקה או זרוק־זרוק).[19] התגובה הזו יכולה להשתמע כהסכמה לכל תנאי, היא יכולה להיחשב כניסיון לחמוק מתגובה ישירה וכהתנגדות והיא יכולה להשתמע כפשוטה: אני רוצה לשתות, לאכול ולהתקשט, ואיני עסוקה כעת בענייני קידושין. האמוראים הכריעו: "כל הבה מיהבה לאו כלום הוא", אבל לא ביארו את החלטתם.

ההחלטה מהם הכלים העומדים לרשותנו ברצותנו לנתח את

19. בבלי, קידושין ט ע"א.

תגובתה של האישה כדי לברר אם התקיימו קידושין עשויה להיות קריטית. בהמשך נראה שהבחירה בכלים מסוימים מניחה הנחות יסוד שונות באשר לטיב ההסכמה הנדרש, באשר למידת רצונן של נשים להתקדש ועוד.[20]

בסופו של דבר, נצטרך לשאול את עצמנו מה מטרת הסוגיה. האם מטרתה דיון עקרוני על התופעה האנושית של הסכמה כעניין רחב המשליך אף על תחומים הלכתיים נוספים, כגון דיני ממונות, חוזים, מינוי שליח ועוד, ובתוכם גם תגובת האישה והתקדשותה; או שמא מוקד הסוגיה הוא העיסוק באישה ובקידושיה. הוא העיקר, וממנו נלמד כיצד נשים מביעות הסכמה. לשאלת ההסכמה הנשית יש השלכות בעניין ההסכמה ליחסי אישות.[21]

הכלי הראשון, שניתן לנו מהסוגיה עצמה, הוא האחדת הדין בשלושת המקרים שתוארו. לא בכדי התוספות על אתר מעירים שהחזרה על אותו עיקרון בשלוש דוגמאות שונות מובילה למסקנה שלא מהות החפץ המבוקש תכריע את הדין: לא נאמר שהצורך של אישה בתכשיט פחות מהצורך שלה בדבר מאכל, ולא נגזור

20. הנחה אפשרית כזו היא, למשל, חזקת "טב למיתב טן דו", שלפיה האישה תעדיף נישואין כמעט בכל מצב. הנחה זו אינה מופיעה מפורשות בסוגיה, אך עדיין ייתכן שהיא קיימת ברקע, כפי שטענו חלק מהראשונים וכפי שנראה בהמשך. לחזקת "טב למיתב" ראו בבלי, יבמות קיח ע"ב ; כתובות עה ע"א, ומקבילות.

21. ככל הידוע לי, אין סוגיות הדנות בביטויי הסכמה במקום אחר בתלמוד, מעבר לדיון ב"תליוהו וזבין" וסוגיות "לא תחמוד", שהפניתי לקריאת סיכום בעניינן במנחת חינוך (לעיל, הערה 11). סוגיות התנאי והטעות אינן מעוררות דיון מעבר לפרשנות התנאים וההנחות בכניסה למקח. ייתכן שניתן להבחין בין מושג גמירות הדעת המשפטי, המבטא "החלטה", ובין מושג ההסכמה הנפשית הנדון כאן. ישנן סוגיות קרובות, כגון הסוגיה על חריגה מסמכות בשליחות להפרשת תרומה: בבא מציעא כב ע"ב. גם שם נאמר רצונו של בעל הבית, אך אין שם תגובה לאדם אחר הנאמדת ביחס להצעה. כמו כן ישנן סוגיות בנדרים העוסקות בפירוש דבריו של אדם, אך שם חסר היסוד הנפשי של ההתרצות.

מכך מסקנות הנוגעות לרצונה להתקדש.[22] בכיוון זה נמשיך ונאמר שאין להבחין בין מוכר בחנות לעובר אורח או לפועל על העץ; אין להבחין בין מערכות יחסים ארוכות של תלות למערכות מזדמנות, בין היכרות קודמת למפגש אקראי. עיקרה של ההכרעה בסוגיה טמון במכנה המשותף של שלוש דוגמאותיה: המעבר מבקשה תמימה למעשה ואפשרות של קידושין, ותגובתה של האישה, המאופיינת בכפל לשון. האישה אינה משיבה ישירות להצעת הנישואין וקשה לדעת אם בחזרתה על הראשונות היא מסכימה גם לתנאי להתקדש או שהיא דווקא מסרבת.

בהסבר ההלכה וסיבתה נחלקו הראשונים.[23]

שיחה ופרשנותה: סגנון, לשון ותוכן

ניתן להצביע על כמה כלים לניתוח הסיפור: עיון במבנה הדיון כולו, בחינת תגובתה של האישה בפני עצמה כטקסט היחיד שמביע הסכמה או סירוב, או ניסיון להאזין לטון הדיבור שלה ולהציב את הדוברת כאישיות בעלת רקע תרבותי, אוצר סלנג וביטויים הלקוחים מהשיח החברתי הכללי, ומתוך כך לפרש את דבריה. המפרשים נקטו את כל העמדות האפשריות הללו. המאירי הציע להתנתק מן המשמעות הלקסיקלית של המילים ולפענח את כוונת האישה באמצעות דרך ההבעה שבה בחרה:

22. תוספות לקידושין ט ע"א, ד"ה כל.
23. בסיומה של הסוגיה מתקיים דיון בשאלה מסובכת יותר, המנוסחת כשאלה תאורטית ובנויה על בסיס המקרים הנתונים שלפניה: "איבעיא להו: הב אשקי ושדי, מהו?" (מה הדין אם האישה השיבה רק במילה אחת: "תן", "השקה" או "זרוק"?). הדיון הזה הוא ניסיון לנטרל את מה שמשתמע אולי מהסוגיה הפותחת, שהחזרתיות והכפלת הפועל רומזות שהאישה אינה חפצה בקידושין. ואכן, במקרה זה ישנה מחלוקת: רבינא סבר שהיא מקודשת, שכן דבריה מבטאים הסכמה, ואילו רב סמא בר רקתא חלק וסבר שאין הסכמה והאישה אינה מקודשת, והלכה כמותו.

> אם השיבתהו כדבריה הראשונים [...] אין זה אלא כאומרת תן מכל מקום,
> כמו שאני אומרת, ואל תתלוצץ עלי בדברים אחרים...

ניתן להבין מהנימה והסגנון, מעצם החזרה על בקשתה, שהאישה לועגת להצעתו של האיש.[24]
לדברי בעלי התוספות, יש להאזין לדיאלוג המתפתח ולמהלכו:

> ויש לומר דשאני הכא, דמעיקרא היתה שואלת שלא בתורת קידושין, ומשום הכי איכא למימר כשאומרת "הב", אדעתא דמעיקרא קאמרה.[25]
> (תרגום: יש לומר שכאן, כשמלכתחילה האישה ביקשה שלא על מנת להתקדש, ומשום כך יש לומר שכשאומרת "הב", על דעת מה שביקשה מלכתחילה היא אומרת.)

זאת בשונה מהאפשרות שגם בה האישה היא שפוצחת בדיון, כשהיא אומרת לגבר, למשל, "תן מנה לפלוני ואתקדש אני לך". במקרים שלנו יש הסטה של הדיון התמים, של בקשת מתנה, להצעת קידושין.[26] משום כך, כשהאישה שבה וחוזרת על המילים שבהן השתמשה מלכתחילה, "הב" או "אשקיי", היא מתכוונת לחזור אל הבקשה המקורית ולהתנתק מההקשר שניסה הגבר להקנות לדבריה.

בסיפור השני, סיפור היין, הסבר זה מתיישב טוב יותר על הלב. שם יש שינוי ממשי בתגובת האישה שניתן להסיק ממנו את כוונתה. בעוד שבתחילה היא מבקשת "חד כסא", לאחר ההצעה היא מבקשת

24. המאירי סבר שגם במקרה של "הב אשקי ושדי" אינה מקודשת, מפני שהיא חוזרת לבקשתה הראשונה.
25. תוספות לקידושין ט ע"א, ד"ה הב אשקי ושדי אינה מקודשת.
26. בבלי, קידושין ו ע"ב.

שהגבר ישקה אותה. על פי המקנה, יש לשינוי זה משמעות ברורה, והוא מהווה אינדיקציה לסירוב:

> דבתחילה היה דעתה על היין במתנה, וכיון דאמר לה "התקדשי לי", דמסתמא מקדשין בכוס ולא ביין, דכוס חשיב טפי [הכוס חשובה יותר], הוצרכה לומר אשקויי אשקיין ("השקה תשקני"), לגלות דדעתה על היין ולמתנה.[27]

האישה משתדלת להבהיר שאין לה עניין בחפץ שעליו יחולו הקידושין: היא בסך הכול רוצה לשתות.

הרשב"א הדגיש את תוכן התגובה עצמה ולא את מכלול הדיאלוג. לדעתו, התגובה חמקנית ומעידה על התנגדות. התשובה היחידה שתתקבל כהסכמה במקרה פתלתל כזה היא תשובה חיובית מפורשת:

> ומסתברא דטעמא דמילתא משום דכיון דאיהו בלשון שאלה קאמר לה "אי יהבינא לך מקדשת לי", ואיהי לא אמרה לו "אין" אלא "הבה", גליא דעתא דלא בעיא בקידושיו, דאם כן, לימא ליה "אין".[28]
>
> (תרגום: ומסתבר שטעם הדבר משום שכיון שהוא בלשון שאלה פנה אליה – אם אביא לך, תתקדשי לי, והיא לא אמרה לו 'כן' אלא 'הבה', גילתה דעתה שלא רוצה בקידושיו, שאם כן, היתה אומרת לו 'הן'.)

ההבדל העיקרי בין בעלי התוספות, הרשב"א והמקנה ובין המאירי הוא ששלושת הראשונים גייסו פרשנות אובייקטיבית, המתעכבת על הלשון והניסוח. הם רואים לפניהם רצף לוגי ודיאלוגי שיש לנתחו

27. המקנה, קידושין ט ע"א, ד"ה כל אשקי וכו'.
28. חידושי הרשב"א, קידושין ט ע"א, ד"ה תגא דמלכא.

בכלים עיוניים. המאירי, לעומתם, סבר שיש "לדובב" את הטקסט ולחלץ ממנו את "כוונת המשורר" באמצעים סובייקטיביים. לדבריו, יש משמעות להקשר התרבותי שבתוכו נאמרים הדברים. יש להביא בחשבון את היחס בין הדיבור ובין האישיות הדוברת, להבין את דמותו של הדובר ואת הנחות היסוד שלפיהן הוא פועל.[29] היתרון בגישתם של בעלי התוספות הוא שהם מייצגים חשיבה צורנית ופורמלית, המוגדרת על ידי כללים ברורים: הם נמנעים מלבחון גינונים, הבעה או כל גורם לא מילולי אחר, ומתייחסים לדיבור ה"נקי" בפירושו המילולי בלבד. שיטתם קלה יותר ליישום, בעוד שגישתו של המאירי, השמה דגש על אווירה והקשר תרבותי, קשה ליישום ומותירה את מבוכת הפרשן על כנה, גם אם היא מקנה לו חופשיות ויכולת לאמוד בכובד ראש את מכלול הנסיבות.[30]

למרות החזית המשותפת של בעלי התוספות והרשב"א, ישנה גם הבחנה ברורה ביניהם: הרשב"א ביקש תגובה חד־משמעית. אין הכרח לראות בפירושו דווקנות משפטית, המחפשת הסכמה ברורה. ייתכן שבדמיון מסוים דווקא לדעת המאירי, הוא תר אחר אמירה

29. ראו: זאב לוי, הרמנויטיקה, תל אביב 1989, עמ' 23; שי פרוגל, רטוריקה, תל אביב 2006, עמ' 97-111.

30. ראו: גילה שילה, 'מבנה השיח כבסיס ללכידותו ולהבנתו של הטקסט', חלקת לשון: כתב עת למחקרים בבלשנות העיונית והשימושית, 29-32 (תש"ס-תשס"א), עמ' 340-361. המאמר מונה את התנאים ההופכים את הטקסט ללכיד (קוהרנטי) ומצביע על מבנה הטיעון כהיבט המכריע. שאר האלמנ־טים הם: קישוריות, עקיבות, אחדות הנושא ועוד. ניתן לראות כיצד כל אחד מהפרשנים שלפנינו העצים ממד אחר בהיבט העיוני־לשוני: החילוק הפרשני הוא בין הנטייה לפונולוגיה לבחינת הסמנטיקה. הסמנטיקה, אף שהיא ענף של הבלשנות, גם חוקרי השפה העדיפו להתרחק ממנה, כיוון שאינה מציעה כלי ניתוח באמצעות יחידות מילוליות. עם זאת, כיוון שהשפה היא מערכת של מסרים, לא ניתן לזנוח גם את המודל הבלשני הזה, המתייחס למסומן ולא למסמן, כלשונו של דה־סוסיר. ראו: רפאל ניר, סמאנטיקה עברית: משמעות ותקשורת, יחידות 1-3, האוניברסיטה הפתוחה, תל אביב 1989, עמ' 3-4.

שאינה מותירה ספק אצל הנמען. במקרה הזה, כשהאישה אינה משיבה בחיוב, נשמעת בהכרח התעלמות או התחמקות.

לכיוון זה מצטרפת עמדתו המפתיעה של התוספות רי"ד: "נראה לי דאי אמרה בכולן ואיקדש אני לך, מקודשת היא". לכאורה, פשוט שאם האישה מסכימה במפורש נוצרו קידושין. אולם הלשון "נראה לי" רומזת על היסוס ועל הווה אמינא הפוכה: מדבריו משתמע שהיה מקום לומר שדיאלוג שנפתח בבקשתה של האישה, הנובעת מצורך כלשהו שלה, רעב או צמא, לא יוכל לעולם להיות מנוצל לטובת קידושיה החטופים. סיפור שמתחיל בנזיד עדשים לא יסתיים במכירת בכורה.[31]

בין העמדות הללו ניתן לזהות את אלה הקשובות לאישה ולמצב הפנימי המורכב שהיא נתונה בו, ומנסות לפענח את המתרחש בנפשה באמצעות דבריה, לעומת אלה הבוחנות את הטקסט הנאמר בלבד, במנותק מן הסיטואציה האנושית שבה נאמר. אולי אף ניתן להבחין בין המגוננים על האישה לעומת האדישים למצבה.

קודים משניים ופרשנותם

קושי דומה מתעורר בסצנות שבהן האישה מגיבה במעשה "מבוים" (קוד חוץ לשוני) או באופן שנראה מדוקלם, כאילו היא אומרת שורה במחזה (קוד פרא־לשוני). למשל: האיש מציע קידושין בכסף, והאישה משליכה את הכסף לים: "תנו רבנן: התקדשי לי במנה, נטלתו וזרקתו לים...".[32] האם המחווה הזו היא תחליף למילה "לא", או שמא להפך, המעשה הבוטה של קבלת הכסף וזריקתו לאבדון מעיד שהאישה חשה שהכסף הזה שלה (מאחר שהסכימה להצעה) והיא תעשה בו כרצונה?

31. בעקבות בראשית כה, לד.

32. בבלי, קידושין ח ע"ב. ראו ניר (לעיל, הערה 30), עמ' 26. וראו: יצחק הורביץ, 'בדין קידושי אישה שלא מרצונה וגדר דין תוך כדי דיבור', מוריה, שנה יח, גיליון יא-יב (שבט תשנ"ג), עמ' כט-ל. מאמר זה הוא תשובת ר' יצחק הלוי הורביץ, אב"ד סטניסלב, לשאלה בדבר מקרה של אישה שזרקה את הטבעת לאחר הקידושין.

ושמא היא רק בוחנת את הבעל לעתיד במעין מבחן אופי, האם וכיצד יגיב על אובדנו של החפץ היקר שבאמצעותו ביקש לקשור אותה אליו?

החידוש בברייתא הוא שאישה זו אינה מקודשת. הגמרא מבינה את ההשלכה לים כביטוי לשאט נפש הדוחה את הקידושין ולא כמריבה הראשונה שלאחר הקידושין, בהתאם לאינטואיציה בסיסית ובניגוד להצעות אפשריות אך מופרכות. סצנה עדינה יותר מתארת אישה שמגיבה בהשלכת הכסף חזרה אל הגבר המקדש. גם כאן נתרגם זאת כ"קח את הכסף שלך, אינני מעוניינת בהצעתך": "שקיל, לא בעינא".

יש משפטי תשובה המתפרשים בצורה נכונה יותר כשאין מפרשים אותם כפשוטם אלא כשמתייחסים אליהם כאל משפטים מומחזים: "תנם לאבא ולאביך", "תנם לפלוני", "תנם על גבי סלע" או "תנם לכלב" (כשמדובר במאכל). בכל המקרים האלה, אף שפורמלית ניתן היה לומר שעצם נתינת "הוראות שימוש" בכסף היא כעין הסכמה, בכל זאת, הפירוש הפשוט לפי הגמרא הוא לראותם כהתנערות ממעשה הקידושין.[33] ההנחה היא שמדובר בצורת ביטוי ואין לפרשה כפשוטה.[34] אומנם בכל אחד מהמשפטים הללו ייתכן

33. ההצעה להתמקד במילים שנאמרו ולא במשמעותן המסתברת מזכירה התנהגות המשויכת בדרך כלל לפגועי מוח או ללוקים בתסמונת אספרגר. ללוקים בתסמונת זו יש קושי ניכר בתקשורת בלתי מילולית, ובכלל זה: קושי בשימוש הולם במחוות גופניות ובנימת קול בשיחה, יכולת דלה לאמפתיה קוגניטיבית או אפקטיבית, נטייה לעשות אינטלקטואליזציה של רגשות ונטייה להשתמש בסגנון דיבור ארכני, לא קשוב ופורמלי מדי. ראו: אוליבר סאקס, האיש שחשב שאשתו היא כובע, תל אביב 1990, עמ' 89-93. המחבר מתאר שם לקות נוירולוגית, שביטויה באובדן השמיעה המוזיקלית של המשפטים. אנשים שלקו בכך אינם מסוגלים לשמוע כל מה שהוא מעבר לטקסט עצמו, ולכן הם פורצים בצחוק בשעה שהם צופים בנאומו של הנשיא, כיוון שאינם קולטים את ההקשר והמנגינה.

34. בדיונים על ההבדל בין פשט לדרש בפרשנות המקרא עולה פעמים רבות התפיסה שהפשט אינו בהכרח המשמעות המילולית של הכתוב, אלא דווקא זו העולה מן ה"מנגינה" שלו, כך הוא ב"לפני עיוור לא תיתן מכשול", ועוד.

שינוי בנסיבות, שיחזק דווקא את התחושה שהיו קידושין. למשל, אם האישה אומרת "תנם לאבא על מנת שיקבלום לי", כלומר, כשהיא ממנה את האב כנאמן לשמור על כסף קידושיה; או למשל, כשהכלב שאכל שייך לה, או אם הסלע שעליו ביקשה להניח את מעות הקידושין ידוע כסלע שלה, וכדומה.

אפשרות משעשעת היא האפשרות שהאישה נסה מפני כלב. כשהאיש מציע לה קידושין באמצעות דבר מאכל (כיכר לחם וכדומה), תוך כדי מנוסתה מהכלב, היא מגיבה ב"תנהו לכלב". במקרה הזה היא יוצאת נשכרת בהצלתה מן הכלב, אך היא יכולה לטעון שהאיש ממילא היה מחויב להצילה, ואין כאן כסף קידושין שניתן לה.[35]

מדוע כשהאיש מניח את כסף הקידושין על סלע השייך לאישה יש קידושין? אפשרות אחת היא לומר שבמובן המשפטי התרחש קניין.[36] אך פרשנותו של התוספות רי"ד שונה. הוא ביאר שמנגינתה של ההוראה מתפרשת בהתאם לנסיבות. אנו תרים אחר הסכמתה של האישה ולא אחר ביצוע הפעולה המשפטית. שומה עלינו לברר אם דבריה נאמרו בכעס או ברצינות, או כלשונו: "מן הלב".[37] הכלי לבירור כוונתה הוא בחינת הנסיבות, למשל: לבחון אם הסלע שעליו ביקשה להניח הוא שלה.[38] תוספות רי"ד הוסיף שבכל המקרים, אם האישה אמרה שהיא מוכנה להתקדש, אף בסלע שאינו שלה או בכלב עובר אורח, היא מקודשת, בהדגשה על רצונה של האישה ותוך התעלמות

35. בדומה לדין ש"מצוות לאו ליהנות ניתנו", הוא אינו יכול לטעון שעשה משהו לטובתה. ראו: חידושי הרמב"ן, קידושין כג ע"ב, ד"ה אלא הא דאמר, לעניין אם מצווה יכולה להתקיים מדין שליחות או שהיא זכות.

36. ראו רש"י לקידושין ח ע"ב, ד"ה ואם היה סלע שלה; תוספות שם, ד"ה אם היה סלע שלה. רש"י ביאר שיש בכך קניין חצר, ותוספות ביארו ש"סמכה דעתה".

37. תוספות רי"ד, קידושין ח ע"ב, ד"ה על מנת; ואם היה סלע של שניהם.

38. כשהסלע של שניהם אנו מתקשים להכריע אם הבקשה להניח על הסלע נאמרת בדרך כעס או דווקא מתוך שמחה והתרצות, לכן המקרה של סלע משותף נותר בגמרא ללא הכרעה.

מההיבט המשפטי של הקניין. ההבדל בין שתי הגישות יבוא לידי ביטוי במקרה שהכסף הונח על סלע שאינו שלה אך היא הסכימה במפורש לקידושין: לשיטה המשפטית לא יהיו קידושין כי אין קניין, אך לשיטה המהותנית יחולו קידושין, אף אם זרקה את הכסף לים, שהרי הסכימה.[39]

הסוגיה בירושלמי תומכת בעמדה ה"משפטית", הגורסת כי צריכים להצביע על מעבר הכסף מידו לידה, ולא על ההנאה שיש לה מן הכסף. בירושלמי הציגו את האפשרות שהאישה מורה לאיש לתת לעני את הכסף: "אמר רבי אבהו בשם רבי יוחנן, רוצה היא מקודשת ותראה עושה טובה לעני".[40]

ר' אבהו העדיף להצביע על הרווח לאישה ועל קיומו של קניין, ולא לתמוה אם המשפט "תן לצדקה" מתיישב עם אפשרות של הסכמה או דווקא מבטא סירוב!

בעלי התוספות נשארו נאמנים לשיטתם המשפטית הדווקנית בקריאתם את המקורות, הן בגיבוש מבחן משפטי פורמלי ביחס למעשה הקניין כשהוא נעשה על פי הוראתה המופרכת של האישה והן באימוץ קני מידה אובייקטיביים ואחידים בניתוח הטקסט שהיא אומרת. הם התרחקו מאומדן דעתה של האישה ובחרו לבחון את התצורה המילולית שבה בחרה. לעומתם, תוספות רי"ד והמאירי שבו ובחנו את כוונתה של האישה וסללו דרך המאפשרת לשמוע את קולה האישי. הן לשיטה זו והן לשיטה זו, ייתכנו מצבים שבהם האישה אומרת במפורש שהיא מוכנה להתקדש ובכל זאת לא יחולו קידושין: לשיטת הרי"ד, כך יהיה אם האישה פתחה בדיאלוג ולא

39. חידושי הרמב"ן, קידושין ח ע"ב, ד"ה היתה סלע שלה; אבל הדברים מראין; חידושי הרשב"א, שם, ד"ה הא דתניא. לפי סוף דבריו של הרמב"ן שם, ד"ה אבל בירושלמי, ייתכן להבחין בין מקרה של "תן על גבי סלע ואתקדש", שבו אינה מקודשת, למקרה של "זרוק לים ואתקדש לך", שבו אינה מקודשת מבחינת ההיבט המשפטי: במקרה הסלע הוא אינו מפסיד בגללה, ובמקרה הים הוא מפסיד את הכסף.

40. ירושלמי, קידושין ב, א.

כיוונה כלל לקידושין מלכתחילה; ולשיטת בעלי התוספות, כך יהיה אם לא נוצר קניין.

כשהאישה שותקת

סוגיה אחרת בקידושין דנה במקרים שבהם אין הבעות מילוליות, אבל מחוות הגוף של האישה עשויות להעיד על הסכמה. ההנחה ש"שתיקה כהודאה" תלווה אותנו בניתוח המקרים השונים של שתיקה.[41] שתיקה מתפרשת פעמים רבות כהשלמה עם המצב, בשונה מתגובה מעורפלת שיש בה צדדים לכאן ולכאן ומקום לדיון. עם זאת, הסיבות לשתיקתה של האישה יכולות להיות התעלמות וזלזול בהצעה, או טקטיקה שהיא נוקטת כדי שלא להסגיר את כוונתה האמיתית לסרב לקידושין. אם אחת מהסיבות הללו מתקיימת, מתברר שהאישה בשתיקתה דווקא סירבה להצעת הקידושין.

את הנימוק הראשון לשתיקה, התעלמות וזלזול בקידושין המובעים בשתיקה, נדגים במקרה המובא בגמרא: איש קידש אישה במחצלת של הדס ("ציפתא דאסא"). מדובר במחצלת פשוטה ביותר שאינה שווה פרוטה.[42] האישה לקחה את המחצלת בשתיקה, אך ברור שהיא הניחה שאין כאן קידושין. אי אפשר לקדש בגרוטאה. ברגע שהאישה לקחה את המחצלת, ומילות הקידושין כבר נאמרו, הודיע האיש שהוא הטמין בתוך המחצלת את כסף הקידושין, השווה פרוטה. האישה עדיין שתקה.

הבעיה בקידושין האלה היא כפולה: כשנעשו הקידושין היה נראה שהם אינם יכולים להיות בני תוקף, בגלל זילות ערכה של המחצלת. לכן, כשהאישה קיבלה את המחצלת, היא הניחה שזה מעשה של הלצה ולכן לא הגיבה כלל. מאוחר יותר, כשהתברר השווי האמיתי של החבילה, האישה כבר אחזה בה ולא עשתה מחווה כלשהי, לחיוב או לשלילה. האותות היחידים שיש בידינו מצד האישה

41. חידושי הרשב"א, קידושין ט ע"א, ד"ה תגא דמלכא.

42. בבלי, קידושין יב ע"ב.

הם שהיא המשיכה לאחוז את המחצלת ("שקלתה") ושהיא שתקה ("ואישתיקא").

ניתן לומר שהאישה הניחה שאין משמעות להסברו המאוחר של האיש, שהרי כשהיא לקחה את המחצלת, לא היה בכוונתה להתקדש. וכעת, כשהמחצלת בידה, מאוחר מכדי לקדש אותה במחצלת זו.[43] רבא סבר שכאשר כבר אבד המומנטום לקידושין, להעדר תגובה של האישה אין שום משמעות.[44]

הברייתא שהביא רבא לתמוך בה את דבריו אינה זהה למקרה המחצלת. הברייתא דיברה על מקרה שבו איש נתן לאישה חפץ כפיקדון, אולם הוא שינה את דבריו והפך את החפץ מפיקדון לדבר שמקדשים בו אישה. הברייתא הבחינה בין שני מצבים: שינוי תוך כדי דיבור, ושינוי לאחר שהפיקדון כבר בידה. שתיקה של האישה כשהאיש שינה דבריו תוך כדי נתינת החפץ מתפרשת כהסכמה, והקידושין תקפים. אך אם לשון הקידושין נאמרת כשהחפץ כבר בידה, לאחר שניתן לה כפיקדון, אין לשתיקתה משמעות ואין לקידושין תוקף.

משמע מהברייתא שאישה אינה חייבת להגיב לכל ליצנות נטולת הקשר: גם שתיקתה והסירוב להתייחס יתפרשו כסירוב להצעת הקידושין. ממקרה זה למד רבא למקרה של קידושי המחצלת: גם שם חוסר תגובתה של האישה לא מעלה ולא מוריד.

האנלוגיה שיצר רבא אינה מוכרחת: לדברי רב הונא בריה דרב יהושע, הימנעות מהשלכת חפץ שניתן לאישה כפיקדון אינה דומה להימנעות מהשלכת חפץ שנועד לשם קידושין בלבד. במקרה הפיקדון, האישה תימנע מלהשליך את החפץ הניתן בידה כדי שלא להתחייב בתשלום ערכו אם יינזק.[45] אך במקרה המחצלת, אין סיבה

43. רש"י לקידושין יב ע"ב, ד"ה הויא שתיקה דלאחר מתן מעות.
44. ובלשונו: "כל שתיקותא דלאחר מתן מעות לאו כלום היא".
45. לא מבואר מהו החפץ, אך ברור מהסוגיות שמדובר בחפץ שיש אפשרות שיינזק בהשלכתו.

שהאישה לא תשליך אותה מיד. בתגובה להבחנה זו הגיב רב אחאי: "אטו כולהו נשי דינא גמירי? הכא נמי סברה אי שדינא להו ומיתברי מיתחייבנא באחריותייהו".[46] האם כל הנשים אמורות להכיר את החוק וההלכה ולנהוג בהתאם להשלכות המשפטיות של מעשיהן?[47] האם כל הנשים יודעות להבחין אם חל עליהן חוק השומרים או שהן פטורות מכל אחריות?

מהדיון האחרון נראה שהערכת הסכמתה של האישה לא נלמדה דווקא מהשתיקה, אלא היא מבוססת גם על אחיזת החפץ ושמירתו. אלא שלא ברור שהסיבה לאחיזת החפץ היא דווקא הסכמה. ייתכן שהסיבה היא חשש מתביעת נזיקין אם הוא יינזק.

הניסיון של רב הונא בריה דרב יהושע להבחין בין מצב שבו האישה נמצאת במלכוד ובין מצב שבו היא חופשייה להתנער מהקידושין, הוא ניסיון לדייק בזיהוי הלך נפשה של האישה. ההבדל בין רב אחאי לרב הונא הוא שרב הונא דרש שהתנהגותה של האישה תהיה תבונית. הוא אינו מברר אם ייתכן שהאישה מבולבלת ושהתנהגותה אינה משקפת החלטה מושכלת, המתאימה למי שנועץ בעורך דין. ואילו רב אחאי ציפה להתנהגות סבירה: הוא מניח שדי שהאישה הייתה יכולה לטעות בהבנת המצב כדי לערער את קיומם של קידושין.

את הסיבה השנייה לשתיקה, התעלמות מכוונת, נדגים על ידי סיבוך נוסף בשרשרת האירועים. נניח שהאיש חטף מהאישה חפץ השייך לה. היא התפרנסה ממכירתו של חפץ זה, ולכן אולי הוא גם זמין לכל אחד. כעת הוא השיב לה את החפץ ובלבד שתתקדש לו בו.[48] ברור שהאישה רוצה שממונה יושב לה, ולכן ברור לגמרי שהיא

46. בבלי, קידושין יג ע"א.

47. יהיה מי שיטען שיש כאן ניסיון להתוות התנהגות על ידי חזקות משפטיות של התנהגות. ראו מנחם מאוטנר, משפט ותרבות, רמת גן 2008; מיכל טיקוצ'ינסקי, 'הזכות והחובה לדעת את החוק', תהילת עולם: קובץ עיונים בהלכות מדינה וחברה (בכתובים).

48. "אתא ההוא גברא חטף וורשכא מינה, אמרה ליה: הבה ניהלי, אמר לה: אי יהבינא ליך מיקדשת לי? שקלתיה ואישתיקא". בפירוש המילה "וורשכי"

תיקח את החפץ מידי הגנב הנבל, שרוצה גם לגנוב וגם לרשת. האישה עומדת במצב של לית ברירה: החפץ מגיע לה מן הדין ומן הצדק, ללא כל תמורה מצידה. העובדה שהיא שותקת מבטאת ניסיון לחמוק מהתמודדות עם התנאי שמציב בפניה הגנב. אם תסרב במפורש – תפסיד את החפץ, ולהסכים – אינה רוצה. השתיקה שלה במקרה הזה היא אפוא בחירה טקטית. רב נחמן פסק: "יכולה למימר אין שקלי ודידי שקלי" – נכון, לקחתי, אבל את שלי לקחתי. דין אחר יתקיים באותו מקרה, אם האיש והאישה כבר משודכים. כשיש לנו אינדיקציה שהיא כבר מעוניינת בזיווג הזה, גם אם הקידושין נעשו בדרך של מעשה קונדס, והיא שותקת, הקידושין תקפים. אם כך, השבת חפץ גזול יכולה ליצור קידושין: מוקד העניין אינו בבעלות האיש על החפץ אלא בדעתה של המתקדשת. מקרה נוסף דומה הוא כשאיש חייב לאישה כסף, וכשהוא משיב לאישה את חובו הוא אומר: "כנסי סלע זה שאני חייב לך, וחזר ואמר לה התקדשי לי בו". גם במקרה הזה מדובר בסלע השייך לאישה, וגם כאן חלות אותן הנחות ומסקנות כמו במקרה של חטיפת חפץ. בשני המקרים הקידושין נעשים בכסף שבאופן עקרוני שייך לאישה אך מצוי בידי האיש.

אפשר היה להמשיך ולדון במקרים משעשעים דומים. למשל, מה יהיה הדין אם האישה היא שגונבת מן האיש והוא צועק אחריה שתתקדש לו בכסף הזה אם לא תחזירו?

גם במצב זה של שתיקה, העיר התוספות רי"ד את אותה ההערה שהעיר קודם: "פירוש, דווקא ואישתיקא, הא אמרה אין, מקודשת". לדבריו, אם גילתה את דעתה המפורשת שהיא חפצה בקידושין, היא לא תוכל לומר "אין שקלי ודידי שקלי".[49] ההדגשה של התוספות רי"ד

נחלקו הפרשנים. הר"ח סבר שמדובר במרגליות; רבנו גרשום פירש שמדובר במצנפת, וכן פירשו הערוך וכן משמע בבבא מציעא נא ע"א; רש"י פירש שמדובר בפקעות משי.

49. תוספות רי"ד, קידושין יג ע"א, ד"ה שקלתיה ואישתיקה. בדיוני האחרונים, התפיסה המשפטית הדווקנית השתמשה לצורך מקרים הדומים לאלו במושגים

מעלה שוב את החשד שישנה הווה אמינא לומר שקידושין יתקיימו רק אם ברור לכול שהאישה רוצה להתקדש, ולא אם ישנו סימן שאלה כלשהו בדבר הסכמתה. הווה אמינא זו אינה מתקבלת להלכה, אך עצם קיומה משמעותי.

הנחות היסוד של המסקנות ההלכתיות

הרשב"א דן במקרה שמובא בגמרא, שבו השיב איש סלע שהוא היה חייב לאישה וניסה לקדש אותה בו. המקרה דומה מעט לזה שבו האיש חטף מהאישה סלע ובהשיבו אותו הוא ניסה לקדש בו אותה, בהבדלים ברורים. במקרה הנוכחי עומדות בפני האיש שתי אפשרויות: האחת – לומר שהוא משיב את החוב, אך ברגע שהאישה לוקחת את החפץ או הממון לומר שבעצם התכוון לקדש אותה בו. במקרה כזה, האישה תוכל לומר "אין שקלי ודידי שקלי" – האישה לקחה את החוב על מנת לקבל את המגיע לה. אך ישנה גם אפשרות שנייה – האיש יכול לתת לאישה כסף על מנת לקדשה בו, בלי להזכיר שהוא חייב לה ממון בערך זהה. גם כאן יש לאישה אינטרס לקחת את הכסף, כדי להבטיח את פירעון החוב של האיש, אולם האיש לא הזכיר כלל את החוב! מה יהיה אפוא הדין אם האישה שתקה ולקחה את הכסף? האם גם כאן תוכל לטעון "אין שקלי ודידי שקלי"? לדעת הרשב"א התשובה היא שלילית, ובמקרה הזה הקידושין יחולו:

> אבל היה חייב לה מנה והגיע זמנה, ואמר לה התקדשי לי במנה זה ואישתיקה – מקודשת, דכיון דלשם קידושין יהביה ופשטה ידה וקיבלתיה בשתיקה חזקה למאי דקאמר שקלתיה.
>
> [תרגום: אבל היה חייב לה מנה והגיע זמנה (=זמן פירעון החוב), ואמר לה התקדשי לי במנה זה, ושתקה – מקודשת. שכיוון

של ייאוש קונה, דין השבה, ספק קידושין וכדומה. ראו למשל: חלקת מחוקק, אבן העזר, סימן כח, ס"ק ז; בית שמואל שם, ס"ק ד, ועוד.

> שלשם קידושין נתן לה, ופשטה ידה וקיבלה אותו בשתיקה, חזקה שלקחה אותה על דעת מה שאמר לה לקידושין.]

מתוך הדיון הזה צפה ועולה הנחת יסוד חשובה, שלא ניתנה עליה הדעת באופן מסודר עד כה.

בדיני ממונות קיימת אפשרות דומה לזו שהזכרנו פה: ראובן חייב לשמעון כסף, וממנה אותו (את שמעון) להשיב ללוי כסף עבור חוב אחר. לשמעון מותר להסכים בשתיקה לשליחות ולקחת את הכסף כביכול בעבור לוי, אך בפועל להערים ולקחת את הכסף לעצמו כפירעון החוב של ראובן כלפיו, ולומר "אין שקלי ודידי שקלי". מדוע אין האישה יכולה לעשות כן – לקחת את הכסף רק "כביכול" לשם קידושין, אבל לומר שלמעשה התכוונה לקחת את הכסף על חשבון החוב? מדוע הטענה שהאיש חייב לה כסף וכי היא בסך הכול לוקחת את שלה תקפה בדיני ממונות אבל אינה תקפה בקידושין?

הרשב"א השיב על כך:

> אבל לעניין קידושין דחזקת כל הנשים רוצות להתקדש, כל שלא הזכיר לה פרעון מעיקרא – לשם קידושין נתכוונה.

בדיני ממונות שיקולי הכדאיות הכלכלית יהיו השיקולים היחידים בקביעה אם המעשה תקף, אבל בדיני קידושין יש שיקול פרשני משמעותי חזק ואחר, והוא החזקה שהאישה רוצה להתקדש. החזקה הזו מתקיימת גם בניגוד לאינטרס הכלכלי של האישה. ולכן, אם לא נזכר החוב שביניהם כלל, אנו נאמר שהיא התכוונה להתקדש.

השאלה אם האישה רוצה בקידושין היא שאלה שנשאלת כיום במרחב הציבורי שוב ושוב. האם החזקה הזו תקפה? ההנחה ההיסטורית, שלפיה האישה זקוקה למשענת ולכן תעדיף את חיי הזוגיות על פני כל הסדר אחר, נחשבת בקהלים מסוימים כהנחה שאבד עליה הכלח, ולעיתים היא אף נחשבת הנחה משפילה.[50]

50. ראו גם: עליזה בזק, השימוש בחזקת 'טב למיתב' בשיח ההלכתי המודרני,

הרשב״א הציג לאורך כל הדרך שיטה דווקנית. הוא ציפה לחד־משמעיות של התגובה, קרי, כל מה שאינו ״כן״ הוא ״לא״, ואף הלך בדרך הפורמלית של וידוא ההיווצרות של קניין בקידושין כשההוראה אינה ברורה. כעת נוספת התובנה שיש בסוגיות הללו הנחות הנוגעות לטיבן של נשים כנשים. ייתכן לומר שמתברר שלא רק לשיטה הבוחנת את היסוד הנפשי הנסתר מאחורי תגובותיה של האישה, אלא אף לגישה הדווקנית הפורמלית, יש עמדה יסודית חבויה בעניין צרכיה ורצונותיה של האישה.[51] אל מול הסבורים שמדובר בהבניה חברתית־היסטורית או בתובנה קיומית, אנו נניח שמדובר באונטולוגיה החוצה דורות ותרבויות. גם אם הלחצים פחתו במשך השנים, גם אם מעמד האישה השתפר, ביסודו של דבר אותם לחצים נשארו וממשיכים להתקיים, ולכך ככל הנראה כיוונו גם חז״ל.[52]

סיכום

האישה נדרשת להסכים לקידושין. דרישה זו, כפי שראינו בפרק זה, אינה מן השפה ולחוץ: התנגדות מפורשת של האישה מונעת מהקידושין לחול. חז״ל אף הצרו את הגבולות הללו יותר – סירוב הוא בוודאי סירוב, אך לעיתים גם הסכמה מפורשת לא תיחשב הסכמה: הסכמה כפויה תיפסל, מפני שאין בה חופש הכרעה. בתווך ישנם מקרים לא מבוררים של שתיקה או אמירות לא ברורות, שחז״ל, ובעקבותיהם

עבודת דוקטור, אוניברסיטת בר אילן תשע״ב.

51. ייתכן שהמרחק בין התפיסה הפורמליסטית, המפקיעה מראש את השפה מהקשרה המקורי, לתפיסה המהותנית אינו רב: בשתיהן קיימות הנחות יסוד שאותן קובע הפרשן. לעניין זה ראו: רונן שמיר, ׳הפוליטיקה של הסבירות: שיקול דעת ככח שיפוטי׳, תיאוריה וביקורת 5 (1994), עמ׳ 7–12. ראו גם: מיכל טיקוצ׳ינסקי ורחל שפרכר פרנקל, ׳תזהירם מן הפילגש׳, אקדמות יז (טבת תשס״ו), עמ׳ 131–139, ובפרט עמ׳ 136 [מובא גם להלן בפרק ז ״הפילגשות״].

52. וראו: ר״ן, קידושין, ג ע״א בדפי הרי״ף ד״ה תן מנה; שו״ת הרשב״א, חלק א סימן תשעג; הגהות הרמ״א, אבן העזר, כח, ג.

הפרשנים, ניסו לפרש ולהסביר. הייחוד בדיון זה הוא שנקודת המוצא שלו נעוצה בכלל משפטי ברור: "אישה אינה נישאת אלא מדעתה". ובכל זאת אין די בגדרים המשפטיים, והסוגיה נזקקת שוב ושוב לתיאורים ולתמונות בעלי אופי אגדי, שתכליתם לגעת במרקם העדין של החיים ולברר במכחול דק שאלה יסודית: מהי הסכמה?

מהסוגיות השונות עולה כי בפרשנות דבריה של האישה יש להביא בחשבון הן את לשון הדברים, הן את סגנונם, הן את מהלך השיחה והדיון בין האיש והאישה: מי ביקש מה, מי יזם את המפגש, מה רצתה האישה וכיצד נענתה על ידי האיש, מהי מערכת היחסים ביניהם: האם הם משודכים ומכירים זה את זה משכבר הימים, או שיש ביניהם מערכת יחסים עסקית? על הנתונים האובייקטיביים הללו יש להוסיף כי חז"ל הביאו בחשבון שאלות כמו: בתוך איזו מערכת לחצים האישה פעלה והגיבה, והאם מערכת לחצים זו ייחודית לה? מה היו הנחות היסוד שיכלו לחלוף במוחה של האישה כשבחרה לנהוג בדרך זו או אחרת? כל אלו הם פרמטרים קבילים, שיש לשקללם בדיון לפני הכרעה אם האישה הסכימה להתקדש. גם אם חלק מהראשונים ניסו לתבנת את הצעות ההכרעה שבגמרא, עדיין לא מדובר בתנאי חוק יבש.

אבל יש בסוגיה עוד היבט חשוב ביותר. רובדי השפה הרבים של האישה ומשלביה השונים אינם חידוש, וגם מגוון הצעות הקידושין, ניצול ההזדמנויות והתגובות הוא רבגוני מאז ומעולם, אף אם הנצלנות פחתה. חז"ל נכנסו למבוך הזה וחדרו לפרטי כל מקרה ומקרה כדי לחקור ולבחון מהם רחשי הלב המובעים במספר משפטים, שבכל רובד של דיון מתפרשים אחרת.

הראשונים בנו קומה נוספת על קומת חז"ל, ולצורך ניתוח הסוגיות האגדתיות עשו שימוש חוזר במתודות מתחום ניתוח השיח והרטוריקה. הם בחנו שאלות נוספות, כמו: האם יש "להלביש" על האישה התנהגות ישירה, או שמא לייחס לה מסויגות ולשון עקיפה? האם היא נוקטת לשון ציורית או לשון ציווי? האם לנסות לשחזר את הנעימה והטון של המילים או שיש להעמידן על מובנן ה"טהור"? האם לייחס משקל רב יותר למבנה הדיאלוגי ולהקשר או דווקא למילים הבודדות? האם לשאול

למה התכוונה האישה או מה שמעו המאזינים? כל אלה ועוד הן שאלות חשובות, הנדונות עד היום בחקר הלשון והשפה.[53]

יוצא שהסוגיה מדלגת בין תכתיבים חברתיים, לשוניים או משפטיים מצד אחד, לתובנות אנושיות פשוטות מצד שני, ובין שני אלו נוצרות המגמות הסותרות שראינו בדברי הפרשנים.

ולבסוף, עומדת לדיון גם שאלה אחרת.

הכנסתה של הסכמת האישה למסגרות פורמליות נראית כמעידה על רצון לברר מהי הסכמה בכלל, ובכך ליצור מבנה אחיד המותאם לכלל בני האדם. לעומת זאת, בחינה מדוקדקת ורגישה של האישה, תחושותיה וכוונותיה מחזקת את הכיוון שההסכמה שנדונה כאן אינה הסכמה כמושג כללי ורחב, אלא מושג מורכב המייחד נשים. כפי שמציין הרשב"א, שלעיתים איתור ההסכמה אצל האישה הוא משימה מורכבת ושונה. יהיה מי שיתרץ את השוני בפער מהותני בסיסי בין האיש לאישה, המשתקף בין השאר באמירה "האיש מחזר אחרי אבדתו". יש פער בין מצבו של המחפש למצבה של ה"מציאה", בין המחזר למחוזרת. יש מי שיטעים כי העובדה שלא מתנהל דיון דומה בשאלת הסכמת האיש נובעת ממצבה התלותי יותר, מבחינה כלכלית ומשפטית, וממילא גם רגשית, של האישה.

לדידי, כך או אחרת, ברור שפער בין איש לאישה אכן קיים. אך בניגוד לחוקרי מגדר ולהסבר החברתי־פוליטי שהם עשויים להציע (ושמא נוסף על הסבר זה), אני מזהה בדיון התלמודי את העיסוק המיוחד בשאלת הסכמת האישה כעיסוק בשאלה אנושית מרתקת, החורגת מהקשרים היסטוריים וחברתיים ונכונה אז והיום.[54]

53. ראו: צבי שראל, מבוא לניתוח השיח, ישראל 1991.

54. ייתכן שיישומה המעשי של השאלה בימינו אינו בבדיקה אם היא מוכנה להתקדש אלא אם היא מוכנה לקיים יחסים עם המציע. מעניין לבחון סוגיות אחרות שמפרשות תגובות אנושיות, דוגמת הסוגיה בכתובות יד ע"ב, הדנה מה הדין של "ממזר וצווח, חלל ושותק". כלומר, האם אדם שצווח כשקוראים לו ממזר ככל הנראה ניתן להאמין לו, או להפך, וכן מי שאומרים עליו שהוא חלל והוא שותק ואינו מגיב, מה משמעות שתיקתו.

יש אפשרויות נוספות?

לפני שנים מספר הציע פרופ' צבי זוהר להכשיר הלכתית זוגיות ללא חופה וקידושין באמצעות המודל ההלכתי של פילגשות. במבוא למאמרו, שפורסם בכתב העת אקדמות, הוא הציג את המצוקה הגדולה של דור שבו הרווקות המאוחרת היא דבר נפוץ מאוד. ההצעה להכשיר קשר של זוגיות מחוץ למערכת של קידושין נועדה לפתור חלק מהבעיות שמצוקה זו מביאה איתה וכן בעיות נוספות שהחברה מתמודדת איתן. הכניסה לחופה כרוכה בנטל ובתפקידים רבים מרובים, ומעניקה משמעות רבה מדי לקשר. גם ניתוקו של קשר לאחר חופה וקידושין הוא סבוך ויש לו השלכות הלכתיות רבות. פרופ' זוהר סבר שניתן להציע קשר לגיטימי בין גבר לאישה ברמה נמוכה יותר, קשר שיש בו הדדיות ומחויבות ברמה מסוימת, אך ללא כל המטען ה"מכביד" המגיע עם קשר הקידושין.

ככל הנראה יש מן הצדק בתיאור האתגרים הרבים שמציגה בפנינו ההלכה בדור שבו הנישואין נערכים שנים רבות לאחר גיל הבשלות המינית, ובפרט בחברה מעורבת, שלא לומר בחברה פרוצה. השאלה הקשה היא האם ההצעה מעוגנת הלכתית והאם נכון לוותר על המערכת הזוגית המעוצבת והחתומה בחותם קדושת ישראל כמערכת אפשרית יחידה. האם נכון לאפשר לצידה גם אפשרויות אחרות?[1]

1. ראו, צ' זוהר, 'זוגיות על פי ההלכה ללא חופה וקידושין', אקדמות יז (תשס"ו), עמ' 11-31. לאחרונה נדפס מאמר של ר' לוביץ, ובפיה תלונה אחרת על מבנה הקידושין, והוא השעבוד שהוא יוצר על גופה של האישה. היא השתמשה

מאמרו של פרופ׳ זוהר נדפס בכתב העת ולצידו הודפסו שלושה מאמרי תגובה. את אחד ממאמרי התגובה כתבנו במשותף הרבנית רחלי שפרכר־פרנקל ואנוכי. המאמר עוסק בשאלות היסוד של עיצוב הבית בתפיסה היהודית והוא מובא כאן לפניכם. חלפו שנים רבות מאז התפרסם לראשונה ודעתי העקרונית לא השתנתה, גם אם בגרסה מעודכנת זו היא התרככה מעט.

במאמרו של צ׳ זוהר הנ״ל כאחת האפשרויות לאימוץ בדרך לוויתור כולל על הקידושין בישראל. איני סבורה שזו הייתה כוונתו המקורית של צ׳ זוהר בעצמו, אבל הדברים אינם ניתנים לשליטה. אם הדבר כשר – כשר הוא. ראו גם מאמרה: ר׳ לוביץ, ׳לשאלת תוקף קניין האישה בקידושין׳, אקדמות לא (תשע״ט), עמ׳ 97–116.

פרק ז
פילגשות

מבוא

הפילגשות היא מודל הלכתי המועלה מפעם לפעם כשנדמה שניתן לפתור באמצעותו בעיה חדשה. כך למשל ניסו לפתור את שאלת היחס לנישואים אזרחיים, כך מוצע לפטור יהודים רבים מאיסורי אשת איש ולהציל את ילדיהם מממזרות, וכך במקומות מסוימים נעשה שימוש למפרע בפילגשות כדי להימנע מייבום.

ועל כל אלה מוצע חדשות לבקרים הפתרון האולטימטיבי לסרבנות גט – במקום קידושין ונישואין כדת משה וישראל יעבור העם כולו ליחסי אישות בדגם הפילגש, וייפטר מעוֹלם של גיטין על פי ההלכה. נדמה שנמצאה נוסחת הקסם שתפתור את בעיותיהן של שורה ארוכה ומגוונת של אוכלוסיות: רווקים, רווקות, חרד״לים צעירים, חרדים, דתל״שים, תיכוניסטים בכלל ואף חילונים מתעניינים.

טענה מקובלת היא שמצוקתם של ציבורים אלה ניתנת להקלה באמצעות הפילגשות, שהיא דגם הלכתי מקובל ולגיטימי לגמרי, המוסתר מהציבור רק ממניעים של מדיניות חברתית.

סקירה היסטורית־חברתית

הפילגשות התקיימה במידה זו או אחרת לאורך הדורות, ולמרות זאת, מעמדה ההלכתי נותר שנוי במחלוקת[1] וחלק ניכר מאזכוריה הרבים אינם הלכה למעשה.[2]

1. העניין נתון במחלוקת החל מתקופת הראשונים ועד לימינו. לרוב השיטות פילגשות דורשת קידושין. הרשב"א כותב (שו"ת הרשב"א חלק ד' סי' שיד) כי הפילגשות נאסרה: "והנה אני לא באתי להתיר, להראות פנים שיהא מותר לישא בת ישראל לפילגש, כ"ש על אשתו הכשרה, הנשואה לו בקידושין. שהרי משנתנה תורה, נתחדשה הלכה, ואסרה הפילגש והיא אישה המזומנת לו בלא כתובה וקידושין". בדעה זו אחזו רבים אחרים, לדוגמה: שו"ת הריב"ש סימן שצה כתב:

> אבל לעולם אם ירצה, חייב ליקח בקידושין, כל הנשים, שייקח, ואפילו הן ק'. והוא מקיים בכל אחת, מצות עשה; ומברך ברכת אירוסין וכל שיבוא על אחת מהן בלא קידושין, עבר על מצות עשה. ואם יחדה לפילגש, כ"ש שעבר על מצווה זו: שהרי לוקח אישה בלא קידושין. ועוד, דלרבי אלי־עזר דאמר (יבמות נט ע"ב): פנוי הבא על הפנויה, עשאה זונה, ואסורה לכהן: ודאי אפי' המיוחדת, היא זונה לדבריו; כיון שביאתה, שלא לשום אישות. וס"ל כההיא ברייתא, דמייתינן בפ' הנשרפין (עו): אל תחלל את בתך להזנותה; בחלולין שבזנות הכתוב מדבר: במוסר את בתו שלא לשם אישות. וכן, היא שמסרה עצמה, שלא לשם אישות. אלמא: כל ביאה שלא לשם אישות, הויא זונה.

בשו"ת מהר"ם פדובה סי' יט דן באדם שהייתה לו בעבר פילגש. הפילגש נישאה לאחר והתגרשה ממנו, ועתה מבקש השואל להחזירה להיות פילגשו, כדי שתלד לו צאצא, מאחר ששהה עם אשתו עשר שנים ולא ילדה לו. המהר"ם ממליץ לקחתה כאישה ולא כפילגש: "מוטב יאכל בשר תמותה שחוטה ואל יאכל בשר תמותת נבילה". וכן הבין הב"ח (אבן העזר סי' כו) את דברי הרא"ש. מעבר לכך, גם בפסיקת האחרונים המעיין יבחין מהרה שהשאילת יעב"ץ, שדבריו יובאו להלן והוא תומך נלהב בפילגשות, אינו חזות הכול.

2. חלק ניכר מהשימושים של הפילגש בספרות ההלכה הם כלי לניתוח רעיוני של מערכת היחסים בין האיש לאישה. ראו למשל, שו"ת אבקת רוכל סימן פא: "יאמרו במקום שאין שם קידושין כלל דאינה אצלו אלא כפילגש דכיוון דחיתון אין כאן תנאים אין כאן". לא מדובר בפילגש ממש אלא מודל הפילגש הוא אמצעי לבירור הזכויות של האישה ביחס לגבר במצבים מסוימים. וראו גם

בין כך ובין כך, הפילגשות רחוקה מלהיות מעודדת או מקובלת בשוויון נפש (גם אמה עברייה ואשת יפת תואר הן צורות קיום הלכתיות, ועדיין איננו מטיפים לאימוצן ברבים). גם הפוסקים שהכירו בפילגשות, ראו בה מודל שלילי ומציאות מגונה ולכן היא שימשה כפתרון הלכתי במקרים קיצוניים וכקרש הצלה ליחידים: הגדרת האישה כפילגש פתרה בעיות הלכתיות כמו שחרור נערה מנישואין ללא גט,[3] שחרור עגונה מן האנוסים[4] וטיהור ילד מכתם ה"שתוקי",[5]

להלן הערה 4, שם רואים כיצד הריב"ש משתמש ב"פילגשות" כמודל להגדרת מערכת חיובים, אך שולל שימוש מכוון בדפוס זה. וכן שו"ת מהרש"ך חלק ב סי' קה, ועוד במקומות רבים.

3. שו"ת בנימין זאב סי' קי, ובדומה גם שו"ת קול מבשר חלק א סי' כב.

4. שו"ת הריב"ש סי' ו:

> אל הוותיק רבי בנימין עמאר, ישמרהו אלוקים. שאלה: אישה אחת באה ממיורקה, מאותן האנוסות לעבודת כוכבים, ובנה בחקה ונאמר לה: מה טיבך ומה טיבו של בן זה? ואמרה שאנוס אחד מארץ ארגון תבעה לינשא לו קודם הגזרה כדת משה ויהודית ולא עלתה בידו. ולאחר הגזרה בכמו שבוע אחד, בא [אנוס אחד] לעבודת כוכבים אוהבו של אותו אנוס החפץ בה, ודבר על לבה להינשא אליו, והיא נתפייסה ונגמר הזווג ביניהם. אלא שלא קדשה בעדים ולא נשאת לו בעשרה, אלא על ידי עובדי כוכבים בחוקות דתם ובכהני במותם. וישבה בביתו עמו כאשתו לכל דבר בחזקת אישות, והיו יודעים זה אנוסים רבים. וישב עמה כמשלש חדשים, ונתעברה ממנו וזה פריה; והלך האיש ההוא מעבר לים, ולא יסף שוב אליה עוד.

הריב"ש השתמש בפילגשות כדי לפתור את האישה מעגינותה. דפוס זה שימש אותו להגדרת טיב יחסיה עם בעלה הראשון. הריב"ש גם העיד במפורש על שיקולי הפסיקה שלו בעניין שהזכרנו, וכך כתב: "...ועוד, דליכא למנקט כל חומרי הסברות לעגן את זו...". באותה שעה, בסי' שצה בדיון עקרוני בשאלת הפילגשות, שלל הריב"ש את האפשרות להיתר הלכתי לחיי פילגשות, אך בתשובה שבסי' ו ישנם שיקולים הפוכים. בסי' שצה מדובר בבעל שלמרות שבועתו שלא לקחת אישה על אשתו או פילגש וכדומה, חי עם אלמנה פרוצה, ושם פירט הריב"ש בחומרה את עמדתו הנחרצת שהפילגשות נאסרה בבית דינו של דוד המלך. למקרה דומה ראו שו"ת מהרש"ך חלק ב סי' קה; שו"ת דרכי נועם אבן העזר סי' מו; שו"ת צדקה ומשפט אבן העזר סי' מד.

5. שו"ת הרשב"א חלק ד סי' שיד. הפסק ניתן רק לאחר שהובע שאט הנפש מעצם

ובמקרה קיצוני עוד יותר אף אפשרה החזרת גרושה שנישאה לאחר, כפילגש.[6]

הרמב"ן עצמו,[7] שראה בפילגשות אפשרות קיימת שלא גזרו עליה בשום אופן, חשש הלכה למעשה שהשימוש בה יוביל לזנות ולפריצות.

מגמתו של הרמב"ן, שלא להפיץ את הרעיון שלפילגשות יש עיגון הלכתי,[8] נבעה מחששות אמיתיים ועמוקים, ומתוך ראייה רחבה של הציבוריות החברתית היהודית. מה שיש שיכנו "הסתרת המידע מן הציבור" הוא בעצם הפעלת השיקולים ההלכתיים והאיזונים הנדרשים בבוא הפוסק לברר כיצד יש להורות לציבור לנהוג.

רעיון הפילגשות – היא הושוותה לזנות, נחשבה לחטא ולמעשה שלא ייעשה.

> תחילת כל דבר, צריך אני לומר, שהדבר אסור ומכוער. הוא אסור, מפני שעובר בלאו דלא תהיה קדשה, ומשום אל תחלל את בתך להזנותה; ויש בו איסורא דאורייתא. ומכוער, משום דקודם מתן תורה, אדם פוגע אשה בשוק, ואם נתרצו שניהם בועלה ומקיימה לו לאשה, או נותן לה שכרה והולך לו. כיון שנתנה תורה, נתחדשה הלכה. שהרוצה לישא אשה יעשה בה מעשה לקדש אותה בכסף, שיכתוב לה כתובה...

ובהמשך לגבי הוולד שייוולד כתב: "ואם אביו ואמו עשו שלא כהוגן, ובעלו בלא כתובה ובלא קידושין, המלקות והתשובה יכפרו עליהם".

6. שו"ת משפטים ישרים חלק ב סי' קע. התשובה עוסקת ביהודי מומר, שהתגרש מאשתו, היא נישאה לאחר והתגרשה ממנו, ועתה הוא רוצה לשוב ולשאת אותה. מדובר באיסור המחזיר גרושתו אחר שנישאה לאחר. כנגד זה עמדה אבדת נפש מישראל, שכן מבחינת המוסלמים הוא היה יכול לשאת רק מוס־למית ולא יהודייה, חוץ מאשתו הראשונה, שעליה לא הקפידו.

ר' רפאל בירדוגו התיר לו להשיבה אליו בתורת פילגש, וזאת מפני שעת הדחק:

> אך להיות שנידון זה שבא לפנינו ננעלו בעדו שערי אורה ועולם חשך בעדו שמיום שיגרש זאת האישה נשאר מטולטל בטלטולי דגברא ונשאר נע ונד לא מצא מנוח לכף רגלו וקרוב שיהא נכשל בנשג"ז... ונמצא נאבדת נפש אחת מישראל... ולזאת צידדנו צדדים אולי תעלה ארוכה לנפש אחת מישראל ולו יהיה בדרך צר ודחוק כמלוא נקב מחט סדיקית.

7. תשובות הרשב"א המיוחסות לרמב"ן סי' רפד.
8. בהנחה שהמשפט המסיים את תשובת הרמב"ן הוא חלק אינטגרלי מן התשובה.

מדברי הרמב"ן עולה ההכרה שהשכנה הקרובה וידידתה הטובה של הפילגשות היא הפריצות ומתיחת גבולות. פילגשות היא הרבה יותר ממדרון חלקלק. היא פונה בדיוק אל חתך האוכלוסייה שיקשה עליו לשמר את גבולותיה.

אכן הרמב"ן הכיר בקיומה של הפילגשות מאז ומעולם, ודווקא הוא, שלא ראה בה איסור או בעיה הלכתית, קרא לשומר נפשו לרחוק ממנה.

שיטת יחיד סלולה?

מה שנראה כהצבעה על דרך הלכתית כבושה שנותר רק להציעה לרבים, היא למעשה ניסיון לחזור ולהמליץ על שיטת היחיד של היעב"ץ, שאכן תמך באופן נלהב בהרחבת הפילגשות. בסוף דבריו, תלה היעב"ץ את הפסק בהסכמת גדולי הדור, ברם, למעשה הוא נותר כמעט בבדידות מזהרת.

יודגש שחלק מהותי מהפסק של היעב"ץ הוא שמירה קפדנית על גדרי הפילגשות. ספק אם זו התמונה שמצטיירת אצל המצדדים בפסק זה. דברי היעב"ץ מובאים כאן כלשונם, יראה הקורא וישפוט:

> מכל מקום איני רוצה שיסמוך אדם על ידי בזה כי אם ע"פ הסכמת גדולי הדור. ואם ייטבו דברי אלה בעיניהם.
> ...עוד אני מעיד במי שרוצה לסמוך על הוראתי זאת על כל פנים לא יעשה כזאת עד שיימלך ברב ומורה צדק לעדתו. שיסדר לו ההיתר ע"פ יחוד גמור בטוח ממכשול דהיינו לייחד לה חדר בביתו ולהזהירה מייחוד כל שאר אדם. ושבאם תמצא שעברה ולא נזהרה, ישלחנה מיד מביתו. וכן יצוונה שתטבול בזמנה ויודיענה שאין בזה בושה כלל. ולבאר לה גם כן שהבנים שתלד ממנו כשרים כשאר מיוחסים שבישראל כשתשמור בריתה ותהא נאמנת לאיש הזה. מה שאין כן אם תזנה עליו. אזי בניה בני זנונים וחייבים עליה משום קדשה על כל ביאה וביאה בין איש זה בין אחרים. ובאופן זה אם

ישמעו ויעשו ככל האמור אזי אין אחריות מכשול עוון כלשהו בדבר זה ולמצוה יחשב להרים המכשלות את הרשעים.
... והכל הולך אחר כוונת הלב. בלבד שיכוין אדם דעתו לשמים. רחמנא לבא בעי.[9]

הפרספקטיבה הנשית

לצערנו לא הגיעה לידינו תגובתן של הנשים בנות דורו של היעב"ץ, ואף שחכמי ישראל שקדו היטב על תקנתן, נתרכז אנו בהשמעת הקול הזה. מבחינת מעמד האישה, הפילגשות מחזירה את האישה לימים שלפני מתן תורה ולפני תקנות חז"ל הרבות שנועדו להגן עליה, בלי כתובה ובלי זכויות והגנה משפטית. נכון שכרגע איש אינו מציע את הפילגשות במקום התא המשפחתי המסורתי, אלא כשלב ביניים, המתאים – בשימוש נרחב – לתקופות מסוימות בחיים. אך בטרם נהפוך את בנותינו לפילגשות, הבה נבדוק, היסטורית, מי נאלצו להסתפק במעמד מבזה זה, וגם כיום, מי ייהנה ממנו ומי ישלם את המחיר.

סקירה של ספרות השו"ת מציירת תמונה מעניינת ואופיינית לדמותה של הפילגש. את תפקיד הפילגש מילאו משרתות,[10] שפחות,[11]

9. שו"ת שאילת יעב"ץ חלק ב סי' טו. מתברר שכבר בעבר נמצאו קופצים על הרעיון. לפני זמן מה יכלו חדי העין להבחין במודעה באחד ממדורי השי־דוכים בזו הלשון: "גבר דתי רווק בעל תשובה בשנות השלושים מירושלים, בחור מרשים, גובה 1.80 מבוסס, מעוניין בקשר דיסקרטי תחילה (אם תהיה התפתחות חיובית... העתיד פתוח), ע"פ ההלכה אך ללא קידושין מבוסס על שאילת היעב"ץ חלק ב שאלה טו, עם בחורה/אישה נאה דתייה או מסורתית, תמיכה כלכלית מובטחת (ע"פ ההלכה), מתחייב לשמח" (תודה לרב שוקי רייך על ההפניה).

10. תשובת הרא"ש המובאת בטור אבן העזר סי' כו: "וכן כתב אדוני אבי הרא"ש בענין פנויה המשרתת בבית ראובן", וכן שו"ת הר"ן סי' סח, ושו"ת הרדב"ז ח"ג סי' תמג.

11. שו"ת רדב"ז חלק ד סי' קמט.

גויות,[12] אנוסות[13], אלמנות, פרוצות[14] ויתומות.[15] הגברים שהחזיקו פילגשים היו לעומת זאת גברים נשואים (בחלק מן המקרים חשוכי ילדים,[16] שעקב חרם רבנו גרשום נמנעו מלשאת אישה שנייה), פסולי חיתון[17] או לעיתים בעלי הון וחסרי מצפון.[18]

גם בהסברים המוצעים למקור המילה "פילגש" נשמע הד מעמדה הבזוי: "פילגש – נוטריקון פלג אישה",[19] "ובעלי הלשון דורשין פילגש מילה הפוכה ומורכבת פי שגל עומדת לפרקים למשגל ולשמש את הבית ופעמים למשכב".[20] אף הרא"ש[21] שיקף את היחס המקובל לפילגש: "לא מיבעיא שבני משפחתה יכולין למחות בידו שהוא פגם להם שתהיה פילגשו...".

שום אב מסור לא הועיד את בתו להיות פילגשו של מאן דהו. מי שחרד לעתידה של בתו, דאג להשיאה כדת משה וישראל. כך הבטיח את זכויותיה לבגדים, למזון ולפרנסתה בכלל, ווידא שלא תהא קלה בעיני בעלה להוציאה.

12. שו"ת מהר"י בי רב סי' לט.
13. הכוונה לנשים שנאנסו להמיר את דתן, ראו: שו"ת הריב"ש סי ו.
14. שו"ת הריב"ש סי' שצה: "ועתה, ראובן הנזכר רוח זנונים התעהו. ותדבק נפשו באלמנה אחת, אשר בעודנה תחת בעלה, זינתה עם אחרים: נמצאת וגם נתפשה. ויעשו בה הקהל משפט נואפות. ויחדה אליו, להיות חשוקתו בלי קידושין ובלי כתובה. וזה בפרסום. מפתו תאכל, ומכוסו תשתה, ובחיקו תשכב. עד שנודע לחצר, ויתנוהו במשמר, מפני הקנס הכתוב בשטר".
15. ראו שו"ת מים עמוקים חלק ב סי' סז.
16. ראו לעיל הערה 1, וכן, שו"ת תורת אמת סי' סד.
17. שו"ת בנין ציון סי' ו.
18. לסקירה נרחבת ראו בספרו של א' גרוסמן, חסידות ומורדות, עמ' 229-256.
19. הסבר לשוני זה מובא בשו"ת שאילת יעב"ץ חלק ב סי' טו עצמו: "משא"כ בפילגש (שאינה אלא פלג אישה, כנוטריקון שלה)".
20. השגות הראב"ד, הלכות אישות א, א.
21. עיין לעיל הערה 10.

האם הפילגשות היא בכלל פתרון?

ניתוח המצוקות הרבות[22] שאותן מבקשים לפתור באמצעות הפילגשות מעלה כמה מגמות:

- **האחת**, נתינת מענה למצוקות מיניות מבלי שייווצר קשר עמוק בין הצדדים, בגיל מבוגר או בגיל צעיר מאוד.
- **השנייה**, מתן פתרון הלכתי ועזרה בהפחתת האיסור למי שכבר נמצאים במערכת יחסים יציבה.
- **והשלישית**, פתרון תופעות חברתיות בעיתיות כמו הקדמת גיל הנישואין, תופעת החילון ואפילו ייסורי המצפון.

לגבי המגמה הראשונה, חייבים להצביע על מוקש מרכזי: הפילגשות היא הסדר של קביעות ביחסי אישות בין גבר לאישה.

22. שלל המקרים המוצגים במאמר של צבי זוהר התומך באפשרות הפילגשות הם:
א. רווקים ורווקות שבגיל מבוגר טרם מצאו את בני זוגם אך מנהלים מערכות יחסים הכוללות ככל הנראה יחסי אישות. הבעיה ההלכתית העולה כאן לטעמו היא בעיית בעילת נידה, שהיא בכרת. התרת הפילגשות תאפשר את טבילתן של אלו, ובכך נגאל את ה"זוגות" הללו מאיסורי כרת.
ב. צעירים חרדים שמוצאים את פורקנם אצל גויות וכך ניצלים מאיסורי כרת. במקרה הזה, הפילגשות תאפשר להם לחיות עם יהודיות בלי להתחייב בכרת.
ג. צעירים חרדים המבלים בחברה החילונית כמקובל שם ושבים לביתם כאילו לא אירע דבר – בעייתם היא בעיית ה"מוסר הכפול", כפי שהוא מכנה זאת. כאן שוב תבוא הפילגשות ותגאל אותם מייסורם.
ד. דתל"שים שסיבת היותם כאלה היא חוסר עמידתם בניסיון ושבעקבות כישלונם בעברות אלו פרקו כל עול. על אלו לדעתו נוכל לשמור "בתוך" המסגרת אם נאפשר פתיחות מסוימת בתחום.
ה. תופעת הקדמת גיל הנישואין בחוגים החרד"לים עקב מצוקה מינית.
ו. חרד"ליות שלא נישאו בחלון הזמן של גיל העשרים, ה"עגונות" תמצאנה פורקן להינזרותן ממין.
קיימת מצוקה נוספת והיא מצוקת בני ה־13 עד 18 שהגיעו לבשלות מינית אך טרם הגיעו לכלל הבשלות הראויה לנישואין. מודל הפילגשות יכול לתת להם מענה זמני עד שיכשרו לנישואין ובניית בית.

לדברי כל חכמי ישראל, הפילגש מיוחדת לאדם אחד ואסורה על אחרים – הדבר נזכר בצמוד להבחנתה של הפילגשות מן הזנות. כמו כן, רוב הפוסקים סבורים שההסדר צריך להיות גלוי לעין כול וידוע לציבור. שאם לא כן, בושה היא מלטבול.[23]

בתרגום ללשון ימינו, התיאור הזה מתאים רק לחברויות ארוכות טווח, מונוגמיות, שהן יציבות ומפורסמות מספיק כדי לשמור על בלעדיות וטהרת המשפחה.

ברקע ההצעה לחזור למודל הפילגשות כאפשרות הלכתית מצויה קריאה להכיר במציאות הקיימת ולבא לקראתה – ובכן, זו איננה המציאות! השנים הארוכות של חיפוש בן הזוג וה'דייטים', ימי התיכון חסרי המנוח, הדתיים הנחשפים לחילוניות והחיים הכפולים של חרדים – אינם זמנים של יציבות זוגית ומונוגמיה![24] ולכן אין כמעט מצב שפילגשות יכלה להיות לו פתרון ראוי.

וגם אם הייתה – ידוע לכול מי הנפגעות העיקריות של פעילות מינית בוסרית ומוקדמת (האם בשביל נישואין צריך את כל מרכיבי הבשלות הנפשית הבוגרת, ואילו בעבור יחסי אישות מלאים די בהתעוררות הבשלות המינית?[25]), מי ניזוק מכך שגברים, שאינם מושפעים גם מהדחק המיני והשעון הביולוגי שלהם אינו מתקתק, דוחים עוד יותר את גיל הנישואים? מי הצד המבוזה כשגברים

23. הביטוי ההלכתי "בושה מלטבול" מייצג מצד אחד את הביטחון שיתאפשר לה להקפיד על טהרת המשפחה, ומצד שני הוא ראיה לפומביות וליציבות היחסית המבחינה בין פילגשות לזנות.

24. אנחנו רוצות להאמין שברעיון לא גנוזה ההצעה שכל אדם יחזיק לו מאהבת להרגעת צרכיו המיניים בזמן שהוא מחפש ובונה את עתידו במקום אחר.

25. ועל אלו נאמר, "על הראשונות אנו בוכים". וראו תיאור מרתק על המחיר הנפשי של המתירנות המינית אצל מתבגר (זכר וחילוני!) ניר מנוסי, 'הבוקר שאחרי', ארץ אחרת, גיליון 4, אייר-סיון תשס"א, וכן בספרות של השנים האחרונות, כגון ספרה של *A Return to Modesty: Discovering the lost virtue* ,Wendy Shalit.

נשואים[26] מקיימים מערכות תקינות־הלכתית אך חד צדדיות בעליל, ועוד כהנה וכהנה פגיעות חמורות בחברה היהודית בכלל ובנשים שבה על אחת כמה וכמה.

המגמה השנייה מתייחסת לרווקים ורווקות שכבר מקיימים זוגיות אקסקלוסיבית וארוכת טווח (שעליה אין מנוס מלשאול כלשון הכותרת הלעגנית, "למה, למען השם, הן לא מתחתנות?").[27] אם הם, כאנשים פרטיים, מעוניינים להוריד את רמת האיסור שהם מעורבים בו ולהישמר מאיסורי כרת, מובן שעדיף שילמדו הלכות נידה וישמרו אותן. אם לצורך כך יבקשו בני הזוג ייעוץ מרב, לדעתנו יש להיענות בחיוב לבקשתם ולספק להם את התשובות ההלכתיות שלהן הם נזקקים.[28] כדאי להעיר כאן שמבנה המשפחה המסורתי מאפשר ומעודד שמירת הלכות מורכבות אלו. היכולת לעמוד בהן בזוגיות פחות מחייבת, לאורך ימים, אינה מובנת מאליה.[29]

26. נראה שהכותב מעדיף לראות את הפילגשות רק בקרב רווקים, אך משנפתחו האפשרויות, מי ערב לו ששם תיעצר התופעה?
27. תמר רותם, הארץ 21.5.04.
28. החובה להפריש אדם מאיסור גוברת על סנטימנטים ממשפחת "הלעיטהו לרשע וימות", מה גם שככלות הכול, אפשרות הפילגשות קיימת – הדבר מגונה ומכוער אבל אינו בגדר רשע. נקודה משמעותית נוספת היא מה שמקובל לכנות גזרת הריב"ש על טבילת פנויות. מלשון הריב"ש ברור שהוא מתאר מציאות, ולא גזרה או תקנת חכמים. וזו לשונו בשו"ת הריב"ש סי' תכה:

> ומה שנפלאת: איך לא תיקנו טבילה לפנויה כדי שלא יכשלו בה רבים? ואין כאן מקום תימה! שהרי כיון שהפנויה אסורה כמש"כ אדרבא! אם היתה טובלת, היה בה מכשול: שהיו מקילים באיסורה כיון שאין איסורה אלא מדרבנן... ונראה שנהגו בטבילה זו, בדורות הראשונים, משום טהרות. כמו שהיו מטבילין את הקטנות... ואעפ"כ כתב הרמב"ן ז"ל: שביטלוה בדורות האחרונים, משום דהוי חומרא דאתיא לידי קולא: שיבואו בה לידי מכשול להקל באיסורא דרבנן.

לנקודה זו השלכות לגבי טבילת פנויות מסיבות אחרות – בערב ראש השנה ויום כיפור ולשם עלייה להר הבית (לגבי טבילה בערב יום כיפור, ראו שו"ת בני בנים חלק ג סי' ה).

29. מוכרים לנו יותר ממקרה אחד של רווקות שתוך חיבוטי נפש החליטו על

אנחנו מבקשות לחזור ולהדגיש שלא הטבילה היא המכשירה את יחסי האישות במקרים אלה אלא קיומו של קשר גלוי ויציב המאפשר שמירה על טהרת המשפחה. רק במצב כזה יש קשר שניתן לדמותו לפילגשות – שעליה נסב דיוננו. בסופו של דבר, בין ייעוץ הלכתי פרטי ונדיר ובין עידוד ופרסום מוסד הפילגשות עומדים עולם ומלואו!

באשר לסוגיות האחרות, נכון שצעירים שנכשלו בעברות הנוגעות לתחום המיני נוטים יותר להיות רשעים בעיני עצמם. אנו מסכימות שישנם רבים הסובלים מרגשי נחיתות קשים עקב "כישלונות" שונים ומגוונים – משז"ל ועד ביאת פנויה. ייתכן שניתן לפעול לשנות את תחושותיו הקשות של מי שנכשל באמצעות חינוך מתאים וגיבוש הזהות היהודית ברוח "ישראל – אף על פי שחטא ישראל הוא". אם מי ששכח לברך ברכת המזון או חילל שבת כי לא עמד בניסיון יכול להרגיש חלק מהחברה ולשאת זהות דתית – למה יחוש אחרת מי שנכשל ב"עברות מין".

הפער הגדל בין גיל הבשלות המינית לגיל הבגרות והעצמאות הכלכלית הוא בעיה אמיתית שיש להתמודד עימה. גם נישואי בוסר אינם תופעה רצויה. תופעות אלו, כמו הרווקות המאוחרת עצמה, הן בעיות חברתיות ואין מנוס מלומר בגלוי: לא לכל בעיה חברתית ישנו פתרון הלכתי.

סיכום

מנינו כאן בעיות הלכתיות ומכשולים רבים בדרך ליישום ההצעה. מבעדן ומעבר להן נשקפת החרדה לפגיעה בחוסנה של המשפחה

יחסי אישות אחרי טבילה כדין, ובחודש העוקב הן לא טרחו לחזור למקווה. לעומת זאת ישנה תופעה מצויה של זוגות שבמהלך ההכרות לא נשמרו, והחל מהחתונה קיבלו על עצמם לקיים את כל הלכות טהרת המשפחה.

היהודית.[30] הרב עוזיאל[31] ניתח "זוגיות על פי ההלכה ללא חופה וקידושין":

> הרי לך מפורש ומבורר בלי כל ספק שאין הדירה הגלויה לכל שהם דרים כאיש ואשתו מהוה אישות בישראל אלא הקידושין כדינה של תורה מהווים את האישות...
> דבר זה הוא פרצה גדולה לא רק בחיי המשפחה והאישות בישראל אלא גם בכל התורה שכולה היא חטיבה אחת ערוכה בכל ושמורה, וכל פגיעה בחלק ממנה, גורם הרס לכולה, והעדר ההכרה במקדש עמו ישראל על ידי חופה בקידושין, עושה את בית ישראל לחולין וממנו נמשכת החילוניות בכל דרכי ופינות החיים.[32]

30. אף המשפט הישראלי מכיל "קריאות עידוד" רבות למוסד הנישואין דווקא. כך הוא פוטר נשים נשואות מחובת שירות צבאי, סעיף 39 לחוק שירות בטחון [נוסח משולב] תשמ"ו – 1986. פטור כזה מסמן את הנישואין והקמת המשפחה כאפשרות חשובה, וראו בדברי הכנסת בדיונים על הצעת החוק. גם חוק הלוואות לדיור תשנ"ב – 1992 מקנה זכאות לסכומי הלוואה גבוהים משמעותית לזוגות נשואים דווקא. וכן חוק אימוץ ילדים תשמ"א – 1981 קובע בסעיף 3 שאין אימוץ אלא על ידי איש ואשתו, כלומר אימוץ ילדים מוגבל לבני זוג נשואים בלבד (בכל אלו ישנה התעלמות מכוונת מאפשרות ה"ידועה בציבור", דבר שהמחוקק הכיר במקומות אחרים, כמו בחוק משפחות חד הוריות, תשנ"ב – 1992). ישנן עוד דוגמאות רבות המעידות על תפיסת המחוקק את המשפחה ואת קשר הנישואין דווקא כדגם שיש לעודדו.
31. שו"ת פסקי עוזיאל בשאלות הזמן סי' עה.
32. התייחסויות למערכות יחסים המבקשות להפקיע את הקידושין אנו מוצאים בדברי חכמים גם בהקשרים פחות מאיימים, כמו במקרים שבהם ביקשו להכניס תנאי בכתובה הקובע כי במקרה שהאישה תיפול לפני יבם, הקידושין יוכרזו למפרע כפילגשות. על כך ראו רמ"א אבן העזר סי' קנז, ד, הובא גם בשו"ת שבות יעקב חלק א סי' קכז. ובשאילת יעב"ץ חלק ב סי' יד התנגד לכך. בשו"ת מלמד להועיל חלק ג (אבן העזר וחושן משפט) סי' כב, ד"ה תקנה כזאת, העיר: "תקנה כזאת לדעתי היא קלקלה שאין למעלה הימנה... שמב־קשין תחבולות לפרוק עולן של מצות ולבטל תורת גיטין וחוקיו של אברהם

למעשה, בהצעה להכיר בפילגשות כמודל אנו מוותרים על אתוס הצניעות בעם ישראל.

בפנייה כללית והצעה כזו אין פתרון הלכתי לבעיה מסוימת. העניין מקדם אג'נדה כללית, ליברלית, השואפת ליתר פתיחות מינית ומתירנות (זו המכונה בלשון ההלכתית: פריצות). יהדות כזו תהיה אף לחילונים יותר אטרקטיבית ורלוונטית, רק שלדעתנו, קצת פחות יהודית.

אבינו ע"ה... ועוד דאנן חזינן שבכל שנה ושנה כמה וכמה קידושין מתבטלות ע"י הערכאות, ואנן ניקום ונתקן דבר שעי"ז כמה וכמה אנשים מישראל יבעלו בעילות זנות באיסור פילגש...".

הצניעות והטראומה

לפני עשר שנים קיבצתי כמה מתלמידות החכמים שבדורנו. מטרת כינוסה של הקבוצה הייתה לאחד שורות וליצור מעגל נינוח לדיון בנושאים שמטרידים כל מי שעומדת בפני נשות ובנות הדור וצריכה לתת מענה לשאלות המתחדשות המובאות לפתחה. עד לכינוסה של הקבוצה חשתי בודדה, והצורך להתייחס ולהיענות לאתגרי הדור היה כבד מנשוא. לאחר כינוסה פגשתי חברות שכל אחת מהן מתמודדת עם אתגרים דומים בדרכים שונות ומיוחדות. המפגשים התכופים הפכו לאירוע מרגש, והדיונים בקבוצה ארכו שעות ארוכות ותרמו המון גם לגיבוש שכבת ההנהגה של עולם התורה הנשי. לאחר זמן ממושך של דיונים בנושאים שונים הוחלט להעלות על השולחן את נושא הצניעות. התברר לי שנשים רבות מאוד "סוחבות" איתן טראומה מתקופת התיכון בשל היחס לנושא הצניעות, יחס שככל הנראה נחווה אצלן כהתנגשות בין הצרכים הרצונות שאפיינו את בנות גילן ובין הדרישות ההלכתיות, וגם בשל התכנים שנלוו לחינוך לצניעות. הדיונים בקבוצה בנושא הצניעות נמשכו שבועות וחודשים, ולמדנו את הנושא לעומק. כל הדיונים האלה תרמו לכתיבתו של פרק זה. בפרק עצמו לא ביקשתי לומר דבר מה חדש, ולא לקעקע את מה שנאמר לפניי. ביקשתי להביע את יחסי לנושא של צניעות מתוך עולם המושגים של חז"ל כפי שאני מבינה אותו.

פרק ח
צניעות כעקרון יסוד

מקורות לחובת הצניעות[1]

"הִגִּיד לְךָ אָדָם מַה טּוֹב וּמָה ה' דּוֹרֵשׁ מִמְּךָ כִּי אִם עֲשׂוֹת מִשְׁפָּט וְאַהֲבַת חֶסֶד וְהַצְנֵעַ לֶכֶת עִם אֱלֹהֶיךָ".[2] הבנת מושג הצניעות בהלכה מחייבת עיון במקורות המעצבים את ערך הצניעות. הפסוק הזה, שמובא ספר מיכה, מבטא בצורה הקולעת ביותר את העובדה שהצניעות, על מהותה וגדריה גם יחד, קשורה לנוכחות ה' בעולם ונובעת ממנה.[3] אולי משום

1. תודתי נתונה לחברותיי לקבוצת הדיון שהתכנסה פעמים מספר ודנה רבות בנושא הצניעות. אולם, יש להניח שהמאמר מושפע מהרבה שעות דיון ושיח ומשוקעים בו גם רעיונות של נשים אחרות שהיו שותפות לשיח: נעמי אדלר, תהילה אליצור, לאה ויזל, רחל וכטפוגל, מירב טובול כהנא, נעה לאו, פנינה נויבירט, אילת סגל, מלכה פיוטרקובסקי, חנה פרידמן, אושרה קורן, אסתי רוזנברג ורחלי שפרכר־פרנקל. עם זאת, הדברים שנכתבו כאן מתעדים את השקפת עולמי בלבד, והאחריות על הדברים היא שלי בלבד.
2. מיכה ו, ח.
3. בסוכה מט ע"ב אמרו: "והצנע לכת עם אלהיך – זו הוצאת המת והכנסת כלה לחופה. והלא דברים קל וחומר: ומה דדברים שדרכן לעשותן בפרהסיא

כך נמנית הצניעות כאחד משלושת עקרונות היסוד שהם, לפי הנביא, תמצית התורה.[4] קישור בין צניעות לנוכחות ה' מצוי כבר בתורה עצמה, בפרש העוסקת בשמירת הטהרה והנקיות במחנה הצבא: "כִּי ה' אֱלֹהֶיךָ מִתְהַלֵּךְ בְּקֶרֶב מַחֲנֶךָ לְהַצִּילְךָ וְלָתֵת אֹיְבֶיךָ לְפָנֶיךָ וְהָיָה מַחֲנֶיךָ קָדוֹשׁ וְלֹא יִרְאֶה בְךָ עֶרְוַת דָּבָר וְשָׁב מֵאַחֲרֶיךָ".[5] גם שם הביטוי של הקדושה הוא בחובת הנקיות ובהצנעת "ערוות דבר", ואלו נדרשים כיוון שה' אלוקיך מתהלך במחנך.[6] החיבור בין שני הפסוקים, בין הקריאה המוסרית של הנביא ובין ההוראה המעשית של התורה, מעצב את הצניעות כערך רחב היקף המתפרט גם לביטויים מעשיים בהקשרים קונקרטיים. כשם שחוויית נוכחותו של הקב"ה מלווה את האדם בכל דרכיו, כך גם עניין הצניעות מתרחב למגוון של תחומים ולרמות שונות של חיוב. לכן "הלכות צניעות" אינן מרוכזות תחת כותרת אחת, ואין למצוא אותן סדורות במסכת אחת או בפרק אחד בספרות ההלכה.

היישום המעשי הראשוני של הוראת ההצנעה הוא של כיסוי הערווה. מקור ראשוני לכך מצוי בפרשת נח, כאשר חם נענש על ראיית ערוותו של אביו ובכיסויה על ידי שם ויפת. המשנה במסכת

אמרה תורה הצנע לכת, דברים שדרכן לעשותן בצנעא על אחת כמה וכמה", וראו רש"י שם. הדרשה גוזרת מ"והצנע לכת" הוראה שלא לקיים שמחות ראוותניות ומורה, להבדיל, שגם את סדרי הלוויית המת יש לקיים בצניעות. הדרשה מפיקה בקל וחומר חובה לנהוג בצניעות גם בנושאים שמלכתחילה אינם נעשים בפרהסיה.

4. ראו מכות כד ע"א.
5. דברים כג, י–טו.
6. השימוש של התורה במילים "ה'... מתהלך" מחייב הצצה בסיפור גן עדן, בתובנה האנושית הראשונה שנוכחות ה' מחייבת את האדם להסתיר את ערוותו. ראו בראשית ג, ז–ח. ההקבלה המדויקת משליכה לא רק על הבנת הפסוקים מדברים אלא גם על הבנת הפסוקים מבראשית, על הזיקה ההדוקה בין נוכחות ה' והקדושה לבין תחושת העירום והצורך בלבוש. וראו גם יהודה ברנדס, 'טבילה לקריאת שמע וללימוד תורה', מדע תורתך ברכות ט, אתר בית מורשה (נדפס במדע תורתך, ברכות, אלון שבות תש"פ, שיעור ט, עמ' קנג–קסז).

ברכות אוסרת לקרוא את שמע[7] – ושאר דברים שבקדושה – בפני הערווה, ובגמרא מבואר שהאיסור לקרוא כנגד הערווה כולל גם ערוות גוי, ולדעות מסוימות גם ערוות קטן. העולה מן הסוגיה הוא שהגדרת האיברים האינטימיים כערווה אינה נתונה לשיקולים משתנים או להסברים על רקע תרבותי. מדובר בהגדרה יסודית שאי אפשר לערער עליה, וגם אם במקומות מסוימים ערכי הצניעות הבסיסיים אינם נשמרים, הם עדיין מחייבים. מעבר להגדרות הבסיסיות המוחלטות של ערווה, קיימים גם חלקים בגוף האדם שמידת החובה להצניעם תלויה בהקשר תרבותי ובמוסכמות חברתיות.[8]

הצניעות בלבוש, הטהרה והנקיות אינן עומדות בפני עצמן. הן משמשות ביטוי חיצוני להלך נפש פנימי שהתורה מבקשת לסגל לנו. לכן, מלבד השפעת מידה זו על צורת הלבוש, ישנם ביטויים נוספים של אותו ערך המצויים בתחומים הלכתיים אחרים. נדגים זאת ממקור שאין רגילים להביאו בדיונים המקובלים על צניעות במחוזותינו. המשנה הראשונה במסכת בבא בתרא עוסקת בחיוב שכנים לבנות מחיצה בין חצרות בתיהם. בעקבות המשנה הגמרא דנה במושג "היזק ראייה", מושג המבטא את הפגיעה בפרטיות של האדם כאשר את מה שנעשה בחצרו יכול לראות השכן.[9] מהסוגיה מתברר שקיים מגוון של

7. ברכות ג ע"ב.
8. ברכות כה ע"ב, וראו בהרחבה אצל יהודה ברנדס, 'ערווה במקום קדושה', מדע תורתך, ברכות, שיעור י, אתר בית מורשה [נדפס במדע תורתך ברכות, אלון שבות תש"פ, עמ' קסט-קעט]. וכדברי בעל התורה תמימה (בראשית ט, הע' כ): "ויתכן לומר דאיירי באלה האומות הפראים הדרים בין הרי אפריקא ועוד במקומות שאינן מיושבים כראוי שדרכם לילך ערומים, כמובא בספרי ידיעות העולם, והוה אמינא כיון שדרכם בכך הרי הם כבהמות וחיות אשר מכיון שרגילים לילך כמו שנבראו אין חשובין איסורי ערוה...". וראו יהודה ברנדס, יהדות וזכויות אדם: בין צלם אלוהים לגוי קדוש, ירושלים תשע"ג, עמ' 106–110.
9. בגמרא נחלקו אם קיימת חובה להקים מחיצה או שדי בחלוקה ללא מחיצה. וכנגזרת מתקיים דיון אם היזק ראייה שמיה היזק אם לאו. להלכה פוסקים שהיזק ראייה שמיה היזק, וכפירוש הפשוט במשנה, שמחיצה היא קיר ולא

מפגעים הנובעים מן ההבטה והראייה: החל בחשש לעין הרע וכלה בהגבלת אפשרויות השימוש בשטח כאשר הוא חשוף לעיני השכנים. הצנעת השימושים האישיים המתחייבת מן הדיון היא ביטוי לרצון להגן על ערכי האינטימיות והזכות לפרטיות.[10] הרצון למנוע את ההצצה אל נבכי ענייניו האישיים של האדם ומנהגים שונים הנוגעים לכך מקבלים גושפנקה הלכתית בדמות מחיצה בגובה ארבע אמות, מעל גובה עיני האדם, בחצר. בהמשך המסכת מוזכר האיסור לפתוח פתח כנגד פתח בחצר השותפים, כדי למנוע אפשרות הסתכלות ומשום צניעות. קל וחומר שמוטלות מגבלות על פתיחת חלונות מול החלונות של בית השכן, שכן אין לאפשר הצצה אל תוך הבית הפרטי.[11] המקור למגבלות על הראייה אל חצרו וביתו של השכן הוא בדרשת ר׳ יוחנן: ״אמר רבי יוחנן, דאמר קרא: ׳וישא בלעם את עיניו וירא את ישראל שוכן לשבטיו׳, מה ראה? ראה שאין פתחי אהליהם מכוונין זה לזה, אמר: ראוין הללו שתשרה עליהם שכינה״.[12] כמו במצוות מחנה, גם בבית וביישוב משמשת הצניעות, במובן של שמירה על הפרטיות והאינטימיות, תנאי להשראת השכינה.

המקורות כגורם מעצב

נמצאנו למדים שהיסודות להלכות צניעות אינם מצויים במתח בין

פעולת החצייה. על מידת ההכרח לגזור מן המשנה את המושג של היזק ראייה ראו בבא בתרא, ב-ג; עוזיאל פוקס, ׳עריכתה ומגמתה של סוגיית הפתיחה למסכת בבא בתרא׳, סידרא כג (תשס״ח), עמ׳ 82-105.

10. המחלוקת בקשר לחצר אינה קיימת בבית הפרטי, או בגינה ובשדות בשעה שהתבואה מבשילה, כיוון שברור שערך הפרטיות והצורך באינטימיות מוג־נים בהקשרים רבים ואינם שנויים במחלוקת. ראו רצף הראיות בסוגיה בבבא בתרא ב ע״ב; נחום רקובר, ההגנה על צנעת הפרט, ירושלים תשס״ו, https://www.daat.ac.il/daat/vl/tohen.asp?id=425.

11. ראו רש״י בבא בתרא ס ע״א, ד״ה לא יפתח.

12. בבא בתרא ס ע״א.

המינים ואינם נובעים מחשש לאיסורי עריות ומגרימת הרהורים.[13] אך אין להסיק מכך שאין להלכות צניעות מקור. המאמץ לליבון המקורות של גדרי הצניעות ושיעוריה אינו נובע מעקשנות פלפלנית. ישנה חשיבות רבה ללימוד הלכות צניעות ממקורן, שכן היישומים ההלכתיים חייבים לנבוע מן המגמות היסודיות של ערכי הצניעות ולשקפן נאמנה. כל ניסיון להיתלות במקור שגוי מעוות את התוצאה ההלכתית, בין שהלומד אותו מבקש להרבות צניעות ובין שהוא מבקש למעט בה.

המקורות ההלכתיים שהבאנו משתרעים מהמרחב הפרטי ועד לשטח הציבורי, מצניעות בלבוש והעמידה לפני ה׳ ועד להקפדה על מראה פניה של רשות הרבים. הדוגמאות הללו עוסקות במקרים ספציפיים, אך מהן יש לגזור הלכות שונות להקשרים חדשים ומתחדשים. על מנת לעשות כן, עלינו לשאול את עצמנו: מהם גבולות הפרטיות? מתי נחשב דבר כלשהו למיצצני ומתי השיתוף מבורך? מתי ניחשב חושפניים ומתי ניחשב כנים וישרים, פתוחים ולבביים?

כדי להגיע למתווה נכון, נעיין בסוגיות נוספות. מול התיאורים המעצימים את חובת הצניעות עומדות סוגיות אחרות המעמידות ערכים אחרים המצדיקים גילוי וחשיפה, ומייצבים את הצניעות הנדרשת בנקודת איזון שונה. יש במקורות חז״ל דגמים של התנהגות הנראית כבלתי צנועה בעליל. האמורא שמואל בדק את שפחתו כדי ללמוד סימנים אנטומיים בגוף האישה, ופיצה אותה על אי־הנעימות בפיצוי כספי מסוים.[14] מעמד השקאת הסוטה כולל פריעת ראשה וקריעת בגדיה.[15] ישנם תיאורים מוחשיים מאוד של בדיקת נגעי המצורעים בידי הכוהן, או אופני סקילת האישה.[16] הגמרא מורה שלא לעבור במקום שבו נשים עוסקות בכביסה, כיון שיש בכך חוסר

13. ודוק, סי׳ כא באבן העזר אינו מקור לחובת הצניעות אלא יש בו הוראות לגבר להימנע משקיעה בענייני עריות. וכך גם כל סוגיות ״ערווה״ – קול באישה וכדומה. אלו לא באו להגביל את הנשים אלא את הגברים.

14. נידה מז ע״א.

15. סוטה א, ה; סוטה ז ע״א.

16. סנהדרין מה ע״א.

צניעות, אף שאין הן עוברות בכך על איסור.[17] כל הסוגיות הללו מלמדות שחובת הצניעות אינה יכולה להיות אחידה. היא חייבת להיות מותאמת למצבים המשתנים שבהם נמצא האדם. לסוגיות הללו יש הקשר נכון כשמבינים את חובת הצניעות לאשורה. עיון במערכת המקורות השלמה מאפשר ליצור מתווה ברור של מהות הצניעות ודרכי יישומה.

מהעיון בסוגיות עולה שיש להבחין בין השימושים הראויים בבית ובין השימושים הראויים בחצר. לפיכך יש להבחין בין מידת הצניעות המתחייבת בין השכנים באזורים שונים של המרחב שבין הפרטי לציבורי, על פי טיב השימושים המקובל בהם. אין לכך אמות מידה אחידות ומדויקות. ברור שאין להציץ לבית השכן, כי ללא ספק יש בכך פגיעה בצניעותו ופרטיותו, אך לא ברור מה הדין לגבי שימושים שאדם עושה בחצרו. ודאי שגדרות יועילו להגן גם שם על הפרטיות, אך בידול חמור וקיצוני מדי עשוי גם לפגום בצורך בשיתוף וביחסי שכנים. מבטי העוברים והשבים בשדה העומדת בקמותיה נחשבים למזיקים ופולשניים, אך סתם שדה מעובדת אינה מעוררת קנאה ואינה פוגעת בפרטיות בעל השדה.[18] בכל אלו ובעוד עניינים דומים יש גם חשיבות לשאלה מה מקובל ואיך אנשים רואים את החשיפה, אם כמציצנות והיזק או כעניין שגרתי חסר משמעות. הצצה לתלוש משכורת של חבר תיחשב לעזות פנים, וחשיפתו על ידי העובד תיחשב לרוב כבוטות או התרברבות. עם זאת, לעיתים נובעת פעולה כזו מצורך בביקורת או בשקיפות. דבר זה עשוי להיעשות גם לצורכי בדיקת גובה המיסים ששולם והתאמתו לחוק. אפשר לבחון דפוסי התנהגות שונים ברשתות החברתיות, או באופן ניהול שיחות אישיות בטלפון הנייד במקומות ציבוריים. יש הנוטים לדווח לכל העולם על כל פרט אישי שחוו בבית או בחיים, ואחרים מצניעים גם מידע שגרתי וגלוי על חייהם. יש המתנסחים

17. בבא בתרא נט ע"ב.

18. בבא בתרא ב ע"ב; בבא מציעא קז ע"א.

בעדינות ויש בבוטות. אחדים מנהלים שיחות שקטות וממעטים בהן בפומבי ואחרים מנהלים שיחות קולניות. פערי האישיות הנחשפים בהתנהגויות אלה מופיעים גם בהבדלים בין הלומד השקט למי שלומד בצעקות וממלא את כל בית המדרש בלימודו, בין המתפלל בלחש למתפלל באופן שמושך אליו תשומת לב בתנועותיו ובקולו. גם בחירה לתאר בלשון מדויקת חוויות רוחניות, כגון הדגשת הקרבה לה', עשויה להיות נגועה בחוסר צניעות. צניעות בלבוש אף היא נמדדת על פי הנסיבות ובהתאם להקשר. אינו דומה מקום עבודה לשפת הים, ואינו דומה בית הכנסת לרשות הרבים, או שבת ליום חול.

כריכת מושגי הצניעות הפנימיים – הצורך בהסתרה ובשמירה על האינטימיות בשלל נושאים – עם הצניעות בלבוש מבארת עניין נוסף. כעת מתברר מדוע יש המתלבשים בצניעות על פי כל הגדרים המחמירים אך אינם נראים צנועים. ולהפך, איך גם מי שאינו גדור בהתאם למפרט משמרת הצניעות אינו בהכרח לא צנוע. מתברר כי הגדרים אינם מועילים למי שלא הפנים את הערך עצמו. מעמדו הרוחני של כל אדם אינו נאמד על פי מראהו החיצוני, ותחפושת בלבוש אינה מצליחה להוליך שולל את מי שעיניו רואות. למעשה, מי שמסגל לעצמו את תכונת הצניעות ואת המידה שביסודה, של ה' המתהלך במחנה, של הצורך בכבוד, אינו זקוק להדרכה מדוקדקת בדבר פרטי הלבוש. מי שצריך הדרכה, זו ככל הנראה גם לא תועיל לו.

יש להדגיש שללא ספק בכל אדם מצויה השניות. כל אדם נע בין הצורך להבליט ולחשוף, הרצון להישמע, לקבל תגובה וללמוד את עצמו באמצעות העולם, ובין הצורך והרצון לשמור על מרחב אישי, לטפח את הסוד ולגדור את עצמו ואת תוכיותו בפני העולם. מי שיש לו באופן בסיסי צורך גם להסתיר ולא רק צורך לגלות – לא רק שאינו זקוק להדרכה, אלא גם אין בנמצא הדרכה קולעת כזו. נקודת האיזון נגזרת בקווים עדינים ומדויקים מאישיותו, והיא נכונה ומתאימה רק לו. אין נקודת איזון "נכונה" אחת.

ערך א־מגדרי

המסקנה מהדברים ברורה, ובכל זאת אציין את הדברים במפורש. כיוון שמדובר במידה ממידות הנפש ובתכונת אישיות, גם עניין צניעות הלבוש שייך לשני המגדרים. וכך כתב הרב עובדיה יוסף בתשובה על לבושו של המתפלל ושליח הציבור:

> הלובש חולצה בשרוולים קצרים, המכסים את הזרוע עד המרפק, מותר לו להיות שליח צבור להוציא את הצבור ידי חובתם, אבל אם השרוולים קצרים ביותר, עד שחלק מהזרוע העליון, שבין המרפק לכתף, מגולה, אינו רשאי לשמש שליח צבור, שאין זה כבוד הצבור, אבל יחיד המתפלל לעצמו, מותר לו מן הדין להתפלל בשרוולים קצרים.[19]

אפשר להתרשם בדבריו של הרב עובדיה יוסף מהדמיון בין גדרי הלבוש המקובלים כהולמים נשים לאלו הנדרשים מן הגברים, כמעט ללא הבחנה. עוד ראויה לציון בדבריו ההבחנה בין שליח ציבור ליחיד המתפלל, והעובדה שבקביעת הלבוש הנכון והמתאים יש משמעות להקשר ולמקום. חיבור נושא הלבוש עם נושא כבוד האדם והציבור אינו גורע מערכה של הצניעות או מהאפשרות לקבוע לה גדרים ואמות מידה. הוראות נוספות חוצות מגדרים שעניינן בצניעות מצויות בשולחן ערוך בהדרכה הנוגעת להשכמת הבוקר:

> לא ילבש חלוקו מיושב אלא יקח חלוקו ויכניס בו ראשו וזרועותיו בעודנו שוכב...
> אל יאמר: הנני בחדרי חדרים מי רואני, כי הקדוש ברוך הוא מלא כל הארץ כבודו.[20]

19. שו״ת יחווה דעת, חלק ד, סי׳ ח.
20. שולחן ערוך אורח חיים ב, א–ב.

וכן מצוין בהוראות לסיום היום, לקראת שינה:

> כשיפשוט חלוקו לא יהפכנו ממטה למעלה, שא״כ נמצא גופו ערום,
> אלא יפשטנו דרך ראשו ויכסה עצמו בסדינו מתחת, ויכנס במטתו.[21]

ההנחיה ללבוש את הבגד ולפושטו בצניעות, גם כשאין איש בחדר, נובעת מהצורך של האדם בצניעות גם אל מול עצמו ומול קונו. כידוע, קיימות הנחיות מפורטות באשר לסדרי הצניעות בכל התחומים האינטימיים של החיים: במרחץ ובמקווה, בשירותים ובחדר השינה. הן נוגעות לגברים ולנשים כאחד – בהבדלים המתבקשים מן האפיונים של כל מגדר ושל כל תחום. כולן נובעות מהתודעה הבלתי־פוסקת של ״שיוויתי ה׳ לנגדי תמיד״.[22] כמובן, מי שיגזור מכל אלה כי יש להתקלח בלבוש מלא, נכשל בהפנמת מושג הצניעות וערכו...

המגמה לצמצם את העיסוק בהלכות צניעות עם דיני ערווה ועריות בטעות יסודה. הסוגיות שדנות בדיני ערווה באישה אינן עוסקות בלבושה של האישה. הן מדברות על ״שמירת העיניים״ של האיש ועל המגבלות הנובעות מהמתח המיני הטבעי, מתח שלא ייפתר גם אם נשים יכסו את כל גופן. מתח זה חיוני לקיומו של עולם, ויש להתמודד עימו.[23]

המסקנות העולות מגדרי ערווה השונים מובאות בשולחן ערוך חלק אבן העזר סי׳ כא, ולמרות קוצר היריעה, אביא את הסימן במלואו למען יתרשם הקורא:

21. שולחן ערוך אורח חיים רלט, ב.
22. ראו רמ״א אורח חיים א, א. חיוב הקדושה מתפרט להוראות נוספות, כגון הליכה שלא בקומה זקופה, כיסוי ראש (לגברים), הליכה בלבוש נקי וכל ההוראות המופיעות בסימנים הראשונים בשולחן ערוך בחלק אורח חיים. לכך אפשר להוסיף את החובה לשמור על לשון נקייה ועוד.
23. יומא סט ע״ב.

> צריך אדם להתרחק מהנשים מאד מאד. ואסור לקרוץ בידיו או ברגליו ולרמוז בעיניו לאחד מהעריות. ואסור לשחוק עמה, להקל ראשו כנגדה או להביט ביופיה. ואפילו להריח בבשמים שעליה אסור. ואסור להסתכל בנשים שעומדות על הכביסה. ואסור להסתכל בבגדי צבעונים של אשה שהוא מכירה, אפי' אינם עליה, שמא יבא להרהר בה. פגע אשה בשוק, אסור להלך אחריה, אלא רץ ומסלקה לצדדין או לאחריו. ולא יעבור בפתח אשה זונה, אפילו ברחוק ארבע אמות. והמסתכל אפילו באצבע קטנה של אשה ונתכוין ליהנות ממנה, כאלו נסתכל בבית התורף (פי' ערוה) שלה. ואסור לשמוע קול ערוה או לראות שערה. והמתכוין לאחד מאלו הדברים, מכין אותו מכת מרדות. ואלו הדברים אסורים גם בחייבי לאוין.

אין בדברים האלה רמז קל שבקלים למגבלות המוטלות על לבושה של האישה או איסור על פעילויות מסוימות של נשים. הן יכולות להתבשם, ללבוש צבעונים, לכבס את הכביסה על הנהר, ללכת בשוק ועוד ועוד. לאיש אסור להסתכל בכל אלו אם הוא מתכוון ליהנות מהם.[24] מי שמנסה להוכיח מהסוגיות הללו ולגזור מהן את הלכות הצניעות הרי הוא שוגה. בהתאמה, גם החינוך לצניעות על בסיס זה הוא שגוי. הסחת הדעת שתיגרם למורה ממין זכר שילמד בכיתה אינה נימוק לחיוב בלבוש צנוע. שהרי אין שום הבטחה שמורה המלמד בכיתה של בנות הצנועות בלבושן יישמר מהרהורים אסורים ומהסתכלות "באצבע קטנה". העברת מוקד הבעיה מהעיניים של המורה אל הלבוש של הבנות אינה פותרת את הבעיה אלא מעבירה את האחריות בטעות למקום הלא־נכון. בניית ערכי הקדושה והכבוד העצמי שמעניקה הצניעות לאדם היא המייצרת את המרווח הנכון עבור שני המינים

24. כזה הוא גם האיסור ללכת אחרי אישה, הנגזר מהסוגיה בברכות סא ע"א. המעיין שם יראה שאין מדובר באיסור מוחלט אלא באיסור בהקשר בעייתי, כשאדם צועד בעקביות אחרי אישה, ומובן שהדבר אינו ראוי.

לתקשורת בריאה ונקייה. היכולת להבחין בין מפגש ענייני בין המינים לגלישה למישורים אינטימיים או קלי ראש לא תושג על ידי הקפדה על הסממנים החיצוניים, כי אם על ידי חינוך ליצירת אקלים ראוי ביחסים בין המינים, והאחריות לה מוטלת על שני הצדדים.

ההנחה של כללי הלבוש של האישה בהקשר של יחסים בין המינים היא עצמה בבחינת פריצות והפך הצניעות. את הדברים כתב בצורה הנוקבת ביותר הרב יהודה ברנדס בפירושו לדברי אברהם אבינו היורד למצרים: "הנה נא ידעתי כי אשה יפת מראה את":

> משהגיעו למצרים, נחשף אברהם לראשונה בחייו, אחרי שנות נישואין רבות, לאפשרות להסתכל על נשים כעל "אובייקט מיני", ולא כעל בני אדם. לפיכך נתיירא שהמצרים יחמדו אותה, יהרגו אותו ויקחו אותה, כפי שאכן קרה בהמשך. הזיהוי המיידי של אשה עם מיניות, ושל כל מפגש בין גברים לנשים כרקע לפריצות, הוא נחלתה של חברת שוחרת זימה.[25]

לדבריו, ההפרדות ובניית החומות והגדרות סביב הנשים נובעות מתודעה "מצרית", ולפיה האישה היא אובייקט מיני. וכל אלו נובעים מההשפעות של התפיסה המתירנית – הפרוצה, ולא מצניעות יתר או מהפנמה של ערך הצניעות.

> מה מפנימים בני הנוער מתוך הדיבור האינסופי על חובת ההפרדה בין בנים לבנות? מההטפות בדבר האיום הנורא של הטלויזיה והאינטרנט? מההנחה של המבוגרים שאין כביכול לנער ולנערה שום כלים להתמודד ולכן הפתרון היחיד העולה על הדעת הוא להשליך את הטלויזיה והאינטרנט מן הבית, או לכל הפחות להתקין מערכות הגנה ובקרה כאלה שימנעו מן הילדים התמימים לגלוש לכל אותם מחוזות של זימה? הנוער קולט את

25. יהודה ברנדס, דרשה לפרשת לך לך, תש"ע, אתר בית מורשה.

המסר בשלמותו. הבנות לומדות שיש להתייחס אל כל הגברים כאל מצריים, הבנים לומדים שמצופה מהם באופן טבעי להסתכל על נשים כמו המצריים על שרה אמנו.[26]

גדרי הלבוש

האתגר של הצניעות אינו נובע כאמור מהיחס בין המינים, ולכן החינוך לצניעות אינו אמור לסגור את הנשים מאחורי סורג ובריח. גדרי הצניעות אינם נובעים מהיבט זה. כמסקנה ראשונה אציע לומר שריבוי כיסויים, למשל, הוא פסול. התהליך המחלחל בחברות מסוימות של כיסוי יתר של הנשים ברעלות ובשכמיות מונע מפריצות יתר, ויש לשלול אותו מכול וכול. כך גם יש להתנגד לכל ניסיון להלביש את האישה באופן שהוא נוח יותר לאיש העומד מולה. אך מהו הכלי המאפשר לגזור גדרים הלכתיים מערך הקדושה?

המעבר מערך לגדרים ברורים הוא מעבר מוכר מכל תחומי ההלכה. בהרבה תחומים בהלכה אי אפשר לנתק את הזיקה ההדוקה בין תחום ההלכה הצרופה לתחום המוסר. בתורה עצמה בדרך כלל אין מרחק בין שני ההיבטים הללו, ומצוות רבות נתמכות בטעם רעיוני ובעיקרון מוסרי. למרות הצמידות של האגדה להלכה, אפשר לייצר גדרים. ההלכה אינה חומקת מלתאר לאדם כיצד לירא את אביו ולכבדו: יקום מפניו, לא יסתור את דבריו או יאכילו וישקהו. אך אוי לו לאדם שאינו מבין כיבוד הורים כפשוטו מהו, וכדי לקיים מצוות כיבוד הורים בשלמותה או כדי לצאת ידי חובתה ישקיע עצמו בדקדוק בהלכות המובאות בשולחן ערוך, מבלי להתחשב בכלל הבסיסי שקבעו חז״ל קודם לכל פרטי המצוה: ״רצונם הוא כבודם״.

26. שם. דוגמה נאה לעיסוק חסר צניעות בענייני צניעות יכול לשמש הקליפ (הלא־יהודי) בנושא הצניעות שמופץ לאחרונה באינטרנט. הקליפ מוכיח היטב עד כמה החינוך לצניעות עשוי להטיף לחוסר צניעות ולחזק את התודעה שהג־ברים הם ״מצרים״ שמזילים ריר לנוכח דמותה של אישה.

יש תחומים שלמים בתורה, שבהם התנהגות "לפי הספר" אינה יוצרת צדיקים אלא דווקא "נבלים שלא ברשות התורה".

בנושאי צניעות המצב מורכב עוד יותר מאשר בכיבוד הורים. שכן חובת הצניעות פזורה לרסיסים על פני חלקי השולחן ערוך בחלקים אורח חיים, חושן משפט ואבן העזר, והיא ניבטת מעיצוב אורחותיו של האדם המאמין, מהשכמת הבוקר ועד בוא הערב – אל מול עצמו, אל מול אשתו וילדיו ואל מול החברה שבה הוא חי. היא ניבטת עוד מהצורך להתגבר כארי בבוקר לעבודת הבורא. היא באה לידי ביטוי גם בלבוש השונה בתפילה ובציבוריות, בגדרי שכנים ובגדרי "ואהבת לרעך כמוך". איסוף ההוראות השונות לסל אחד שייקרא "צניעות" טרם נעשה, ועד היום עניין הצניעות נגזר מהסוגיות הלא נכונות.

אם כן, גדרים ישנם, אך אין מדדים קבועים וברורים לכל סיטואציה והקשר, ממש כבכל חובה מוסרית אחרת. אמות המידה של אורך השרוולים ועובי הגרביים אין להן מקור. ההיתפסות לסנטימטרים משפילה ומביכה מכל צד שממנו מסתכלים עליה, אף על פי שלעיתים הם אינם רחוקים מלשקף מהימנה את תפיסת הצניעות המקובלת והמתבקשת.

ישנם יסודות. ישנה הגדרה לדברים שהם ערווה ללא הבחנה מבחינת הזמן, המקום והתרבות. ישנה חובה לקדושה, וכן ישנן חובת ההצנעה וחובת ההגנה על הפרטיות. הניסיון לתאר באופן מדוקדק, בצבעים עזים, במידות, באורך וברוחב, בציורים ובתרשימים את הלבוש, מתוך התמקדות באישה דווקא, הוא חלק מניסיון רחב יותר לקרוא את ההלכה קריאה שטחית ומנטייה לרדד את הגוונים המרובים שלה ואת המורכבות של הדברים. הלבוש צריך להיות מכובד והוא צריך לכבד את לובשיו.[27] כדי לבאר מהו לבוש מכובד צריך ללמד אדם לכבד את עצמו. כשם שאדם לא ימכור את עצמו ואת הצלחותיו

27. שבת קיג ע"ב.

בשוק, כך לא יחשוף את בשרו לעין כול. רק הכסיל חפץ בהתגלות לבו[28] – תרתי משמע.

הגמרא במסכת עירובין מבטאת היטב את הטבעיות והאינטואיטיביות של ערך הצניעות:

> אמר רבי יוחנן: אילמלא לא ניתנה תורה היינו למידין צניעות מחתול, וגזל מנמלה, ועריות מיונה. דרך ארץ מתרנגול...[29]

התהליך המבוקש הוא פנימי ומשמעותי. הוא מחייב שימת לב לא רק לאיסור ולהסתרה, אלא גם לצורך של כל אחד ואחת בביטוי אישי; ביכולת לנצל את ההזדמנות החד־פעמית שניתנה לו לחיות בעולם על מנת לממש את עצמו ואת צלם אלוקים שבו.

28. על פי משלי יח, ב.
29. עירובין ק ע"ב.

כל עוד הדיון מתנהל

כיוון שהליך הגיור אינו חלק מחייו השוטפים של מי שנולד יהודי, נושא טבילת נשים לגיור בפני בית דין אינו נושא מוכר. על ההליכים והנוהל הללו שמעתי לראשונה רק כשהייתי כמעט בת 30 ובתחילת דרכי בלימוד גמרא. חברה סיפרה לי על כך אגב אורחא, וכך שמעתי לראשונה שכחלק מהליך הגיור, אישה המתגיירת טובלת במעמד בית הדין. כמובן, שתיקנו בארץ נוהל של טבילה בחלוק, אולם ידיעה זו לא הניחה את דעתי ונותרתי בתחושה כבדה וקשה שהדבר אינו נכון ושהמעמד אינו צנוע.

באותם ימים לא היו לי הכלים לבחון את הסוגייה לעומקה וקיבלתי את הדברים כהלכה פסוקה. אולם לימים, כשהתעורר פולמוס סביב נושא הגיור, ובעיקר סביב רכיב קבלת המצוות בגיור, צף הנושא מחדש. השאלות שהתעוררו הן אילו מצוות יש להציב בחזית קבלת המצוות, האם גמילות חסד ומצוות שבין אדם לחברו או דווקא שבת ומצוות שבין אדם למקום? עד כמה יש להכביד על המתגיירים את התהליך? או אז, החלטתי להציף גם את הנושא הזה, שהציק לי שנים רבות.

העיון המקיף במקורות חידד לי שהנוהג הזה אין יסודו בהלכה חד־משמעית, וכי ניתן לסמן נתיב פסיקה שיוביל להכרעה שונה שלפיה אין הכרח בנוכחות בית הדין בטבילה וניתן לסמוך על נשים שתנכחנה באותו מעמד. ידיי רעדו. חששתי מאוד מהתגובות, אבל האמונה

בתורת אמת נסכה בי כוחות. חשתי שיש לעשות תיקון חשוב להעמיד תורה על מכונה.

אחרי שהמאמר התפרסם, התגובות הבולטות היו של המתנגדים לתוכנו. אם משום שלדעתם האפשרות שאני מציעה היא רק בדיעבד, ואם משום שטענו שאיני מבינה צניעות מהי, וכי ההלכה היא שתקבע מה ייחשב ל"צנוע". לדבריהם, הגדרות הלכתיות הן מנותקות מן המציאות ומן החוויה האנושית, והקריטריון הוא אך ורק מה שקובעת ההלכה.[1]

היו גם שטענו כי אם ילכו על פי הצעתי, יוטל ספק בתוקפו של הגיור, וכך נפסיד משינוי זה יותר מהרווח הצפוי ממנו. אך כבר אז, מתחת לפני השטח נשמעו קולות של דיינים לא מועטים שהודו לי על המאמר וצירפו את תקוותם להצלחתו. הם תיארו את המעמד של הטבילה של נשים בשעה הגיור כמביך. מישהו אף סיפר לי שמילא תפקיד של אחד מהדיינים כשהיה נער בישיבה. ומעשה שהיה כך היה: באו וביקשו מתנדבים לשמש בית דין בזמן טבילה עבור מתגיירת שחתונתה חלה למחרת. והוא, מבלי להבין להיכן הוא נקלע, הצטרף למתנדבים, מאז, כך הוא מתאר, "יש לו שריטה".

בעקבות שיעורים שנתתי בנושא עם השנים, שמעתי סיפורים מכלי ראשון של מתגיירות שחוו ניצול והשפלה. חלק מהסיפורים היו מפורסמים והגיעו לתקשורת וחלקם כמוסים עימי ואני מתקשה לספר עליהם. הם הותירו עלי רושם כה עז, עד שאני חווה אותם בגוף ראשון וכאילו נעשו על בשרי ממש. אומנם, כבר כשכתבתי את המאמר ידעתי ושמעתי על מקרים בעייתיים אבל העדפתי שלא לחשוף אותם ושלא להפוך את המאמר ל"צהוב". היה חשוב לי לעורר דיון על עצם הנוהל גם לגבי מקרים שבהם הוא נשמר כפי שהוא (ואני

1. ובניגוד לדברי הגמרא (עירובין ק ע"ב) שלולא שניתנה תורה היינו לומדים צניעות מחתול. היינו שתפיסת הצניעות היא אינטואיטיבית וטבעית.

מניחה ומאמינה שכך נוהגים ברוב המכריע של המקרים). סברתי שהדבר הנכון והמדויק ביותר עבורי יהיה לפעול דווקא מבפנים. ביקשתי לעורר דיון פנים רבני ורציתי שהוא יתקיים בענייניות. מובן שהמושכות לא היו בידי ולא יכולתי לשלוט בדרכים שבהן הדיון יתנהל. בפועל, הדיון הציבורי אכן התעורר והוא נוכח עד היום, לעיתים מתחת לפני השטח ולעיתים בסערה גדולה. בעקבות הצעתי ממשיך להתנהל דיון פנימי, במאמרים ובתגובות. בפועל, הנושא הפך לשאלה, וסימן הקריאה ניטל ממנו. האם בבוא היום יחול שינוי בנוהל? ימים יגידו. בינתיים אני מקדמת בשמחה את עצם קיומו של הדיון ורואה בכך התקדמות מבורכת.

פרק ט

"והאשה מַטבֶּלת את האשה" – טבילת אישה לגֵרות בפני בית דין

הקדמה

הבלנים/יות יזמינו אתכם לרדת במדרגות אל תוך המקווה כשאתם ללא בגדים, לאחר שסייעו לכם לוודא כי אין על גופכם דבר שיפריע לטבילה. כשתיכנסו אל המקווה, תיעמדו במרכז הבריכה ותטבלו את כל גופכם (כולל הראש) במים לטבילה ראשונה. **לאחר הטבילה הראשונה יצאו הנשים מן המים על מנת להתלבש, וייכנסו בחזרה אל המים כשהן לבושות בחלוק או מכוסות במגבת. המדובר בחלוק ארוך, רחב וכהה, כך שיאפשר כניסת מים מחה, אך ישמור על צניעות מאידך.**[1] הגברים יישארו במים ללא בגדים למשך כל הטבילות.

אל אזור המקווה ייכנסו שלושה גברים חברי בית הדין. בדרך

1. כל ההדגשות הן שלי, אלא אם צוין אחרת.

כלל אין מדובר באותם דיינים אשר פגשתם בדיון בבית הדין, אלא ברבנים אחרים, המשמשים בית דין לצורך הטבילה. כעת אתם מוכנים להשלמתו של הגיור בקבלת מצוות. הדיינים ישוחחו עמכם מעט, בעודכם במים, וישאלו אתכם מספר שאלות בנושאי יהדות, הלכה ואמונה, בדומה לשאלות שנשאלתם בדיון בבית הדין. **רגעים אלו עשויים להיות מביכים ומרגשים כאחד.** אם אינכם רואים היטב ללא משקפיים או עדשות מגע, הדבר עלול לבלבל אתכם ולהפריע לכם לענות על שאלות הדיינים. מומלץ להניח זוג משקפיים (ולא עדשות) לצד המקווה ולהרכיבן לזמן השאלות ולשוב ולהסירן לפני הטבילה הבאה. **מטרת השאלות אינה לבדוק מחדש את התאמתכם, אלא לגשר על הפער בזמן בין ההחלטה הסופית של בית הדין לבין קבלת המצוות והשלמת הגיור. לאחר שתענו לשאלות, יברכו אתכם חברי בית הדין על השלמת גיורכם ויבקשו מכם לחזור אחריהם על הצהרת קבלת המצוות ועל אמירת "שמע ישראל" בנוסח שאותו אמרתם בדרך כלל גם בבית הדין.**

לאחר קבלת המצוות תברכו את ברכת הטבילה:

הטובל/ת: אֲשֶׁר קִדְּשָׁנוּ בְּמִצְוֹתָיו וְצִוָּנוּ עַל הַטְּבִילָה.

הדיינים והבלנים יענו: **אָמֵן.**[2]

מיד לאחר הברכה תכניסו את ראשכם למים ותטבלו בפני בית הדין. בית הדין יברך אתכם ויכריז על שמכם העברי:

"וְיִקָּרֵא שְׁמוֹ / שְׁמָהּ בְּיִשְׂרָאֵל פלוני/ת [כאן נאמר השם העברי] בֶּן/בַּת אַבְרָהָם".

בשורות אלו מתואר השלב האחרון בתהליך הגיור, הלוא הוא טבילה

2. נראה שנפלה טעות בתיאור המובא כאן מהאתר של מכון עתים, שכן ברכת הגר היא רק לאחר הטבילה ולא לפניה, "דאכתי גברא לא חזי", ראו פסחים ז ע"ב.

לשם גירות. התיאור לקוח מאתר מכון עתים, המספק ייעוץ ומידע על מעגל החיים היהודי.[3]

תיאור זה משקף את המצב כיום: כשם שגברים הבאים להיכנס תחת כנפי השכינה טובלים לגירות בפני בית הדין, אף נשים טובלות לגירות בפני בית דין. תוך כדי הטבילה, הגיורת מקבלת עליה עול מצוות באמצעות שיחה בינה ובין הדיינים. כדי שהמעמד יהיה צנוע ככל האפשר, האישה טובלת בחלוק. הדיינים נכנסים למקווה רק כשהאישה כבר נמצאת בתוך המים.

ביצוע ההליך מכאן ואילך תלוי במידת הרגישות של הדיינים. שמעתי מאחד הדיינים שהוא נוהג לעמוד עם בית דינו רק בפתח המקווה, והנשים המלוות חוצצות בינו ובין האישה הטובלת. השיחה מתנהלת בקצרה, היא טובלת והם יוצאים מיד. לעומת זאת, שמעתי תיאור שונה וקשה ממנהלת של אולפן גיור גדול. לדבריה, רבות מהמתגיירות חוות את המעמד כטראומה. בשיחות המתקיימות בתיווכה בין מתגיירות ותיקות לחדשות הן מתארות מציאות של מבוכה ואי־נעימות, הנובעת מכך שהרבנים עומדים מעל הטובלות ממש, על שפת המקווה, כשהחלוק הנצמד בעת הטבילה מבליט את קווי הגוף, ובמצב זה הן נאלצות לענות לשאלותיהם. לעיתים יש בין המתגיירות נשים נשואות שחיו כיהודיות לכל דבר בלי לדעת שהן חייבות בגיור. לנשים כאלה מתווספת מבוכת הצורך לגלות את שיער ראשן בפני גברים.[4] הללו מציינות בכאב כי כל התופעות

3. .http://www.itim.org.il

4. אחד מדייני בית הדין לגיור סיפר לי על מקרה שבו הגיעה אליהם אישה חרדית, חב"דניקית החיה בכפר חב"ד, שהוטל ספק ביהדותה. אותה אישה עלתה לארץ בילדותה כעשרים שנה קודם לכן, עם אימה. אך משרד הפנים קבע שמסמכי היהדות שהציגה אימה – שמכוחם ניתנה לה זכות השבות – היו מזויפים. הידיעה הזאת נפלה על אותה אישה כרעם ביום בהיר. היא מיהרה לבית הדין במבוכה גדולה להתגייר ולהסיר ספק זה. היא התקבלה לגיור, בית הדין שמע ממנה קבלת מצוות ושלח אותה לטבול. כששמעה שבמקווה יהיו

האלה עומדות בסתירה למעמד כולו, לקדושה ולטהרה האמורות לאפיין אותו.[5]

בפרק זה איני באה להטיל דופי בדיינים העושים מלאכתם נאמנה. אולם נדמה כי כל בר דעת מזדעזע לשמע הרעיון והאפשרות שאישה תטבול בפני גברים, הגם שהיא מכוסה מכף רגל ועד ראש. מעמד שבו נכנסים גברים למרחץ של נשים ומעידים על טבילתה של אישה הוא מעמד שבהגדרה אינו צנוע. הרעיון שאישה צריכה לעבור את הטקס הלא־צנוע הזה כדי שתוכל לחיות אחר כך כיהודייה כשרה וצנועה הוא פרדוקסלי ומוזר פי כמה. ברצוני לבחון את הכרחיותו של המעמד ולשקול את החלופות האפשריות על פי ההלכה.

הרקע ההלכתי

הליך הגיור הוא אולי הדרמטי מבין ההליכים ההלכתיים השונים. בעקבות הגיור, האדם משנה את מהותו באופן בלתי הפיך, ומגוי הוא הופך ליהודי לכל דבר ועניין. להליך הזה תוצאה בשני מישורים. ראשית, הגר מתחייב במצוות במובן האישי, ושנית, הוא מצטרף לכלל ישראל והופך להיות חלק מן הציבור היהודי.

הלכות גרים קובעות כי מעשה הגיור מורכב מנוהל מעשי

גברים, ההלם שלה גבר. היא נבוכה מאוד: ומה תעשה עם הפאה? אולם לאחר מחשבה קצרה הורה לה בית הדין שתסיר את הפאה מראשה.

5. עוד עלה מעדויותיהן של המתגיירות כי מעמד הטבילה נעשה פעמים רבות בשיטת הסרט הנע, בלי שמישהו יחשוב להעניק לו מקום של כבוד בסופו של התהליך. לעיתים, מרוב לחץ ומהירות, לובשת הטובלת את החלוק הרטוב של חברתה. ניכר שלא ניתנה תשומת לב מספקת לבחינת הנושא. מנהלת האולפן שעימה שוחחתי טוענת שגם בלי שינויים קיצוניים היה אפשר לשנות את המעמד ולעשותו נעים הרבה יותר ואפילו משמעותי. במקרים אחדים שמעתי שהצליחו להפוך את המעמד למאורע רב רושם ומרגש בעבור המתגיירים.

של טבילה ומילה,[6] ומתוכן נפשי־רוחני של קבלת מצוות.[7] כל אלו אינם מקנים מעמד של גר ללא הכרתו של בית הדין במעשה הגיור ונתינת התוקף לו. המקור לצורך במתן תוקף לגיור בידי בית דין מצוי בברייתא המובאת בסוגיית הבבלי:

> תנו רבנן: "ושפטתם צדק בין איש ובין אחיו ובין גרו". מכאן אמר רבי יהודה: גר שנתגייר בבית דין – הרי זה גר, בינו לבין עצמו – אינו גר.[8]

לפי דרשה זו, יש להשוות בין גיור ובין הליכים שיפוטיים אחרים של דיני הממונות החמורים של גזלות וחבלות[9] המצריכים בית דין סמוכים של שלושה. במקום אחר מובאת מימרה אמוראית הדורשת מקור אחר לאותו עניין:

> אמר רבי חייא בר אבא אמר רבי יוחנן: גר צריך ג', "משפט" כתיב ביה.[10]

פרשנות מצומצמת של המקורות הללו מורה על הצורך בהכרתו של בית הדין בגיור. אולם המקורות הללו אינם מצביעים על תפקידו המדויק של בית הדין או על אופן השתלבותו בהליך הגיור. מסוגיה

6. נשים נדרשות לאותו הליך ממש, למעט מילה.
7. ראו לעניין זה רמב"ם, משנה תורה, הלכות איסורי ביאה, יג, א-ה, המפרט גם את אופן השתלשלות פרטי הדינים של הגיור.
8. יבמות מז ע"א.
9. כך מפרשים התוספות ביבמות מו ע"ב, ד"ה משפט. אולם לכאורה אם נאמר ש"משפט" רומז לדיני הממונות הרגילים, אפשר להסתפק בדיין אחד בלבד (אומנם מדובר ביחיד מומחה). ובמרדכי, יבמות מב ע"א (רמז לו), כתב בשם הרב ר' יהודה בר' יו"ט שכיוון שמהתורה אחד כשר לדיני ממונות לכן גם בגיור, שמדאורייתא אין צורך בבית דין של שלושה, גם אחד הוא בית דין.
10. יבמות מו ע"ב.

אחרת אפשר להסיק שמשמעות ההלכה המצריכה בית דין מגייר אינה מחייבת שבית הדין יהיה נוכח בטבילה עצמה, אלא שעליו להגיע לוודאות באשר לקיומה של טבילה זו, ואולי על בית הדין להתרשם שהטבילה כוללת את הרכיב של קבלת אורח חיים הלכתי.

> עבדיה דרבי חייא בר אמי אטבלה לההיא עובדת כוכבים לשם אנתתא [עבדו של ר' חייא בר אמי הטביל גויה לשם אישות, כלומר לנידותה],
> אמר רב יוסף: יכילנא לאכשורי בה ובברתה [רב יוסף אמר על המקרה הזה, שעל סמך טבילה זו אפשר להכשיר את אותה גויה להיות גיורת גמורה, וכפועל יוצא להכשיר את בתה כיהודייה[11]].
> בה, כדרב אסי, דאמר רב אסי: מי לא טבלה לנדותה?...
> ההוא דהוו קרו ליה בר ארמייתא, אמר רב אסי: מי לא טבלה לנדותה? [כשם שרב אסי אמר במקום אחר על בן של גויה שוודאי אימו טבלה לנידותה וניתן להכשירו על ידי כך].
> ההוא דהוו קרו ליה בר ארמאה, אמר רבי יהושע בן לוי: מי לא טבל לקריו? [ומעשה דומה, באחד שהיו קוראים לו "בן ארמי", כביכול לא התגייר כראוי. אמר רבי יהושע בן לוי: וכי לא טבל לקריו?][12]

רב יוסף הסתפק בידיעה שמועמדת הגיור שלו, השפחה המדוברת, טבלה לנידותה. גם ר' יהושע בן לוי הסתפק בידיעה שהמועמד שלו לגיור אינו זקוק לטבילה, כיוון שוודאי טבל לקריו. שניהם מייתרים את הצורך בטבילה נוספת בפני בית הדין. מסוגיה זו עולה שעצם הידיעה שאותה שפחה טבלה לנידותה, או הידיעה שהעבד טבל לקריו,

11. רש"י, יבמות מה ע"ב, ד"ה יכילנא לאכשורי בה, הסביר שאפשר להחשיבה לגיורת אף שלא טבלה לשם גירות, כיוון שטבילת נידה עולה לה לשם גירות, שהרי גויה אינה טובלת לנידותה.
12. יבמות מה ע"ב.

אמורה לספק את בית הדין. ברור לגמרי שחברי בית הדין לא נכחו בזמן טבילתה של אותה שפחה לנידותה. מכאן אפשר להסיק שאין צורך שטבילה לגירות תיעשה בפני בית דין.[13] חיזוק לעיקרון הזה אפשר למצוא בירושלמי בקידושין, שם מובא שטבילת בעל קרי יכולה להיחשב לטבילה לגירות, ומשם משמע שעצם הטבילה היא דרישה הכרחית, אך עדותו של בית הדין על הטבילה אינה הכרחית. די אם ברור שהייתה טבילה לשם קדושת ישראל:

> דתני בר קפרא: גר שמל ולא טבל הרי זה כשר, שאין גר שלא טבל לקירויו. וקשיא, עלת לו טומאה קלה מטומאה חמורה? אמר רבי יוסי בי רבי בון: כיון שזו וזו לשום קדושת ישראל עלת לו.[14]

מנגד, הדעה הגורסת שנוכחות בית הדין הכרחית בעת הטבילה מסתמכת על ברייתא המובאת במקום אחר בגמרא, ובה תיאור של אופן ההטבלה:

> ושני תלמידי חכמים עומדים על גביו, ומודיעין אותו מקצת מצות קלות ומקצת מצות חמורות. טבל ועלה – הרי הוא כישראל לכל דבריו. אשה – נשים מושיבות אותה במים עד צוארה, ושני תלמידי חכמים עומדים לה מבחוץ, ומודיעין אותה מקצת מצות קלות ומקצת מצות חמורות.[15]

בהמשך הסוגיה מציינת הגמרא שהברייתא אינה מתיישבת עם דרשת ר' יוחנן, הדורש "משפט" – מכאן שצריך שלושה שהם בית דין,

13. עיינו גד אלדד, 'גירות צריכה כוונה?', תחומין כ, עמ' 287, וראו גם הערה 6 במאמר הנזכר.
14. ירושלמי, קידושין ג, יב.
15. יבמות מז ע"ב.

והגמרא מיישבת שאכן ר׳ יוחנן מתקן את הברייתא ושונה ״שלושה״ תלמידי חכמים.[16]

מקור זה הוא אולי היחיד המשקף את עמדתם של חז״ל בנוגע לשאלה מהו בעצם תפקידו של בית הדין בהליך הגיור. בפשטות אפשר לומר שבמובן מסוים בית הדין הוא נציגו של כלל ישראל, ולכן כל שמוטל עליו הוא לאמוד את דעת הגר ואת רצונו להיכלל בעם ישראל, לוודא שבהליך הגיור יקבל עליו המועמד לגרות עול תורה ומצוות ולקבל את גיורו.[17] וכך משתמע גם מדברי הסמ״ג, שעיקר הודעת המצוות על ידי בית הדין היא כדי שיוכלו להתרשם שרצונו להתגייר ולקבל מצוות הוא רצון כן, המבוסס על היכרות עם מכלול החובות המוטלות עליו עם קבלת הגרות.

> ומכל מקום מזכירין לו מקצת עונשין כדי שלא יאמר אחר מכאן, אלו הייתי יודע כן לא הייתי מתגייר.[18]

לכאורה, העובדה שבית הדין צריך לוודא קבלת מצוות אינה מחייבת את נוכחותו בשעת הטבילה דווקא. אולם ממקור זה שבבבלי אפשר גם להסיק שצריך שאותה קבלת מצוות תתבצע בעת הטבילה.[19] מהמקורות הראשוניים לא התבאר די הצורך מהי מידת התיאום הנדרש בין פעולת הטבילה לפעולת קבלת המצוות, ואם על השתיים להתרחש בעת ובעונה אחת כדי שלגיור יהיה תוקף. כמו כן, לא ברור מה היחס בין תביעה זו ובין הסוגיה שלפיה אם טבל לקריו או טבלה לנידותה אינם צריכים טבילה נוספת בפני בית דין.

16. ״הא אמר ר׳ יוחנן לתנא תני שלושה״, אולם אפשר לומר שזהו יסוד מחלוקת הראשונים, וראו לעניין זה אצל הרב משה פיינשטיין, אגרות משה, יורה דעה, חלק ב, סי׳ קכז, ד״ה וכן מוכרח מהא.
17. וכך גם משמע מדברי הרב ישראלי, שו״ת חוות בנימין, כרך ב, סי׳ סז, סעי־פים ט־יב.
18. ספר מצוות גדול, לאוין, סימן קטז.
19. ראו רש״י, יבמות מז ע״ב, ד״ה ומודיעין אותו מקצת מצות.

אכן, הראשונים והפוסקים נחלקו כיצד יש ליישב את הסוגיות השונות ולהבין את תפקידו ומעמדו של בית הדין בשלבי הגיור השונים, כפי שנראה להלן.

מכל מקום, שני דיונים לפנינו: ראשית, עלינו לברר מהו מעמדו ותפקידו של בית הדין בתהליך הגיור בכלל, ובעיקר בנוגע לנוכחותו בטבילה, שהיא ה"מכה בפטיש" של תהליך הגיור. שנית, כנגזרת של אותו דיון, עלינו לברר כיצד יתבצע אותו מעמד כאשר מדובר באישה הטובלת לגיורה ולא בגבר. יש להעיר כבר בשלב זה, שמהברייתא האחרונה שהבאנו משמע מפורשות שלגבי טבילת האישה ישנו הבדל במקום עמידתו של בית הדין. ברור לגמרי שמקום עמידתם של הדיינים בעת טבילתה של אישה שונה מזה שבטבילת האיש, ונשים מטבילות אותה. מסתבר שהיה פשוט לתנאים שצריך להקפיד על צניעותה של הטובלת, אף כי לא ברור לחלוטין היכן בדיוק עומדים אותם תלמידי חכמים ומה מורה המושג "מבחוץ" על מקום עמידתם.[20]

שיטות הפוסקים בנוגע לטבילה בפני בית דין ולתפקיד בית הדין

בפרשנות הגאונים לסוגיה הוצגו המקורות מהסוגיה כחלוקים. כלומר דעת רב אסי שאפשר לסמוך על טבילת נידה כטבילה לגירות היא דעה החולקת על דעת ר' יוחנן, הסובר שגר צריך שלושה. במחלוקת

20. ויש להעיר שכיוון שהשיקול ההלכתי של צניעות מצוי מפורש כבר במקורות הראשוניים, אין לדעתי מקום להשוואה בין המקרה הזה ובין תחומים הלכ־תיים שבהם ויתרה ההלכה במפורש על צניעותה של האישה, כגון לגבי אישה סוטה (סוטה א, ה, אבל אפילו שם ראו רמב"ם, משנה תורה, הלכות סוטה ג, יא, שלא הביא להלכה שאם נקרעו בגדיה, נקרעו) ובדיקת נגעים (נגעים ב, ד; רמב"ם, הלכות טומאת צרעת ט, יב). במקרה הזה ברור שאחד השיקולים המובנים בסוגיה הוא צניעותה של האישה המתגיירת. ובבוא היום, יש לדון גם בסוגיות הקשות הללו.

זו הכריע בה"ג שפוסקים כר' יוחנן, שבכל מקרה מטבילים לשם גירות, אף אם ידוע שטבלה לנידותה.

> והאידנא לא סגי בטבילה דקריו עד דטביל לשום גירות, דקיימא לן (שם מו ע"ב): הלכתא גר צריך שלשה, משפט כתוב בו[21] [ובזמננו, אין די בטבילה לקרי עד שיטבול לשם גרות, שכן מקובלנו: הלכה, גר צריך שלושה, משפט כתוב בו].

ואילו בספר הלכות קטועות יש דעה הפוכה, האומרת שפוסקים כרב אסי, ואישה שטבלה לנידותה אינה צריכה לטבול שוב לשם גירות.

> ההוא דקא קרו ליה בר ארמאה אמר ריב"ל מי לא טבל לקריו והיל' גוי שטבל לקירויו וגיורת שטבלה לנדתה עלתה להן טבילה[22] [מעשה שקראו לו בן ארמית ואמר על זה ריב"ל שהרי טבל לקריו, והלכה – גוי שטבל לקריו וגיורת שטבלה לנידותה עלתה להם טבילה].

אולם הראשונים לא העמידו את שיטותיהם של רב אסי ושל ר' יוחנן כשיטות חלוקות, אלא פירשו באופן אחר את היחס בין הדעות והגיעו למסקנות הלכתיות מורכבות יותר.

21. ספר הלכות גדולות, סימן ח – הלכות מילה, מהד' הילדסהיימר, ירושלים תשל"ב, עמ' קנב.
22. גנזי קדם, חלק ה, ירושלים תרצ"ד, עמ' 156. דרכם של הגאונים היא להותיר את הסתירה על כנה ולהכריע במחלוקת בין הסוגיות, שלא כדרך הראשונים, הנוהגים ליישב את הסתירה ולהציע, במידת האפשר, פתרון הרמוניסטי. וראו ע' פוקס, 'על דרך ההכרעה', סוגיות במחקר התלמוד, ירושלים תשס"א, עמ' 100.

1. טבילה בפני בית דין – תנאי הכרחי

על פי כמה מגדולי הפוסקים, נוכחותו של בית הדין בטבילה עצמה לא באה רק כדי להעיד על קיום הטבילה, אלא היא תנאי מהותי. לפי שיטות אלו, גם אם ידוע וברור שהגר או הגיורת טבלו מתוך מחויבות להלכה ולקדושת ישראל, אין הדבר מועיל, מפני שלשיטתם, מציאותו של בית הדין בטבילה היא חלק מההליך עצמו, המוגדר כ"טבילה בפני בית דין". לפיכך, אין דרך לבצע את מעשה הטבילה כדין בלי נוכחותו של בית הדין.[23] כך סברו הרי"ף, הרמב"ם ואולי גם הרמב"ן.

הרי"ף תיאר את הקושי שתואר לעיל בפיענוח היחסים בין הסוגיות והוא, בדרכו, יישב את הסתירה ביניהן:[24]

> אמר רב אסי: מי לא טבלה לנדתה? [וכי לא טבלה לנידתה?]
> ההוא דהוו קרו ליה בר ארמאי, אמר רבי יהושע בן לוי מי לא טבל לשם קריו? [אותו אדם שהיו קוראים לו "בן ארמי", אמר רבי יהושע בן לוי: וכי לא טבל לשם קריו?]
> סוגיא דשמעתא הכין הוא [מהלך השמועה כך הוא, כלומר וכך הלכה].
> ואי קשיא לך ההיא דרבי יוחנן דאמר: "גר צריך שלשה" מאי טעמא? משפט כתיב ביה! וקיימא לן דהלכתא היא [ואם קשה לך ממאמרו של ר' יוחנן שאמר: "גר צריך שלשה" מטעם שכתוב בו "משפט", ומקובלנו שהלכה כמותו].
> לא קשיא, הא דרב אסי ודרבי יהושע בן לוי דיעבד הוא, דלא פסלינן לבריה, הואיל וטבל לשם קריו. דאי לאו גיורא הוא לא הוה טבל לשם קריו [לא קשה, זו של רב אסי ושל רבי יהושע בן

23. בדומה למעמדו של בית הדין בכל הנוגע לקידושין ולחליצה לצורך קיום הדבר.

24. רי"ף, יבמות טו ע"א – טז ע"א בדפי הרי"ף.

> לוי היא בדיעבד, שאין פוסלים את בנו, הואיל וטבל לשם קריו. שכן אם לא היה גר, לא היה טובל לשם קריו].
> והא דר' יוחנן לכתחלה, דלא נהגינן ביה מנהג גר, ולא מנסבינן ליה בת ישראל עד דטביל בפני שלשה [וזו של ר' יוחנן היא לכתחילה, שאין נוהגים בו מנהג גר, ואין משיאים לו בת ישראל עד שיטבול בפני שלושה].

לפי דברי הרי"ף, טבילה לנידות ולקרי מעידה על שמירה על אורח חיים יהודי, ומשמעה שהתקיימה טבילה לשם גירות. אולם הכרה בטבילה כזו תופסת רק בדיעבד. לכתחילה יש צורך בטבילה בפני בית דין. הנגזרת ההלכתית המעשית היא שאין משיאים גר כזה, כיוון שנשיאת אישה על פי אותה טבילה היא פעולה לכתחילה, וזו מצריכה טבילה כדין בפני בית דין.[25]

בהמשך פסק הרי"ף את דברי ר' יהודה להלכה, שגר צריך שיתגייר בפני בית דין:

> ...תנו רבנן, "ושפטתם צדק בין איש ובין אחיו ובין גרו", מכאן א"ר יהודה גר שנתגייר בבית דין הרי זה גר, בינו לבין עצמו אינו גר.

כמו כן הביא הרי"ף את דברי הגמרא לגבי אופן הטבילה בפני בית דין ככתבם וכלשונם להלכה:

> תנו רבנן... ושני תלמידי חכמים עומדין לו על גבו, שמודיעין

25. וראו דעת הנימוקי יוסף טו ע"ב בדפי הרי"ף, ד"ה מי לא טביל לקריו, שמקשה שלכאורה משמע מהסוגיה בדף מו ע"ב שהבאנו, שאף שלא טבל בפני בית דין – טבילתו טבילה. והוא תירץ בשם אחרים שאכן, אם קיבל עליו עול מצוות בפני בית דין והודיע להם שהוא עומד לטבול, וטבל שלא בפניהם, בדיעבד גיורו תופס. הוא עצמו דחה תירוץ זה והחמיר יותר מהרי"ף וסבר שאם לא טבל בפני שלושה, כאילו לא מל.

אותו מקצת מצות קלות ומקצת מצות חמורות. טבל ועלה הרי הוא כישראל לכל דבריו. ואשה, נשים מושיבות אותה במים עד צוארה, ושני תלמידי חכמים עומדים לה מבחוץ, שמודיעין אותה מקצת מצות קלות ומקצת מצות חמורות.

העולה מדברי הרי"ף, שטבילה שלא בפני בית דין, בייחוד אם מדובר בטבילה שהיא חלק מניהול אורח חיים יהודי, כמו טבילה לנידה או לקרי, יש בה כדי להעניק לאדם מעמד (סטטוס) של יהודי לצרכים האישיים שלו וכדי להכשיר את ילדיו, אולם אין להשיאו ליהודים לכתחילה, ולעניין זה יש צורך בטבילה בפני בית דין.

הרמב"ם הלך בעקבות הרי"ף וכותב במפורש שהטבילה צריכה להתקיים בפני בית דין של שלושה.[26] הרמב"ם קבע שגם בדיעבד אין הטבילה תופסת אם נעשתה שלא בפני בית דין.[27]

בהמשך[28] פסק הרמב"ם לגבי אישה שידוע שהיא נוהגת בדיני ישראל וטובלת לנידותה, שהיא מוחזקת כגיורת, אולם היא מנועת חיתון כל עוד היא לא טבלה בפני בית דין, כעמדת הרי"ף.[29]

הרמב"ן אף הוא נקט באותה גישה פרשנית[30] וגרס כי לכתחילה צריך בית דין של שלושה גם לטבילה, אף שבדיעבד יהיה גר כשר אם קיבל מצוות בפני בית דין ולא טבל בפניהם. אולם לכתחילה אין זה גיור, ולכן יישאר פסול חיתון עד שיטבול בפני בית דין.

בהמשך דבריו הקשה הרמב"ן על הפרשנות הזאת והעיר שאת הסוגיה שלפיה יש להכיר בטבילת אישה לנידותה כטבילה לגרות

26. רמב"ם, הלכות איסורי ביאה יג, ו.
27. שם, ז.
28. שם, ט.
29. פירושם של הרי"ף ושל הרמב"ם לסוגיה מיבמות מה ע"ב, הנותנת לגיטימציה להכרה בטבילת נידה או טבילת בעל קרי כטבילה לגירות, הוא פירוש מצמצם המדייק מהמילים "יכילנא לאכשורי בה ובברתא", דהיינו ניתן להכשיר אותה ואת זרעה אך לא להשיאה לכתחילה.
30. חידושי הרמב"ן, יבמות מה ע"ב.

קשה לפרש באופן מצומצם ולומר שהיא מעידה רק על הכרתה של האישה בתהליך גיור וקבלת מצוות, שאם לא כן, היה אפשר לציין את שמירת השבת של אותה גיורת או מצוות אחרות שקיימה. העובדה שציינו דווקא טבילה מעידה שהסוגיה רצתה להכיר באופני טבילה חלופיים. ואלו דבריו:

> והרמב"ם הספרדי ז"ל כתב כלשון הזה: גיורת שראינוה בדרכי ישראל תמיד, כגון שתטבול לנדתה ותפריש מעיסתה תרומה, וכן גר שנוהג בדרכי ישראל שטבל לקרויו ועושה כל המצות, הרי אלו גר צדק, ואע"פ שאין שם עדים בפני מי נתגיירו.
> ואף על פי כן, אם באו להתערב בישראל אין משיאין אותן עד שיביאו עדים או שיטבלו בפנינו, הואיל והוחזקו גוים.
> ונראה שבא לפרש כן זו השמועה.
> ודברי תימה הם, דא"כ הו"ל למימר מי לא שמר שבת אחת, ולא לימא מי לא טבל לקרויו, דיותר היה לו קל לידע ששמר שבת או נהג מצות מן הטבילה, שהרבה שלא טבלו לקרויין מעולם. ועוד, מדאמרינן אטבלה לההיא גויה **לשום אינתתא** משמע דהכי הוה עובדא ודאי, דלא אטבלה אלא לשום אינתתא, ואפ"ה אכשרוה משום האי טעמא, דמי לא טבלה לנדתה?
> ובירושלמי במסכת קדושין בפ' האומר אלא ר' יהושע בן לוי כהדא דתני בר קפרא גר שמל ולא טבל הרי זה כשר שאין גר שלא טבל לקרויו. וקשיא, עלתה לו טומאה קלה מטומאה חמורה? אמר ר' יוסי בר בון: מכיון שזו וזו לשם קדושת ישראל עלתה לו ע"כ. ויש לנו בו סמך לדברינו.

הרמב"ן ציטט את הרמב"ם והסביר שדבריו הם למעשה פירוש ללשון הגמרא "מי לא טבל לקריו", שהטבילה הזאת משמשת רק עדות על קיום אורח חיים יהודי, ומכאן נובעת חזקת גירות של האדם שמועילה לבניו. אולם אין היא מספיקה לו עצמו להוציאו מחזקת גוי שבא ממנה, ולכן יש לחזור ולהטבילו. הרמב"ן חלק על כך וטען שאילו היה מדובר

בקיום אורח חיים יהודי כעדות לחזקת גיור, היה אפשר להשתמש בדוגמאות שכיחות יותר, כגון שראוהו שומר שבת. טבילת קרי אינה דווקא מן הדברים המצויים אפילו אצל שומרי מצוות. לכן נראה שהגמרא התכוונה שהטבילות הללו עצמן, טבילת האיש לקריו וטבילת האישה לנידותה, אינן עדות לדבר אחר, אלא הן עצמן נחשבות לצורך הגיור אף שלא נעשו בבית דין. וכך משמע לו גם מלשון הירושלמי.

למרות שפרשנותו של הרמב"ן לדברי רב אסי שונה מפרשנותו של הרמב"ם, עדיין נראה שאינו נסוג בשורה התחתונה מן הפסיקה שאין להתיר נישואין על סמך ידיעה והכרה בכך שהאישה שומרת מצוות וטובלת לנידותה. וכך הבינו האחרונים את דברי הרמב"ן וגרסו שתפיסתו הפרשנית-הלכתית של הרמב"ן היא כדעת הרי"ף והרמב"ם.[31]

לסיכום, אנו רואים שלפי שיטת הרי"ף, הרמב"ם והרמב"ן, אם ודאי טבל, אולם לא בפני בית דין, ואם הייתה קבלת מצוות בפני בית דין, אי אפשר לפסול את גיורו. מעמדו יהיה כשל יהודי, ואף זרעו אינו נפסל, אלא שאין משיאים אותו לכתחילה ליהודים. זוהי גישה פרשנית אחת. מנגד קיימת גם שיטתו המחמירה של בעל הנימוקי יוסף,[32] שטבילה שלא בפני בית דין אינה נחשבת כלל, גם לא בדיעבד ולשום עניין שהוא.

2. טבילה בפני בית דין אינה מעכבת

לעומת גישתם של הרי"ף והרמב"ם שהוצגה כאן, ישנה אסכולה שלמה של ראשונים הסוברים שטבילה שלא בפני בית דין יכולה להועיל אם הגר ודאי טבל ואם הייתה קבלת מצוות בפני בית דין בנפרד מן הטבילה. לפי הגישה הזאת, יש לומר שטבילה היא אומנם רכיב

31. ראו למשל, בית יוסף, יורה דעה סי' רסח, ג, ד"ה 'וכל ענייניו שם בסוף דבריו'; וכן בשו"ת משפטי עוזיאל יורה דעה כרך א, סי' יג.

32. לעיל, הערה 25.

הכרחי של הגיור, אולם תפקידו של בית הדין בעניין הטבילה נועד לצרכים "ראייתיים" ופונקציונליים בלבד. דהיינו מוטל עליו לוודא שאכן התקיימה טבילה, ואולי גם שהיא נועדה לקבלת מצוות. בפועל, המשמעות של תפיסה זו היא שנוכחות בית הדין אינה מעכבת ואינה חלק בלתי נפרד מהטבילה.

כך למשל, שיטת התוספות[33] היא שמי שקיבל מצוות וטבל, גם אם לא בפני בית דין, גיורו תקף לכל דבר ועניין:

> נראה דוקא בקבלת מצות הוא דבעינן ג' אבל בטבילה בחד סגיא [מספיק] אם כבר קיבל עליו המצות.

ראיית התוספות היא מהסוגיה ביבמות, שממנה משמע שטבילה לקריו מספיקה, והיא ודאי לא נעשית בפני שלושה. כמו הרי"ף, גם הם התקשו בפסקו של ר' יוחנן, אלא שהם תירצו את הסתירה בכיוון ההפוך:

> **ויש לומר דודאי למצוה בעינן שלשה אבל לא לעכב** אי נמי י"ל דהא דבעי שלשה היינו טעמא משום קבלת מצות... [ויש לומר שוודאי למצווה צריך שלושה, אבל אין זה מעכב. ואפשר גם יש לומר שהטעם שצריך שלושה הוא משום קבלת מצוות]

לשיטת התוספות, יש לומר שהדרישה שחברי בית הדין יהיו נוכחים בטבילה אינה מעכבת והגיור תופס אם התקיימו כל הדרישות. לחלופין, קבעו התוספות שנוכחות בית הדין נדרשת לצורך קבלת מצוות.[34] עדיין

33. תוספות, קידושין סב ע"ב, ד"ה גר.
34. לשיטה זו יש לומר שדרשת "משפט" מוסבת על קבלת מצוות בלבד. ובאגרות משה, יורה דעה חלק ב סי' קכז, ד"ה ויש גם טעם, הסביר שיש היגיון מסוים בטענה שהצורך בבית דין הוא למתן תוקף ולסידור הדברים והוראתם ולא לעדות על מעשה זה או אחר.

לא ברור אם נוכחותם לצורך קבלת מצוות היא הכרחית או שגם היא בגדר נוכחות נסיבתית שבמקרים מסוימים אפשר לוותר עליה.

גם הרא"ש[35] קבע במפורש ובאופן חד־משמעי שהטבילה יכולה להיות שלא בפני בית דין, ונוכחות בית הדין אינה מעכבת. עיקר העניין הוא לוודא שהייתה טבילה, "וכיון שידוע לכל שטבלה – כאילו עומדים שם דמי".

אף המרדכי[36] כתב במפורש שנוכחות בית הדין בשעת הטבילה נדרשת רק לכתחילה, אולם בדיעבד די אם הייתה קבלת מצוות בפני בית דין.

בעקבות בעלי התוספות והרא"ש, פסק הטור[37] שבדיעבד הטבילה אינה חייבת להיות לפני בית דין והוא הפקיע אותה מכל הכללים החלים על הליך שיפוטי. לפיכך, הטבילה אינה חייבת להיות ביום ויכולה להיות בלילה, ואף בפני שניים ולא בפני שלושה.

עם זאת, יש להעיר שאף שהטור מייתר את נוכחות בית הדין בדיעבד, עדיין צריך לשיטתו נוכחות שניים. גם השולחן ערוך[38] פסק באופן דומה. ייתכן שכוונתם היא שאין לוותר על היבט העדות שיש בכך. לענייננו, בהנחה שנשים פסולות לעדות, ייצור התנאי הזה בעיה דומה לזו שיוצר הצורך בנוכחות בית הדין בטבילה.

ברם, ייתכן שעדיין יש מקום לדון שמא אין מדובר בעדות חמורה של דיני נפשות וממונות אלא בנאמנות באיסורים. ואכן, בהגהות המרדכי[39] העיר שאותם שניים יכולים להיות קרובים, ומשמע שאין צורך בעדות משפטית אלא די בידיעה על הטבילה. הש"ך סבר

35. רא"ש, יבמות, פרק ד סי' לא.
36. מרדכי, יבמות רמז לו.
37. טור, יורה דעה, סי' רסח.
38. שולחן ערוך, יורה דעה רסח, ג. והסכימו לדבריו הרמ"א והפתחי תשובה, שסייג את הדין למקרה של טבילת גר קטן שחייבת להיות בפני בית דין.
39. שם.

שאפשר להסתפק בטבילה בפני אחד בלבד,[40] והב"ח[41] העיר אף הוא על הטור ברוח זו אך הרחיק לכת ואמר: "ומה שכתב רבינו שמל וטבל בפני שנים לאו דווקא שנים, דאפילו באישה אחת נמי כשר בדיעבד, כדמשמע מהני עובדי [מן המעשים המוזכרים] דפרק החולץ דאמר מי לא טבלה לנידתה".

סיכום השיטות והצגת הקשיים

אפשר לסכם ולומר שיש שתי גישות מרכזיות אם נוכחות בית הדין בטבילה הכרחית.[42] שיטה אחת סבורה שזהו תנאי הכרחי, והשנייה סבורה שאין זה תנאי הכרחי באופן מוחלט, וטבילה שנעשתה שלא בפני בית דין מועילה בדיעבד ואינה מטילה כל דופי בגיור. אומנם נכון, מדובר במקרי דיעבד ולא בהוראה לכתחילה. אולם אפשר בהחלט להסיק מכאן שלשיטה זו, מעמדו של בית הדין בעת הטבילה לכתחילה אינו מהותי – אין הוא חלק מההליך עצמו אלא הוא נסיבתי וראייתי. ולכן ראוי לדעתי לשוב ולעורר את הדיון על מידת הצורך של נוכחות הדיינים בטבילתן של הנשים לגירות בזמן הזה. אולי אפשר למצוא תחליף ראוי לנוכחותו של בית הדין במהלך טבילתה של אישה, שהרי עיני כול רואות שהמצב הנוכחי אינו ראוי ואינו הולם לא את בית הדין, שמתבזה בכניסתו למרחץ המיועד לנשים, ולא את כבודן וצניעותן של הנשים הטובלות.

בהקשר זה יש לחזור ולבחון מהו ההסדר שנקבע במקורות למקרה של טבילת נשים לגיור. נראה שהברייתא עצמה, כאשר היא דנה בטבילת האישה לגירות, מבחינה בבירור בין טבילתה של האישה לטבילתו של האיש: אצל האישה נאמר כי תלמידי החכמים

40. ש"ך שם ס"ק י, וראו דברי התוספות (לעיל, הערה 33).
41. ב"ח, יורה דעה סי' רסח, ד"ה וכל ענייניו.
42. בדומה לכך ישנו דיון על נוכחות בתי הדין במילה לשם גירות אצל זכר המתגייר. ובערוך השולחן, יורה דעה סי' רסח סע' ג סיכם את השיטות השונות.

עומדים מבחוץ והנשים הן אלו שמושיבות אותה עד צווארה במים. ההפרדה הזאת המופיעה במפורש בברייתא מתבקשת לחלוטין, ויש גם לפרשה בהתאם למציאות המשתנה ולברר בכל מקרה לגופו מהן הוראות ההלכה כשהן מיתרגמות לתנאים בימינו. יש לעמוד על מקומו המדויק של "מבחוץ", והדעת נותנת שאינו דומה "מבחוץ" של נהר ל"מבחוץ" של בית מרחץ.

יצוין כי הפרשנים שהוזכרו לעיל ושעסקו בטבילת גרים לא הבדילו ממש בין טבילת נשים לטבילת גברים, אלא דיברו באופן כללי על טבילה וקבעו שלכתחילה בית הדין חייב להיות נוכח בעת הטבילה. הפוסקים והפרשנים לא מצאו לנכון להעלות את עניין הרגישות הנצרכת כאשר מדובר באישה במקווה, ולא דנו בכך, לכאן או לכאן. לפיכך התמונה המתקבלת מדבריהם היא שבית הדין צריך להיות נוכח אף בטבילת אישה לצורכי גירות, וההנחה ההלכתית המסתמנת בקריאה פשוטה היא כי הנשים שמושיבות את האישה עד צווארה במים משמשות לכל הפחות חיץ אנושי בין הטובלת ובין הדיינים, כדי לשמר ככל האפשר את צניעותה של הטובלת. למיטב ידיעתי, לא בכל מקרה מקפידים על כך כיום, ואין לבתי הדין הנחיה ברורה בעניין זה.

למרבה הפליאה, יש מקור קדום האומר את הדברים מפורשות: "האיש מטביל את האיש, והאשה מטבלת את האשה אבל לא את האיש" (מסכת גרים, א, ד). מקור זה היה יכול לשמש השראה פרשנית לפוסקים הבאים אחריו, אבל משום מה הוא לא נעשה כזה. ובאמת צריך לתהות מדוע לא הובא מקור זה בדיוניהם של כל הראשונים בסוגיה זו.[43] העניין המפתיע הוא שבכל המקורות הפרשניים הללו,

43. ר' חיים קנייבסקי בפירושו למסכת גרים, אמת וצדק, כתב שאכן יש לפרש את ההלכה הזו כפי שאני מציעה, שהדיינים אינם רואים את הטבילה. ולדעתו, הלכה זו מחזקת את עמדת בעלי התוספות ושאר הראשונים, שקבלת מצוות צריכה נוכחות של שלושה דיינים אבל בטבילה אין זה מעכב: "שפיר י"ל דבאישה, שאי אפשר לאנשים לראות, התירו שתטבול בפני נשים, ורק קבלת מצוות בעי בפני ג' ת"ח, ולכן עומדים בחוץ ומודיעים אותה מקצת מצוות

למעט הרמב"ם, תיאור ההטבלה של נשים לגירות הוא למעשה ציטוט מדויק של האמור בברייתא: "נשים מושיבות... שני תלמידי חכמים מבחוץ...", ואין בו רמז לתיאור מציאותי מתקופתם של הפרשנים שיכול להבהיר כיצד התבצע הדבר בפועל או מהי המשמעות של המושג "מבחוץ" בהקשר הזה. גם אין התייחסות לשאלה מהי חלוקת התפקידים המדויקת בין הגברים, תלמידי החכמים, ובין הנשים המושיבות את האישה במים. הדעת נותנת שבאירופה הנוצרית של ימי הביניים וכן בתפוצות אחרות באותה תקופה הגיורים לא היו דבר נפוץ כל כך, ומסתבר שהראשונים לא נאלצו כלל להתמודד עם הלכות הגיור הללו באופן ממשי ומעשי. ונראה לי שאכן, מתוך שלא דנו כלל באופן הטבלת נשים לגיור, אלא רק במעמדו של בית הדין לעניין גיור, לא הגיע מקור זה ממסכת גרים לדיון. העדרו של מקור זה מן הדיון יש בו כדי לתמוך בטענה שהנושא לא נדון עד תקופה מאוחרת, ונראה שקשה להפיק מהראשונים ראיה חד־משמעית לכאן או לכאן בעניין הטבלת נשים לגיור.

בדומה לכך, בשולחן ערוך ובטור נרשמו הלכות אלו בצמוד להלכות עבדים, שאף הן היו הלכות שהשכיחות המעשית שלהן הלכה ופחתה במשך הדורות. בערוך השולחן מצויים דיני גירות תחת הכותרת הממחישה היטב את טיעוננו: "דיני גרים בימים הקדמונים, ובמדינתנו אין לנו רשות לקבל גרים מדינא דמלכותא".[44]

מעדויות עקיפות ומהשו"תים המאוחרים המעטים שדנו בנושא

ושומעין שהיא מקבלת (תודתי לרב רפי פוזן ז"ל שהפנה אותי לפירוש זה). וראו שם הלכה א שבה אין הבחנה בין איש לאישה בהודעת המצוות, ולא ברור מה אפשר ללמוד מכך. אך ברור שלגבי הטבילה הקפידו להבחין בין איש לאישה, דבר שאינו מודגש לגבי קבלת המצוות. האם אפשר להסיק מכך שקבלת המצוות נעשית בנפרד לפני בית הדין, גם אם סמוך לטבילה, או שמא גם קבלת המצוות נעשית לפני נשים?

44. ערוך השולחן, יורה דעה סי' רסח, ודווקא הוא ניסה לפרש שם את הברייתא. ברור מדבריו שהוא לא התמודד עם מציאות מוכרת.

הזה עולה במפורש כי לא בכל מקום היה נהוג להטביל נשים בנוכחות בית דין.[45]

טבילת אישה לגירות בפני בית הדין

השאלה המפורשת לגבי מקומו של בית הדין בטבילת נשים לגירות עולה רק בשו"תים בני זמננו. וכך סיפר הרב עוזיאל:[46]

> בהיותי משרת בקדש בעוב"י [עיר ואם בישראל] סאלוניקו[47] יע"א נשאלתי אם אפשר להכשיר טבילת הגיורת שלא במעמד בית דין כי היות ומקוה טהרה נמצא במרחצאות של לא יהודים ובו מתרחצות תמיד גם נשים לא יהודיות וזילותא גדולה היא לבית דין להכנס במרחץ זה והוא דבר זר לעיני הרואים ולכן עלי שמו

45. לדוגמה, פסיקתו של הרב עובדיה מבוססת על המציאות שפגש כשהגיע למצרים, שהדיינים אינם נכנסים לבית הטבילה כשמטבילים נשים לגיור. לא ברור עד כמה המנהג להטביל נשים בפני בית דין היה רווח בכל מקום או כיצד נהגו בפועל. כך גם המנחת יצחק (חלק ד, סי' לד) והאגרות משה (יורה דעה, חלק ב, סי' קכז) בתשובותיהם עסקו בנוהג שהתגבש באנגליה (לונדון ומנצ'סטר) בנוגע להטבלת אישה: הדיינים לא היו בחדר הטבילה ממש אלא בחדר אחר.

46. שו"ת משפטי עוזיאל, כרך א, יורה דעה, סי' יג.

47. תודתי נתונה לד"ר גילה הדר ששיתפה אותי במסקנות שעלו ממחקרה שגם בסלוניקי לא הייתה מסורת ברורה של גיור. לדבריה, חוק ההמרות לא אִפשר כלל המרת דת, ובכלל זה המרה ליהדות, והיו מקרים שבהם רבי יעקב מאיר, שקדם לרב עוזיאל בתפקיד רבה של סלוניקי (ולאחר מכן כראשון לציון), שיתף פעולה עם המטרופוליט היווני בניסיון להניא נערה יהודייה מלהמיר את דתה ולהינשא לנוצרי. המאמצים הוכתרו בהצלחה, ועוד חמש בנות שחשבו להתנצר חזרו בהן, בעיקר בשל הקשיים שהערים המטרופוליט היווני, שהעביר את הנערות לידי הרב הראשי. הסבר היסטורי נוסף לכך שהבעיה צצה רק בימיו של הרב עוזיאל יכול להיות נעוץ בעובדה שהמרחץ היה ממוקם באזור היהודי בכיכר היהודים בסלוניקי, אולם לאחר השרֵפה הגדולה היה מעבר של נוצרים לאזור הזה, ואז צצה בעיית הטבילה במרחץ שרוחצות בו גם נשים לא יהודיות.

> פניהם לתקן הדבר להבא שטבילת גיורת תוכל להעשות שלא במעמד בית דין, נעתר לבקשתם שמצאתיה נחוצה והכרחית אמרתי לברר הלכה זו בסיעתא דשמיא.

בבואו להתיר טבילה שלא בנוכחותו של בית דין סקר הרב עוזיאל את השיטות ההלכתיות השונות וניסה אף לדייק בשיטת הרי"ף, שכל עניין עמידת בית הדין אצל הטובל נצרכת אך ורק לעניין של וידוא העובדה שבצד הטבילה ישנה קבלת מצוות. לפיכך אין צורך שהטבילה עצמה תיעשה לפני בית הדין.

> ועדיין אני אומר שאף להרי"ף והרמב"ם מה שצריך מעמד בית דין לטבילת הגר הוא משום קבלת מצות, דאין סברא לומר שבית דין ילכו לעמוד בשעת הטבילה רק לשם הסתכלות אלא לפי שקבלת עול מצות של הגר אינה ראויה להעשות אלא על ידי בית דין והואיל וטבילה בלא קבלת מצות אין בה כל חשיבות לענין זה לכן צריכה להיות הטבילה וקבלת מצות בבת אחת ובפני בית דין, אבל אם קדמה קבלת מצות לטבילה, והלך וטבל בפני שני עדים הוי גר גמור אפילו לכתחילה להכניסו בקהל ישראל...

הרב עוזיאל הסיק אפוא שגם לשיטות הרמב"ם והרי"ף, אם תיפתר שאלת קבלת המצוות, הגיור יחול גם ללא נוכחות בית הדין. את שיטת הרמב"ן הוא יישב באופן אחר, שאי אפשר לוודא שאכן הייתה קבלת מצוות בזמן הטבילה שלא בפני בית דין שמא תתחרט אחר כך, ולכן על הדיינים להיות נוכחים בשעת הטבילה:

> וצריך לומר בדעתו שהוא סובר דחישינן **שמא נמלך** וטבילתו שלא בפני בית דין לא היתה לשם גירות בקבלת כל המצוות.

עולה מכך כי לפי הבנתו של הרב עוזיאל, נוכחות בית הדין אינה חלק מהטבילה עצמה לפי אף אחת מן השיטות. למסקנה פסק שיש

פרק ט: טבילת אישה לגֵרות בפני בית דין

לסמוך על הדעות שמקלות בדיעבד ולאמצן לכתחילה בכל מקרי גיור של נשים:

> ובכל זאת אני אומר לע"ד שבנדון דידן אפשר לנו לסמוך על דעת מרן ורמ"א והמרדכי משום שלא תנעול דלת בפני גרים.[48]

והוא נימק את הפסק כך:

> הואיל ובבית המרחץ שבו המקוה נמצאות תמיד נשים שמתרחצות בו ועמידת בית דין על ידי הטובלת גורמת לזות שפתים מצד הנשים המתרחצות ומצד הקהל **והואיל ומצד הדין והמוסר לא הותר לכל אדם, ומכל שכן לרבני ישראל, להכנס לתוך מרחץ של נשים בשעה שהן מתרחצות,** שהרי גם בגיורת עצמה נשים מושיבות אותה במים עד צוארה והדיינים מבחוץ ומודיעים אותה מצות קלות וחמורות כשהיא יושבת במים ואח"כ טובלת בפניהם והם מחזרים פניהם ויוצאים כדי שלא יראו אותה כשתעלה מן המים (יו"ד רסח סעיף ב), הרי שלא הותר לדיינים להסתכל בה לא קודם טבילתה ולא אחריה כשהיא אינה לבושה כראוי, וכאשר נכנסים אל המרחץ שיש בו נשים אחרות שמתרחצות או אפילו מתלבשות לא ימלט דבר זה שלא במתכוין, וכיון שכן נעשתה טבילת גיורת במעמד בית דין לדבר שאי אפשר, ובמקום שאי אפשר כזה קרוב הדבר לומר שלכל הדעות מהניא טבילתה שלא בפני בית דין אפילו להשיאה לישראל.

הרב עוזיאל הוסיף ותיקן תקנה ששלוש נשים ישראליות תעמודנה בפני בית הדין עם הגיורת ותשמענה את קבלת המצוות ממנה. אחר כך יצווה בית הדין על הנשים ללכת ושהגיורת תטבול בפניהן בתור שליחות בית דין, והנשים תזכרנה לה לקבל מצוות בשעת הטבילה.

48. מקור המושג בתוספות יבמות מו ע"ב ד"ה משפט, בסוף דבריהם.

באופן הזה, מציאותן של הנשים מחליפה את נוכחות בית הדין והרי זה בפני בית דין ממש.

וכדי למצוא היתר יותר מרווח אומר אני לתקן שתעמוד הגיורת בלוית שלש נשים ישראליות לפני בית דין ובית דין יודיעו לה מצוות קלות וחמורות וענשן כדין וכהלכה, ואחרי קבלתה עול מצוות יצוו עליה שתלך תיכף עם הנשים שאתה בבית דין, לטבול בפניהן בתור שליחות בית דין ולשם קבלת היהדות וכל מצוותיה וכן יאמרו לה הנשים בשעת טבילתה, ובזה נראה לע"ד שטבילתה כשרה **לכתחילה** לכל הדעות.

גם ר"ש סלאנט[49] הורה בתשובותיו להקל בשעת הדחק, "שאין רשות לאנשים להיכנס בבית הרחצה", ופסק ש"הרבנים יעמדו מחוץ לבית הרחצה, ופנימה יכנסו הנשים הכשרות... שיטבילו להאשה הגיורת כדין תורה, וידעו כי השלושה תלמידי חכמים עומדים סמוך לגבול, שיכולים להכנס ודעתם עליהן, ואחר הטבילה יגידו בפני התלמידי חכמים השלשה שטבלה כדין תורה".

גם המנחת יצחק[50] סבר שאפשר לסמוך על נשים יהודיות כשליחות בית דין לעניין הזה, והוא פיתח אף יותר את אופי הנאמנות ההלכתית של נשים, הנשענת על הכלל שעד אחד נאמן באיסורין,[51] וכיוון ש"בידה" – מותר.[52] ובוודאי נכון הדבר במקרה הזה שבית

49. ספר תורת רבינו שמואל סלאנט, בהוצאת הרב ניסן אהרן טוקצ'ינסקי, ירושלים תשנ"ח, כרך א (אורח חיים, יורה דעה), סי' כט, עמ' קעה.
50. שו"ת מנחת יצחק, חלק ד, סי' לד.
51. ראו לעניין זה מאמרי, "'עד אחד נאמן באיסורין' או, על קוצו של ד'", גרנות, 3 (תשס"ג), עמ' 41–59.
52. אחד התנאים לנאמנות של עד אחד הוא שיש בידו היכולת לתקן את המצב האיסורי. וכך הוא במקרה שלנו: הטבילה היא מעשה אפשרי, ולכן נאמנים עליה, וראו הרחבה במאמרי שלעיל.

הדין עומד מבחוץ ועבידא לאיגלויי [והדבר עלול להתגלות] אם לא תטבלנה הנשים את הגיורת:

ובנוגע לנאמנות האשה, דן כהד"ג [כבוד הדרת גאונו] מטעם מילתא דעבידא לגלויי, והביא לזה מדברי הנובי"ק (א"ע סי' נ"ה), ויש לדון בזה גם משום שבידה... והב"ד שומעים קול טבילתה, ומה שהאשה המפקחת מזהירה לטבול היטב, ואומרת בקול רם להב"ה, שהגיורת טבלה כראוי, והיא עכשיו תחת המים, והב"ד יכולים לכנס ולראות אם האמת עמה... י"ל דנחשב להב"ד כמו ידיעה בלא ראיה... ובזה ניחא מה שכתבו הפוסקים (ביו"ד סי' רס"ח), דצריך עדים על טבילת גרים, אף אם נאמר דב"ד א"צ בדיעבד... והא דהגר אינו נאמן אף דהוי בידו, זה פשוט...
וכ"ז אם אנו מסתפקינן על עיקר הטבילה, אבל היכא דהב"ד עומדים מבחוץ, ויודעים בודאי שירדה להמים לטבול, וציותה להאשה המפקחת לראות שתטבול כהוגן, שוב נחשב לאשה העומדת על גבה, כמו בידה ונאמנת כנ"ל.
...וכ"ז יש לצדד, דשייך גם באשה יהודית, שהתמנתה מאת הב"ה, להיותה מפקחת, שהיא נאמנת מטעם בידה, ושייך בה חזקה שליח עושה שליחותה, ובצירוף כל המבואר לעיל, יש מקום לומר – בדרך אפשר – דהוי להב"ד ידיעה בלא ראיה.

בסוף דבריו, המנחת יצחק שב ופסק שלכתחילה תטבול בחלוק, בעקבות פסיקתו של הרב עובדיה שתובא להלן. אולם הוא ציין שגם טבילה בחלוק תופסת רק בדיעבד.[53] לפיכך תטבול שוב ללא בגדים כשהדיינים יצאו ובפני אישה יהודייה.

53. שולחן ערוך, יורה דעה, קצח, מו. מוכח מלשונו שהטבילה כשרה רק בדי־עבד. אומנם לדעתי אין לומר כך, וטבילה בחלוק היא לכתחילה. ראו להלן, פרק יא, "מים חיים לשאלת טבילת נשים עם מוגבלות", בחלק האחרון של המאמר תחת הכותרת "בשולי הדברים: טבילה בחלוק", עמ' 270.

ולשיטתו, יש לשאול, מה ראה להעדיף דיעבד על דיעבד, טבילה בחלוק על פני טבילה שלא בפני בית דין? ואיך נעדיף זאת על פני לכתחילה של טבילה בפני נשים שהן שליחות בית הדין?[54]

הרב משה פיינשטיין דן בשאלה שנשלחה אליו מלונדון בדבר טבילת אישה בפני בית דין.[55] הוא הכריע שבית הדין הוא חלק מן ההליך המשפטי ממש ולפיכך לא התיר טבילה שלא בפני בית הדין. אולם בהווה אמינא הוא עמד על השוני בין תפיסת נוכחות בית הדין בשעת הטבילה כחלק מן ההליך ובין התפיסה שאינה רואה בבית הדין חלק מן ההליך, ונוכחותו בזמן הטבילה נדרשת רק לצורך ראייתי. מדבריו עולה מפורשות שאם אין אומרים שיש הכרח שבית הדין יראו את הטבילה, כיוון שמדובר בדבר שיש בו חוסר צניעות – ודאי שהוא אסור.

> אבל לא מסתבר זה שאם אינו עיכוב בחשיבות הב"ד לא היו מצריכין שיראו הטבילה בגיורת שבכל אופן אין זה דרך צניעות...

וממה נפשך, המשיך הרב משה פיינשטיין, אם הטבילה בפני בית דין נצרכת, הרי לא יועילו כל מיני מעשי כיסוי. בית הדין צריך לראות את הטבילה.[56] על כל פנים, משמע מדבריו שנוכחות בית הדין בטבילת נשים לגיור היא קולא עצומה בדיני צניעות, ולכן יש לתמוה, מדוע אנו מחמירים כדעת הרמב"ם והרי"ף בענייני הגיור ומקילים בדיני צניעות? ומדוע אין אנו סומכים על הרא"ש, הטור, התוספות והשולחן ערוך, ומחמירים בענייני צניעות – בפרט שאפשר להחמיר בשני העניינים כאחד, באמצעות מינוי נשים כשליחות בית דין?

54. שם.
55. אגרות משה, יורה דעה, חלק ב, סי' קכז.
56. נדמה שפסיקתו של הרב משה פיינשטיין נוטה להחמרה כיוון שהוא נלחם בקונסרבטיבים ובגיורים שלהם. ראו בעניין זה אגרות משה, יורה דעה, חלק א, סי' קס. ואף בפסק שלעיל עיקר הדיון הוא בטבילה לגירות על ידי נוכרית שאינה נאמנת כלל.

הרב עובדיה יוסף נדרש אף הוא לשאלה דומה.[57] השאלה עסקה בנוהג המקובל במצרים, שהאישה טובלת בפני אישה והדיינים אינם עומדים בבית הטבילה אלא בחדר סמוך מחוצה לו, ומשם הם מודיעים למתגיירת מקצת מצוות קלות ומקצת מצוות חמורות. הרב עובדיה ציין שלטענתם היום המים במקוואות צלולים, ולכן לא יעלה על הדעת שבית הדין יעמוד בתוך בית הטבילה ממש, כיוון שגופה של האישה נראה אף בהיותה במים. בבואו להחמיר התקשה הרב עובדיה להתמודד עם העובדה שמרן השולחן ערוך פסק כתוספות וכרא"ש, ובניגוד לרי"ף ולרמב"ם, ולכן הביא ראיות נגד פסיקת מרן השולחן ערוך ממקורות רבים. בין השאר הוא הביא את פסיקת רבה הראשי של מצרים, שלפיה יש להתגבר על בעיית המים הצלולים באמצעות הנחת יריעת בד על פני המים, כך שרק ראש הטובלת יציץ מבעד ליריעה. הוא גילה שמנהג זה לא פשט, ובית הדין במצרים לא נהג להיכנס למרחץ.

וכך קבע הרב עובדיה:

> והנה אע"פ שהיו כמה אנשים מודרנים אשר הם חכמים בעיניהם שהתנגדו לזה בכל תוקף ובאו בטענה שאין זה נאה והוגן לחברי בית הדין להיכנס בבית הטבילה של נשים בכלל, בשעה שיש אישה במקווה. **ורק לרופא פרוץ מותר לו לבדוק נשים אפילו ערומות, בגלל איזה מיחוש וכיוצא, מה שאין כן לתלמידי חכמים צנועים. זאת תורת המודרנים הללו, היפך תורתנו הקדושה שמחלקת בדין ייחוד להיפך בין כשרים לפרוצים. ואת הישרה יעקשו, ולא תהיה תורה שלימה שלנו כשיחה בטילה שלהם.**
>
> ותלי"ת [ותהלה לה' יתברך], הצלחתי לשכנע בזה את הרב הראשי מטעם המלך עד שהעיד שכן נהגו גם בקושטא בירת תורכיה

57. הרב עובדיה יוסף, שו"ת יביע אומר, חלק א, יורה דעה, סי' יט.

> ופקד על שמש בית הדין לציית להוראתי, ולמלא אחר דברי בזה, וכן הנהגתי מן היום י״ח חשון ה׳תש״ח.

יצוין שהרב עובדיה פסק כאן בניגוד לעמדתו העקרונית שיש לפסוק לפי הכרעתו של מרן.[58]

הרב עובדיה אף יצא כנגד היתרו של הרב עוזיאל, מפני שלדעתו, עמדתו של הרב עוזיאל מבוססת על ההיתר הדיעבדי של מקצת הפוסקים והופכת היתר זה לדין שלכתחילה:

> וכל שכן האידנא דאחסור דרי ורוב הגיורות אין כוונתן לשם שמים רק לשם אישות וכיו״ב, ודי לנו להקל בעצם הגירות, שאנו מוכרחים לקבלן כשבאים אלינו להתגייר, מכמה טעמים וסיבות נכונות ומספיקות, וכמש״כ בתשובה אחרת בס״ד. אבל להוסיף עוד קולות כגון לטבול שלא בפני בית דין, כדי שלא תנעול דלת בפני גרים?! חלילה לומר כן, אדרבה **מי יתן וננעלה דלת בפניהם!**[59]

חשוב להוסיף כי במחברת זיכרונותיו סיפר הרב עובדיה שנושא הטבילה היה אחת הסיבות שהובילו את ראשי הקהילה במצרים לפטר אותו מתפקידו ברבנות במצרים.[60]

58. ראו הרב בני לאו, ׳מעמדו של הרב יוסף קארו בפסיקותיו של הרב עובדיה יוסף׳, שנתון המשפט העברי כג (תשס״ה), עמ׳ 73-125. ייתכן שעשה כן כיוון שנתקל בפסק קודם של הנהר מצרים, שקבע הלכה זו לבני מצרים, ובארץ לא פסק כך משום שלשיטתו, בארץ מרן הוא המרא דאתרא.
59. הצעתו המעשית של הרב עובדיה היא שהנשים תטבולנה כאשר יריעה מונחת על פני המים ומסתירה את גופן, ורק ראשן יבלוט החוצה כדי שבית הדין יוכל לראות שהאישה שם ושהיא טובלת ומכניסה את ראשה אל מתחת למים.
60. הרב ד״ר בני לאו הפנה את תשומת לבי לעובדה שהפסק הזה יצא מתחת ידיו בתוך פחות משלושה חודשים מיום הגיעו למצרים. מצ״ב קטע מהמחברת:
    בכ״ה בחשון נכנסו לנשיא הקהילה צירי הדתיים: אהרון שוויקה, יו״ט

סיכום

צניעותן של נשים המבקשות להשתייך לעם היהודי היא עניין בעל ערך שאין להקל בו ראש בעומדו כנגד ערכים האחרים הקשורים בסוגיה. נשים עלובות אלו העומדות בתור ומצפות בכיליון עיניים לקבלת חותמת הכשרות של עם ישראל, מי יילחם להן? מי ישמיע את קולן? יש להיזהר מאוד מרמיסת כבודה של אישה שכל רצונה להיות בת לעם ישראל ולהסתופף תחת כנפי השכינה.

לפיכך, היה הראוי לשקול מחדש את האפשרות להטביל נשים

טנטאוי, מנהלי המדרשים ועוד יוסף ווהבה, בבקשה לדחות את ההתפטרות כי אין כאן לא ת"ח ולא מנהיג דתי כראוי. ענה להם שכבר התקבלה החלטה בפני כל הועד במלואו, לקבל את ההתפטרות ומנה להם את הסיבות:

א. ענין הגיורות שאנו נכנסים לטבילה (ולא סיפרו שיש יריעה, עיין תשובה ביבי"א חלק יו"ד).

ב. עניין איסור המרחץ שנבנה על קרקעית בית הכנסת.

ג. עניין המזונות שאיני פוסק למורדת ומצער בזה את הדיינים (ראה תשובה באבן העזר).

אנו מצפים לקבל רב מאפריקה ואמריקה היודעים ללכת על פי רוח הזמן לא כאיש הזה האדוק בדת ומחזירנו לשלשת אלפים שנה אחורנית, ואינו יודע כי הזמן נשתנה.

בחדשים טבת-שבט התעוררו כל חברי הועד הדתי ופנו לנשיא הועד להגיע לפשרה. ניסו להציע לרע"י להשאר כאחראי על גו"ק בלבד אך הוא סירב. ביום כ"ח בשבט שלחו מאתים מחברי הקהילה מכתב מחאה המחייב לכנס את האסיפה הכללית ולדון בהתפטרות ובמצב הכשרות בבית החולים. כתגובה איימו חברי הועד (18 במספר) שכולם יתפטרו אם לא יקבלו את החלטתם ולהוסיף אש על המדורה גם הרב הראשי הצהיר שיתפטר אם יקבלו את הערעור. והאשים אותי שאני מחרחר ריב והיה עלי לנסוע כבר לפני ששה חדשים (ובאמת כי באו לי מכשולים בדרכי ולא הייתי יכול לנסוע, להיות וכל ספרי בכת"י לא היה באפשר להוציאם מצד הצנזור וגם כי שני בני הנולדים לי בארץ מצרים לא רשומים בפספורט [פלשטינאי] ואין מי שיכול לרשמם שם).

לגיור במעמד נשים נאמנות שתמונינה לשליחות בית הדין לעניין הזה, ובית הדין יעמוד מבחוץ ממש, באופן שהנשים תהיינה "ידו הארוכה", והדיינים יוכלו לוודא שהטבילה מתבצעת כדין. כך לא יהיה צורך לסמוך על כיסויים למיניהם, המועילים רק בדיעבד, ונחסוך את הבושה שבידיעה שבית דין נכנס למרחץ של נשים ומביט בטבילת נשים. נחסוך גם לנשים הליך שבעיני מתגיירות רבות משאיר רושם קשה ולא נעים. תפיסה כזו היא לכתחילה ממש, ואף נוכל לומר שהיא עומדת בדרישת הפסיקה המחמירה. לכל הפחות, שיטה זו נשענת על יסודות מוצקים – על שיטת התוספות ועל שיטת הרא"ש שאמר ש"כאילו עומדים שם דמי".

קיימת אפשרות נוספת, והיא לתקן שנשים תחצוצנה באופן ממשי בין הטובלת ובין בית הדין, באופן שהדיינים יוכלו לראות את המתרחש ביניהן בשעה שהם עומדים מרחוק,[61] או לחלופין להציב סדין חצי שקוף שייתן למתגיירת את התחושה שיש חציצה, ושמבעדו אפשר יהיה לראות את עצם הטבילה במטושטש. פתרונות יצירתיים כאלו ואחרים אינם מצריכים שינויים תפיסתיים קיצוניים, אלא רק תשומת לב ורגישות.[62]

כך או כך, נמצאנו שומרים הן על כבוד בית הדין, הן על כבודן של המתגיירות והן על כבודה של תורת ישראל.

אחרית דבר

לאחר פרסום המאמר קיבלתי כמה תגובות חשובות. אחת התגובות, המחזקת את עמדתי בהבנת המקורות, שולבה בגוף הדברים כאן

61. ומכל מקום תקנה ברורה בנושא תועיל מאוד גם למניעת ביזיון בית הדין ופגיעה בכבודו, כפי שמשתקף למשל מפס"ד ת"פ 1319/01, מד"י נ' אינהורן ואח', שם טענה אחת הנשים שהדיינים נהגו בחוסר צניעות בעת טבילתה.

62. באופן הזה איננו זקוקים לדעה הדיעבדית של התוספות וסיעתו, ואפשר לומר לכתחילה שזו היא טבילה במעמד בית דין.

בתיקונים קלים. אך שני מקורות נוספים חשובים קיבלתי לידיי.[63] המקור האחד הוא צילום של תעודת גיור מבית הדין שבמרסיי, צרפת, משנת תשל"א (1971). בית הדין תיאר בתעודה את תהליך הגיור שעברה אצלם, וכך נכתב שם בחלק המתייחס לטבילה: "אז, ביום ו' באדר תשל"א, ובשליחותנו הטבילוה שתי נשים כשרות, ואחרי הטבילה ועל דעתנו הודיעונו שהנז"ל טבלה במקווה כשר לשם גירות כד"ת וכהלכה, וקראנו שמה בישראל דבורה... ומעתה ומעכשיו הרי היא כיהודיה כשרה וגמורה לכל דבר ומותרת לבוא בקהל ה'...". התעודה הזו משיחה לפי תומה את מה שאני טוענת, שככל הנראה זה היה הנוהל הקדום והמוכר, וכי הטבילה בפני בית דין של גברים הוא חידוש ושינוי מהדין שהיה נוהג.

נוסף לכך, קיבלתי לידי עותק מפרוטוקול של כנס הדיינים השני שהתקיים בימים כ"ה-כ"ו בתשרי תשי"ד. בכנס הזה דובר על ענייני הגיור ותיקון הנהלים לנושא זה בארץ. אחד הדוברים (שקשה למעט בחשיבותו), הרב אליעזר ולדנברג, הציץ אליעזר, השמיע את דעתו בדבר גירות נשים, ואמר דברים מפורשים התומכים בהצעתי:

> וכן מצינו בזה מעשה רב בספר משפטי עוזיאל לרב עוזיאל ז"ל שהנהיג הלכה למעשה בעיר סלוניקי שתעמוד הגיורת בליוויית שלוש נשים ישראליות לפני בית דין ובית דין יודיעו לה מצוות קלות וחמורות ועונשן כדין וכהלכה. ואחרי קבלתה עול מצוות יצוו עליה שתלך תיכף עם הנשים שאתה בית דין לטבול בפניהם בתור שליחות בית דין ולשם קבלת היהדות וכל מצוותיה וכן יאמרו לה הנשים בשעת טבילתה... **ופעם בדברי איתו בעל פה על כך הסכים לי שמן הראוי להנהיג כך גם כאן בארץ, ולכן הכרחי הדבר שיונהג בזה נוהג כללי ואחיד.**

63. ותודה לד"ר נתנאל פישר, שבאותם ימים היה עסוק בכתיבת הדוקטורט שלו וישב בארכיב המדינה ומשם הביא לי את צילום המסמכים החשובים השמור עימדי.

נספח: על נשים כשליחות בית הדין[64]

משצפה ועלתה הצעת הפתרון ההלכתית המאפשרת נוכחות נשים בזמן טבילת המתגיירות – התלוותה אליה שאלה חדשה וקשה בדבר מעמדן של אותן נשים. מהו המנגנון שעל פיו ובאמצעותו הן נכנסות לנעלי בית הדין? האם הן הופכות לבית דין בעצמן? (ולכן צריך שלוש נשים, כהרכב בית הדין המגייר)? או שהן שליחותיו בלבד, ולפיכך די באישה אחת, המשמשת שלוחת בית הדין, ותו לא?

שהרי כפי שהזכרתי, כמה מגדולי הדורות האחרונים הציעו אפשרות זו של הטבלת נשים לגיור על ידי נשים שתוגדרנה כשליחות בית דין. ובתוכם: הרב עוזיאל, ר' שמואל סלנט וכן הרב וולדנברג. הרב וולדנברג אף הציע להנהיג זאת כנוהל אחיד בארץ, ולא במצבי דיעבד מובהקים ומיוחדים. לדבריו, המצב בארץ הוא כזה שבית דין שנכנס למקווה של נשים מעורר קטרוג, וכי "יש להתחשב עם המצב של היום שאנו נמצאים בו".[65]

אם כן, יש לברר על מה נשענו גדולים אלו בהצעתם זו. מה מהותה של ההצעה למנות נשים כשליחות בית דין,[66] ומה המשמעות של פורום של שלוש נשים דווקא?

המשנה הראשונה במסכת סנהדרין מנתה את ההרכבים השונים בבתי הדין השונים. היא הבחינה בין דיני ממונות ובין דיני נפשות, וכן בין דיני ממונות לדיני קנסות. לפי המשנה, ישנן גם מסגרות לעניינים ציבוריים, כך הוא הדבר לגבי עיבור החודש ועיבור השנה ועוד.[67]

בתוך ההקשר הזה, קבעה המשנה כי: "דיני ממונות – בשלשה, גזילות וחבלות – בשלשה". לחלק מהדעות, כשמדברים על בית

64. נספח זה נכתב כתשובה לשאלה שהתעוררה בעקבות המאמר על טבילת נשים לגיור, ופורסם בעלון בית הלל, סיון תשע"ג.

65. דבריו נזכרו לעיל. פרוטוקול כנס הדיינים השני, תשרי תשי"ד.

66. אפשרות פשוטה היא לומר שהן שליחות בית הדין, והצורך בשלוש נשים אינו הלכתי אלא כדי לייקר את המעמד.

67. סנהדרין א, א.

דין של שלושה, מתייחסים להרכב של דיינים מומחים וסמוכים.[68] כיוון שבתקופה מסוימת פסקה הסמיכה, לא ניתן לקיים אף אחת מן הערכאות הנדרשות לדיון בעניינים השונים. אולם, הגמרא מבארת לגבי הודאות והלוואות שאם לא נקיים בתי דין, גם אם אינם מומחים וסמוכים, נשבש את כל המערכת שבין אדם לחברו. אנשים יימנעו מלהלוות ותינעל דלת בפני הלווים. לכן נפסק שבעניינים מסוימים אנו אומרים "שליחותייהו קא עבדינן". קרי, אנו פועלים בשליחות בתי הדין הסמוכים. לפיכך, בעניינים מרובים, בתי הדין שלנו פועלים רק מכוח היותם כעין שליחי בית דין.[69] במקומות שונים הגמרא דנה כיצד להגביל את המושג הזה, של שליחות, והיא אינה מתירה להעניש בקנסות או לדון בדברים שאינם רווחים ושכיחים. שכן כל המוסד הזה נועד לפתור את החשש משיתוק המשק, אך לא להסמיך את מי שאינו ראוי לכך.[70] הרב וולדנברג הסביר באחת מתשובותיו כי שליחות זו אינה שליחות ממשית, ואין הכוונה שהראשונים הסמיכונו לדון בנושאים הללו. הכוונה היא בכלליות, שהתורה גזרה שחוקות המשפט יהיו "לדורותיכם", וכיוון שכך, מכוח זה הדיינים נעשים שלוחיהם של הקדמונים, כדי שנוכל להפעיל את חוק התורה לדורות.[71] מדברים אלו עולה שכל מושג שליחות בית הדין הוא משום "תיקון העולם" והצורך הציבורי.[72] וכך, גם בענייני גירות אנו אומרים שמאותה הסיבה, מפני תיקון העולם, ניתנה רשות מהתורה לדיינים שאינם סמוכים לדון.[73]

בעיקרון נשים פסולות מלדון, כיוון שהן פסולות להעיד, והן אינן שותפות במערכת המשפטית כלל.[74] אולם, בדיני ממונות הותר לאנשים שאינם כשרים לעדות לדון אם בעלי הדין מסמיכים אותם

68. סנהדרין ג, א ואילך.
69. טור ושולחן ערוך חושן משפט סי׳ א.
70. בבא קמא פד, ב.
71. שו״ת ציץ אליעזר, חלק טו סי׳ סט.
72. ראו שו״ת דברי יציב, חושן משפט סי׳ ב.
73. ראו רשב״א יבמות, מו ע״א, ד״ה דלמא, ועוד ראשונים.
74. סנהדרין ג, ט.

לכך.[75] במצב כזה הותר גם לקרובים הפסולים לכך או להדיוטות לדון. אפשרות זו כוללת אף נשים. מכך ניתן להסיק כי במקרים מסוימים וחריגים נשים עשויות להוות בית דין.[76]

לענייננו, כיוון שמדובר במצב שבו אי אפשר אחרת, ולא ראוי לקיים טבילת נשים בנוכחות גברים, ניתן להכיר בנשים כשליחות בית דין, בדומה להכרה בבית הדין הרגיל, כדי למלא את תפקידם של הראשונים ולהנציח את חוקת התורה. בפרט שמדובר בענייני גירות, שמוסכם על הראשונים שיש לקיימם בכל דור מדין "לדורותיכם".

ראוי לסיים עניין זה בדברי בעלי התוספות: "ויש לומר דשליחותייהו עבדינן... עוד אמר הר"ר נתנאל דבגר כתיב לדורותיכם דמשמע בכל ענין אף על גב שאינן מומחין, דעל כרחך השתא ליכא מומחין שהרי אין סמוכין ולדורותיכם משמע לדורות עולם".[77]

75. ג, א–ב.

76. ספר החינוך, מצווה עז, וראו גם מנחת חינוך שם.

77. תוספות, קידושין, סב ע"ב, ד"ה גר צריך.

האם בת הלוויה בטבילה אכן הכרחית?

הפרק הבא עוסק באפשרות הטבילה ללא בלנית. הבעיה מתעוררת מיד כשפותחים את השולחן ערוך, שהרי שם נכתב במפורש שהטבילה נעשית בלוויית אישה יהודייה בת י"ב שנים ומעלה. ואם כן, האם ניתן לומר דבר הלכה שנראה על פניו שהוא מנוגד לאמור במפורש בשולחן ערוך? התשובה העקרונית לשאלה זו היא שהדבר אפשרי. והדרך הסלולה לכך היא הדרך הפרשנית. פוסק המבקש להלך בדרך זו נדרש לברר את ההלכה, את מקורה, טעמה והקשרה ולנתח את לשון ההלכה כפי שהיא מובאת בדברי השולחן ערוך. אחרי שעשה כן, עליו להוכיח שפרשנותו להלכה לגיטימית, אף אם היא מחודשת.

ההלכה הזו, טבילה בנוכחות בלנית, שבה אנו עוסקים מבוססת וקשורה בתיאור המציאות כפי שהייתה. כיצד אני יודעת זאת? מפני שחקירת המקורות הראשוניים, קרי: מקורות חז"ל, מראה שלא נדרשת נוכחות אישה נוספת בזמן הטבילה. להפך, משלל המקורות רואים שנשים טבלו ויכולות היו לטבול לבדן. חמור מכך: נוכחות כזו בוודאי לא נדרשה לצורך הכשרת הטבילה, שהרי דרישה כזו סותרת הוראת יסוד בהלכות נידה, שהאישה נאמנה על טהרתה ללא יוצא מן הכלל, וסומכים בנושא זה על מוצא פיה.

הרקע לנוכחות בת הלוויה בטבילה הוא היסטורי: נשים חששו ללכת לטבול לבדן במקומות חשוכים ומסוכנים,[1] לכן, נהגו ללכת עם בת

1. ראו לעניין זה שולחן ערוך יורה דעה קצח, לד. ושיורי טהרה שם.

לוויה קרובת משפחה או חברה לטבול. במקביל, סברו פוסקי ההלכה שהחשש של האישה לטבול באזור פרוץ, חששה מקור ומחשיכה, יגרמו לה להזדרז ולסיים את הטבילה במהירות רבה מדי, והטבילה עלולה שלא להיות כדין. בתנאים אלו היה הכרח בליווי וסיוע, ואולי גם בווידוא כשרותה של הטבילה. וכך נוצר נוהג שהתגבש בעקבות מציאות מסוימת וקיבל חיזוק מההיבטים ההלכתיים הקשורים באותה מציאות.

לאורך ההיסטוריה ישנן דוגמאות לא מועטות למפגשים בעלי אופי משתנה בין הלכה ונוהג. בחלק מהמקרים הנוהג היה ממש בניגוד להלכה, בחלק מהמקרים הנוהג שינה את ההלכה ובמקרים אחרים מה שהחל כנוהג בלא עיקר הלכתי התקבע להלכה והתקדש. ניתן להביא דוגמאות למכביר לכל סוג, ודי אם אזכיר שענייני גוי של שבת בכללותם והנהוג בהם בחו"ל במקומות מסוימים סותר את ההלכה כפי שהיא עולה מהפוסקים ונוטה להקל. מנהגן של נשים שלא לזמן אף הוא אינו עולה בקנה אחד עם ההיסק ההלכתי המקובל שממנו עולה בפשטות כי הן חייבות בזימון.

בשנים האחרונות יצאה הרבנות הראשית נגד העושים כפרות על תרנגולים משום צער בעלי חיים, אף שמדובר במנהג קדום ושורשי ביותר, המופיע בספרות ההלכה והמנהגים, הגם שיצאו נגדו כבר בעבר. יציאת הכלה בהינומה היא מנהג קדום הנזכר במשנה כראיה להיות הכלה בתולה, אם תתעורר מחלוקת בנושא. יציאת הכלה בהינומה הפכה להלכה שפוסקים רבים הטעינו עליה טעמים רבים, אך בדור האחרון הפכה ההינומה ללבוש מלבושי הכלה שאין בו שום עדות למעמדה, וההינומה הופקעה ממשמעותה המקורית. בפועל, גם אלמנות וגרושות רבות שנישאות בשנית חפצות לעיתים להניח הינומה על ראשן. כך או כך, גם רווקות הנישאות אינן בתולות בהכרח, ועדיין כולן מניחות הינומה על ראשן. לכן הרב עמאר פסק שמנהג זה איבד את משמעותו וכי אין הכרח בו בשום חופה, בין של רווקה ובין

של גרושה או אלמנה.[2] כמובן, אין זו הדעה הרווחת בהכרח בפוסקים. אך מהדיון הזה עולה שגם מנהג שהפך להלכה עשוי להפוך לחסר ערך וטעם בהתאם למציאות המשתנה. במקרה כזה, לא נדיר למצוא פוסקים שיעצימו את המנהג וילבישו אותו במחלצות חדשות, ומנגד פוסקים שיראו בו מנהג שאין עניין בהמשכתו.

על כל פנים, לא כל המנהגים דומים, ולא ניתן להסיק ממנהג אחד על משנהו בלי להעמיק בתורת המנהגים בכללותה. לכן, ודווקא משום הרגישות הגדולה לענייני המנהגים והמנגנון העדין והמשמעותי שעליו הם נשענים, ראוי לברר כל מנהג ומנהג כשלעצמו ולא להקיש מזה לזה.

בעניין הטבילה בנוכחות בלנית, התקנה הקבועה בשולחן ערוך אינה מנוסחת כהלכה מחייבת, אלא כהלכה המשרתת מטרה ברורה. וזו לשון השולחן ערוך:

> צריך לעמוד על גבה יהודית גדולה יותר מי"ב שנה ויום אחד בשעה שהיא טובלת שתראה שלא יישאר משער ראשה צף על פני המים; ואם אין לה מי שתעמוד על גבה, או שהוא בלילה, תכרוך שערה על ראשה בחוטי צמר או ברצועה שבראשה, ובלבד שתרפם או בשרשרות של חוטים חלולות או קושרת בגד רפוי על שערותיה.[3]

בכלים פרשניים מקובלים ניתן להראות מציטוט זה כי במקרים של קושי, אפשר למצוא פתרונות אחרים. לא נותר אלא להתמודד עם העובדה שמדובר במנהג שהשתרש, שלהבנתי אינו מן המנהגים החזקים שאינם תלויים בדבר. מקרים כאלה יוצרים עבור כל פרשן ופוסק מרחב פעולה שבו הוא יוכל להביא לידי ביטוי את כלי העבודה שלו ולהשיב לשאלת דורשי דברו. פסק ההלכה שיינתן יהיה נקודת מפגש בין הבנת הלב, ניתוח ההלכה ותמונת המציאות כפי שהוא רואה אותה.

2. שו"ת מלאכת שלמה, חלק א, סי' ס.
3. שולחן ערוך יורה דעה קצח, מ.

פרק י

"וספרה לה" –
על טבילה ללא בלנית[1]

מבוא

הנוהג הרווח במקוואות המוסדרים הוא שבלנית אחראית על המקווה ותפעולו, ובכלל זה, מתפקידה לעמוד מעל הטובלת ולאשר את כשרות הטבילה. בדרך כלל היא חותמת עם יציאת האישה מן המקווה במילים: "טבלת כדין ואת טהורה" או "כשר". נשים רבות מדווחות על קושי שנובע מנוכחותה של בלנית על גביהן בשעת הטבילה. הרצון לטבול במרחב פרטי יכול לנבוע מכמה גורמים: אם משום שמדובר ברגעים אינטימיים ואישיים, אם מפני שיש ניגוד בין משמעות הטבילה ובין

1. מאמר זה הוזמן בידי מערכת תחומין בתגובה למאמר שפורסם שם, הדוחה את האפשרות ההלכתית של אישה לטבול ללא נוכחות בלנית. בדיעבד, נסוגה המערכת מקבלת המאמר לדפוס, בין השאר מפני שלא היו מעוניינים לפרסם מאמר של אישה מבלי שיצורף לשמה שמו של גבר, אף שלא היה שותף לכתיבת המאמר. אני התנגדתי לצירוף שם בדוי על פי הציווי "מדבר שקר תרחק".

הטקס הפורמלי המנוכר והמנוהל. ולא מעט גם בגלל טראומות עבר, פגיעות ומצוקה או דימוי גוף נמוך ורגישות לכל מבט חיצוני.

נאמנות האישה

יש כלל יסודי בהלכות נידה הנלמד מדרשה מהפסוק "וספרה לה":[2] "'לה' – לעצמה".[3] הדרשה היא גם נדבך לעקרון נאמנותה של האישה בתחומי איסור נוספים.[4] ולשיטות מסוימות זה הבסיס לכלל הרחב "עד אחד נאמן באיסורין".[5] אך לכל הדעות, אישה נאמנת בהלכות נידה באופן רחב וכולל. המשמעות היא שגם האחריות על הטהרה מוטלת על כתפיה ושאין היא זקוקה לפיקוח חיצוני על תהליך הטהרה או למתן הכשר ותוקף לו. וכך כתב הרשב"א בעניין כתמים:

> האישה שראתה ונאבד הכתם ואמרה היא כירוק זה או כלבן זה ראיתי ואבדתיו נאמנת...
> שהתורה האמינתה דכתיב "וספרה לה".[6]

נאמנות האישה מתערערת אך ורק כשעדותה ודבריה נמצאים סותרים. כך ניתן להסיק מהתמיהה של הגמרא במסכת כתובות על המשנה הקובעת שמי שמשמשת את בעלה כשהיא נידה, עוברת על דת משה

2. ויקרא טו, כח.
3. בבלי כתובות עב ע"א.
4. בעניין הרחבת נאמנותה של האישה לתחומים נוספים ראו: כתובות, עב ע"א–ע"ב; וכן תוספות גיטין ב ע"ב, ד"ה עד אחד. עקרונית, הריטב"א סבר שנשים נאמנות רק בענייני נידה, ר' דוד סבר שנשים נאמנות כגברים, לדעת התוספת אישה נאמנת כשבידה לשנות את הסטטוס, כמו בהלכות נידה, ולדעת השיטה המקובצת היא נאמנת לעניינים שבשגרה.
5. ראו מאמרי: מ' טיקוצ'ינסקי, 'עד אחד נאמן באיסורין או: על קוצו של ד'', גרנות ג (תשס"ג), עמ' 41–57.
6. תורת הבית הארוך בית ז, שער א.

ויוצאת בלא כתובה. הגמרא תוהה: "אי לא ידע נסמוך עילוה", כלומר: הנאמנות הבסיסית של האישה סותרת את אפשרות החשד שהיא משמשת כשהיא נידה.[7] נאמנותה מתערערת רק כשהיא עצמה תולה את קביעתה בחכם באומרה: "פלוני חכם טיהר לי את הדם".[8] במקרה כזה, בבירור שנערך עם החכם עולה שלא היו דברים מעולם, נמצאו דבריה סותרים ואינה נאמנת.[9] מקרה אחר שבו האישה אינה נאמנת הוא כשעדותה סותרת את הממצאים שבידינו. כמו שאמר הרשב"א ש"בטועה בדמיונות נמי לא מחזקינן לה". הרשב"א התייחס למקרה המתואר בגמרא שבו האישה אמרה שבעבר חכם טיהר לה מראה הדומה למראה המסופק שהביאה כעת. וכדברי הרשב"א:

> ולעולם כל היכא דאתחזק דם לפנינו אין מקום לנאמנותה, דהא קא חזינא (עינינו הרואות) דטועה בדמיונות.
> ואפילו בדבר המסופק לנו אין סומכין על דבריה, דדילמא כי היכי דלדידן לא איבריר לן (שמא כשם שלנו אין הדין ברור) ולא יכלינן למיקם עליה (ואין אנו יכולים לעמוד עליו כעת) איהי נמי לא קמה לה עליה...[10]

7. בבלי כתובות עב, א.
8. לעומת זאת, אם בעלה רואה דם על בגדיה והאישה אומרת "בשוק טבחים עברתי", היא נאמנת. מכאן ראיה שלא כל ריעותא גורעת מנאמנותה, אלא רק ריעותא העולה דווקא משום שהיא נאמנת, ומתוך שהיא נאמנת ויש בדבריה סתירה או שברור שהיא משקרת, אי אפשר לסמוך עליה, ראו רא"ש, כתובות ז, ט. הט"ז יורה דעה סי קפה, ס"ק ג ד"ה החכם נאמן, שסבור שכשדברי החכם סותרים את דברי האישה, האישה נאמנת אלא אם תולה את דבריה בחכם. וכן ראו תורת השלמים, סי' קפה ס"ק ז; שולחן ערוך הרב יורה דעה, סי' קפה ס"ק ח.
9. כתובות עב ע"א.
10. תורת הבית, שם. וראו: טור, יורה דעה סי' קפח.

במקרים בודדים של חוסר מסוגלות מוכחת נדרש סיוע חיצוני של נשים לפיקוח על תהליך הטהרה:

> החרשת והשוטה והסומא וכל מי שנטרפה דעתה, אם יש להן פיקחות – מתקינות אותן.[11]

ואף פיקוח זה מצומצם בהלכה למינימום הנדרש. לכן מבואר לגבי עיוורת (סומא) שהיא בודקת לעצמה ומראה לחברותיה. כלומר, רק בנקודה שבה יש חוסר יכולת מוכחת יש להיעזר בחברה ורק במידה הנדרשת. כלומר, גם על עיוורת סומכים שהבדיקה נעשית בדקדוק, ורק משום שאינה יכולה לקבוע את אופי המראה ולזהותו, היא נזקקת לחברותיה לעניין הזה בלבד.[12] עולה מן האמור שכל עוד אין לנו ודאות באשר לאי־היכולת של האישה להיטהר היא נאמנת. ורק כשהאישה עצמה מסופקת לגבי טהרתה או כשנאמנותה נעקרת משום שנמצא שהיא משקרת או כשברור שהיא טועה על פי הממצאים שבידינו, במקרים כאלה נאמנותה פוקעת והיא נזקקת להכרעה חיצונית ולפסיקת הלכה באשר למצבה. מכאן, שכל קביעה המחייבת נשים למבחן של עין חיצונית סותרת את עקרון היסוד של נאמנות האישה ואחריותה הבלעדית על תהליך הטהרה. למותר לציין שטבילה ללא בלנית אינה מעוררת ערעור ודאי על כשרות הטבילה, ולכן הטוען שעל פי ההלכה נדרשת מעורבות חיצונית ופיקוח על הטבילה עליו הראיה. כאן ראוי לציין שנשים מדווחות שבקשה של הבלנית לחזור על אחת מתוך שלוש או יותר טבילות היא נדירה ומסתכמת במקרה או שניים במהלך שנים רבות של נישואין. כולן אומרות שגם במקרים הנדירים הללו, מדובר שלכל היותר אחת מן הטבילות לא הייתה כדין, אבל שאר הטבילות היו תקינות, ודי בטבילה אחת כשרה כדי שהאישה תטהר. וכיוון שכל הנשים טובלות בכל פעם יותר מטבילה אחת, אין שום חשש שלא עלתה

11. משנה, נידה ב, א.
12. בבלי, נידה יג ע"ב; רא"ש נידה ב, ב, ועוד.

לטובלת הטבילה. מה גם שברוב המקרים האלה, האישה עצמה ידעה לומר שהטבילה הייתה בעייתית, כי נגעה בקירות המקווה וכדומה, לכן אין מדובר אפילו בחשש רחוק. ומכאן שהאישה נאמנת אם טבלה לבד.

מניין לחיוב טבילה?

בזמן שנהגו הלכות טומאה וטהרה, טבילות הגבר וטבילות האישה היו לעיתים ברמות חומרה דומות. אומנם גברים ונשים טבלו מסיבות מגוונות: כוהנים שרצו לאכול בתרומה, שאיסורה לכוהן טמא הוא במיתה בידי שמיים. מי שטהרו מזיבתם, לצורך הבאת קורבנות למקדש, או להתרת הכניסה למחנה לווייה.[13] לאלו הצטרפו שאר הטמאים, כמו מצורעים, מי שנגעו בשרץ ועוד. בחלק ניכר ממקרי הטומאה, עוצמת הטומאה זהה לזו של נידה, שאיסורה בכרת, וחומרת הטבילה הנגזרת ממנה אף היא זהה. המקור שממנו לומדים שהטבילה מעבירה את הטומאה אף הוא מקור אחיד ומתייחס לנשים ולגברים. לא זו אף זו, בתורה לא צוין בפירוש חיוב הטבילה לנשים המבקשות להיטהר מנידותן, ולגבי זבה נאמר בכלליות "ואחר תטהר".[14] המקור שממנו לומדים על חיוב הטבילה לאישה נידה מתייחס לטומאתם של גברים ונשים כאחד, והוא הפסוק: "ורחצו במים וטמאו עד הערב". פסוק זה דן במקרה של טומאה הנגרמת משכבת זרע לאחר ביאה, ולפיכך האיש והאישה שניהם נטמאים,[15]

13. או סתם כדי לצאת מידי טומאתם, שיש דיון אם קיימת חובה כזו. אחד ההיבטים לכך מצוי בדיון לגבי נשים אם טבילה בזמנה מצווה.

14. ראו ויקרא טו, יט-כח.

15. כלומר, דווקא ביחס לאישה מדובר בטומאה שאינה יוצאת מגופה וטומאתה משנית לגבר. עם זאת, אישה שפולטת שכבת זרע מוגדרת כ"רואה" ולא כ"נוגעת". ונחלקו הראשונים אם הדבר נוגע רק לשאלת טהרות או גם לאיסור אישה לבעלה. ראו: בבלי נידה מב ע"א; חידושי הרמב"ן שם, ד"ה הא דבעא מיניה; רא"ש, נידה ד, א; תורת הבית הארוך, בית ז שער ה; בית יוסף, יורה דעה, סי' קצו אות יא.

וממנו לומדים שמעשה הטבילה זהה בין איש לאישה.[16] וכך מובא בספרא:

> "ורחצו במים וטמאו עד הערב",[17]
> הקיש רחיצתה לרחיצתו.
> מה רחיצתו בנקיות, אף רחיצתה בנקיות,
> מה רחיצתו בארבעים סאה, אף רחיצתה בארבעים סאה,
> מה רחיצתה פרט לבית הסתרים, אף רחיצתו פרט לבית הסתרים.[18]

דרשה זו מקישה טבילת אישה לאיש. עיקר עניינה של הדרשה ללמד שפרטי ההלכות הקשורים בטהרת האיש ובטהרת האישה זהים, שכן חיוב הרחיצה נאמר בו לשניהם כאחד. לכן האיסור על חציצה זהה לשניהם, וכן מידות המקווה והלכותיו. בעניין זה כתב ערוך השולחן:

> דכלל גדול הוא בכל התורה שאין טומאה עוברת בלא טבילה, והרי אפילו בטומאות קלות, והיינו טומאת ערב דשרצים כתיב בשמיני "במים יובא וטמא עד הערב וטהר",[19]

16. ההשוואה והזהות בין הטבילות נכונות לא רק לעניינים המסוימים שנזכרו במדרש. וכל אימת שנגזרה גזרה או נתקנה תקנה הנוגעת לטבילה, היא נאמרה לגברים ונשים כאחד. כך למשל העיר השם יוסף (הלכות מקוות א, יא) לגבי גזרת מרחצאות: "ומלשון רבינו מוכח דדוקא באשה הוא דחיישינן לביעתותא אבל לא באיש... י"ל דהא ל"ק, דרבא נקט מאי דשכיח טפי וטבילת אשה שכיח בזמן הזה מה שאין כן טבילת איש. ובזה אתי שפיר נמי לדעת הראב"ד והרשב"א דס"ל גזרת מרחצאות כמ"ש מרן בדין זה יעוין שם, דאפילו הכי אתי שפיר מאי דנקט רבא אשה דוקא, דכיון דבזמן הזה ליכא טהרות לא נקט איש אלא אשה".
17. ויקרא, טו, יח.
18. ספרא מצורע, פרשת זבים, פרשה ג, אות ט. כדאי לשים לב שדין הרחיצה בארבעים סאה נלמד לאיש וממנו לומדים לאישה, וכן בדיני החציצה. רק דין בית הסתרים נלמד תחילה לנשים ומהן לומדים לגברים.
19. ויקרא יא, לב.

> וכן בטומאת ערב דשכבת זרע כתיב במצורע: "ורחצו במים וטמאו עד הערב".[20]

דבריו של ערוך השולחן מבליטים את העובדה שהתורה לא ציינה במפורש שנידה וזבה יטבלו לטהרתן. חובת הרחיצה נזכרת ביחס לטומאה הקלה של שכבת זרע והופכת לכלל רחב ולעיקרון בהלכות טומאה וטהרה. ומקל וחומר יש ללמוד מטומאה קלה זו לשאר הטומאות: אם אין יוצאים מידי טומאה קלה אלא בטבילה, קל וחומר לטומאות חמורות שבלא טבילה אין נטהרים מהן. וכך כותב ערוך השולחן בהמשך:

> וכל שכן טומאת שבעה דנדה וזבה ויולדת,
> ולכן סתמה התורה בנדה, דקל וחומר הוא מטומאת ערב,
> ולכן כתבה בכוונה בזבה סתם "וספרה לה שבעת ימים ואחר תטהר",
> והטהרה היא במים כדמוכחי קראי דלעיל.

יוצא דופן הוא הזב, שהתורה גם לגביו כתבה במפורש שהוא חייב לטבול דווקא במים חיים (מי מעיין) ולא במי מקווה:

> ורק בזב כתיב מפורש: "וכי יטהר הזב מזובו... ורחץ בשרו במים חיים וטהר",[21]
> משום דזב בעי מים חיים (=משום שטבילת זב היא דווקא במים נובעים, כמו מי מעיין),
> והנדה והזבה והיולדת די במי מקוה.

20. ויקרא, טו, יח; ערוך השולחן סי' קפג סע' ד.
21. ויקרא, טו, יג.

ולכן פירשה רק בזב, וכך דרכה של התורה, לסמוך על תורה שבעל פה בכל המצות.[22]

הרא״ש הביא מקורות אחרים לטבילת הנידה. הראשון שבהם הוא ממדרש הלכה הנסמך לפסוק ״והדוה בנידתה״:[23]

ת״ר ״והדוה בנדתה״,
זקנים הראשונים אמרו: תהא בנדתה שלא תכחול ולא תפקוס עד שתבא במים,
עד שבא ר׳ עקיבא ולימד אם כן נתגנית על בעלה ונמצאת בעלה מגרשה,
הא מה אני מקיים ״והדוה בנדתה״,
תהא בנדתה עד שתבא במים.[24]
ומכאן למדו לטבילת נדה מן התורה.

הלימוד הזה מתייחס ישירות לפסוק שענייננו טומאת נידה. אך למרות שהלימוד הזה הוא ממקור ישיר, הטבילה נלמדת מדברים שנאמרו על טומאת הנידה ולא על טהרתה.

מקור אחר הביא הרא״ש בשם רב יהודאי גאון:

ורב יהודאי גאון ז״ל כתב בתשובה:
טבילת נדה מן התורה קל וחומר ממגעה,
דבנוגע במשכבה כתיב ״והנוגע במשכבה יכבס בגדיו ורחץ במים״,
וכל שכן במגע עצמה.
וקל וחומר לנדה עצמה שהיא בטומאתה עד שתבא במים.

22. ערוך השולחן, שם.
23. ויקרא, טו, לג.
24. ספרא מצורע, פרשת זבים, פרשה ה פרק ט, יב.

לדברי רב יהודאי גאון, כשם שמי שנגע במשכבה של הנידה חייב טבילה, כך הנידה עצמה חייבת טבילה. ושוב לומדים את הרחיצה מחיוב טבילה אחר ומשווים בין הטבילות השונות. עמדה נוספת שהביא הרא"ש היא עמדתו של רבנו תם:

> ורבינו תם ז"ל אומר דטבילת נדה שמעינן מהאי קרא "אך במי נדה יתחטא",[25]
> ודרשינן: במים שהנדה טובלת בהן.[26]

כאן נראה להפך, שמי נידה הם המקור ללימוד הדין של שאר טבילות, עד שמי המקווה מכונים "מי נידה". לפי זה, דין טבילה של אישה נידה הוא המשמש מודל ובניין אב לשאר הטומאות.

במבט כללי ניתן לומר שבין אם דייקו מן הפסוקים המתייחסים לטומאות קלות אחרות שנידה חייבת בביאת מים, בין אם המקור הוא משותף ובין אם נידה היא המקור לשאר הטבילות, ברור לגמרי לכל המעיין בפרשיות הטומאה שהרחיצה היא דין כללי של טהרה, וכלליה ופרטיה אינם משתנים בין נשים לגברים ובין טומאה אחת לאחרת.[27] כל זה, למעט טבילת זב (אבל לא זבה), שהיא ייחודית וחמורה יותר. וכך סיכם הרא"ש:

> וקיימא לן דנדה וזבה לא בעו מים חיים,
> דתניא: "אין בין זב לזבה אלא שהזב טעון מים חיים
> והזבה אינה טעונה מים חיים אלא מי המקוה שכל הגוף עולה בהן.

25. במדבר, לא, כג. הפסוקים מתייחסים לדרך ההכשרה של גיעולי מדיין.
26. עבודה זרה, עה ע"ב.
27. וראו ההכללה ברמב"ם, הלכות מקוואות א, ב. וכן ראו: תוספות נדה, סז ע"א, ד"ה פתחה עיניה (השני בעמוד), ושם תוספות הביאו מחלוקת ראשונים אם טבילת נידה לבעלה חמורה כמו טבילה נידה לטהרות, ויש אומרים שטבילתה חמורה פחות.

וכמה הן?
אמה על אמה ברום שלש אמות.
ושיערו חכמים מי המקוה ארבעים סאה.[28]

מושג הטבילה אפוא הוא מושג אחיד, ומקורו, עקרונותיו ופרטי הלכותיו זהים בין נשים לגברים. לכן כשמדברים על חיוב טבילה בפני בלנית, ראוי לשים לב שלכאורה הטלת חיוב כזה אמורה להיות זהה לגברים. ולכן, למי שסובר שאישה צריכה בלנית בטבילה, גם גבר יתחייב בנוכחות של בלן בטבילתו. ובוודאי שיש להצריך כך כשמדובר בטבילה לצורך עלייה להר הבית, שהיא טבילה המוציאה מידי איסור.[29] לכן יש לבחון ולהבין אם נוכחות הבלנית בטבילת אישה הוא הכרח הלכתי, דין מדיני הטבילה, או תקנה שכל תכליתה לסלק את החשש ששיערה של האישה יבצבץ מחוץ למים (חשש שאינו קיים אצל רוב הגברים, משום שלרוב שיערם קצר) ונמצא שלא טבלה כל גופה בבת אחת. אם מדובר בנוהג שהיה לתכלית מסוימת ואינו דין עצמאי, הרי שאם ניתן לסלק את החשש בדרך אחרת, לא נוכל לדרוש דווקא נוכחות של בלנית לסילוקו. אם כלל הנאמנות מוחל על טבילת גברים, הוא חייב לחול לפחות באותה מידה גם לגבי טבילת נשים.

המקורות לנוכחות בלנית בטבילה

חז"ל לא הזכירו בשום מקום שאישה צריכה לטבול בנוכחות אישה נוספת. ההפך הוא הנכון. מסוגיות שונות עולה שנשים טבלו לבד. כך משמע מסוגיית נידה שנאנסה וטבלה, שנפלה מהגשר או שירדה להקר,

28. בבלי, עירובין ד ע"ב; רא"ש נדה י, ח.
29. טבילה לשם עלייה להר הבית היא הטבילה היחידה מהתורה שקיימת גם היום לגברים. אבל לעתיד לבוא הדבר יהיה נכון גם לטבילה לצורך אכילת תרומה למשל.

כלומר להצטנן במי הנהר,[30] או "נתנה תבשיל לבנה וירדה ועלתה". בכל אלה לא נראה שמדובר בטבילה שתואמה מראש אלא בטבילה שמתרחשת בתוך כדי פעולות אחרות, ובסוגיות האלה אף לא העירו שיש בעיה שהאישה טבלה ללא בלנית.[31] גם מי שמעיין בדברי הגאונים אינו מוצא בהם רמז לצורך בבלנית.[32] יתר על כן, נראה שהגאונים הכירו את הנוהג לכרוך את השיער בשעת הטבילה ונראה שזו הסיבה לדיון באילו חוטי קשירה מותר להשתמש ואינם חוצצים, וגם ההוראה לשמור עליהם רפויים:

> ובעידנא דטבלה לא תסרוך עילוי מזייה לא חוטי דעמרא ולא חוטי דכיתנא ולא תיבי ולא ברזי דמיקטרין עילוי מזייה והוי חציצה,
> דתנן, לא תצא אשה לא בחוטי צמר ולא בחוטי פשתן ולא ברצועה שבראשה ולא תטבול בהן עד שתרפם.
> ברם צריך, חוטין של שיער מאי? כי דצמר דמו או דילמא כי שיער דגופה דמי,
> כיון דגופה עיילין בהו מייא אף הני נמי עיילין בהו מייא.[33]

גם הרמב"ם לא הזכיר שיש חובה שתעמוד אישה על גבה. הוא הביא להלכה שהטבילה מחייבת את טבילת כל הגוף, כולל השיער, ולא הזכיר כל חיוב של פיקוח, אלא רק ציין שהשיער צריך להיות אף

30. חולין לא ע"א-ע"ב; רמב"ם מקוואות א, ח.
31. נידה סז ע"א.
32. ראו למשל: שאילתות דרב אחאי פרשת אחרי מות שאילתא צו. וכנזכר בבבלי שבת נז ע"ב.
33. שאילתות, שם. אומנם ייתכן שההתייחסות לשאלה אילו חוטים חוצצים לא הייתה תגובה לכך שנשים כרכו את שערן בגלל הטבילה והחשש ששערן יצוף מחוץ למים, אלא משום שנשים אספו את שערן והיה צריך לדון אם ניתן לטבול בשיער אסוף על ידי חוטי צמר וכדומה. כך או אחרת, עניין הבלנית לא נזכר כלל.

הוא בתוך המים כשאר כל הגוף. הרמב"ם גם השווה בין גברים לנשים לעניין זה והכליל את ההוראות לטבילה בהלכות מקוואות ולא בהלכות איסורי ביאה, בפרקים המיוחדים לאיסורי נידה:

> כל הטובל צריך שיטבול כל גופו כשהוא ערום בבת אחת,
> ואם היה בעל שיער, יטביל כל שיער ראשו והרי הוא כגופו דין תורה,
> וכל הטמאין שטבלו בבגדיהן עלתה להן טבילה, מפני שהמים באין בהן ואינן חוצצין,
> וכן הנדה שטבלה בבגדיה מותרת לבעלה.[34]

גם הרי"ף לא פסק להלכה ולא רמז שנדרשת נוכחות בלנית בטבילת אישה. עניין הטבילה בנוכחות בלנית נזכר בדברי הרא"ש כשהציג את התקנה שאישה תשגיח על הטבילה:

> ותטבול במקוה שיש בו ארבעים סאה,
> ותעמוד אשה על גבה בשעה שהיא טובלת,
> שתראה שיהא כל גופה ושערותיה נכנסין במים.
> ולא ישאר משער ראשה כלום חוץ למים.[35]

אומנם, כיוון שהחשש היחיד שבגללו מעמידים אישה נוספת מעל הטובלת ניתן לפתרון באמצעים אחרים וללא נוכחות של אישה, כתבו הרשב"א, הראב"ד והמאירי (וראשונים נוספים):

> אלא שמכל מקום אם כרכה שערותיה על ראשה בדבר שאינו חוצץ,
> כגון חוטי שיער... טהורה.[36]

34. רמב"ם הלכות מקוואות א, ז; הלכות איסורי ביאה ו, כג.
35. רא"ש, נדה, הלכות נדה בקיצור, ב; שו"ת הרא"ש, כלל מז סי' א.
36. המאירי, נידה סז ע"ב, ד"ה גדולי המפרשים, וכן ראו: רשב"א, תורת הבית

גם הרא"ש עצמו הביא בהלכות מקוואות שחוטי שיער אינם חוצצים להלכה, ועולה מדבריו שגם הוא מכיר באפשרות החלופית של טבילה "בטוחה" אך עצמאית.

הטור הביא את שתי הדעות ונראה שפסק את שתיהן להלכה כאפשרויות חלופיות. היינו שתיעזר באישה נוספת או תכרוך חוטים העשויים משערות סביב שערה:

> וכתב א"א הרא"ש ז"ל ותעמיד אשה על גבה בשעה שהיא טובלת שתראה שלא ישאר משער ראשה צף על פני המים,
> והראב"ד כתב אם כרכה שער ראשה בדבר שאינה חוצץ בחוטי שער וטבלה בינה בין עצמה עלתה לה טבילה.[37]

וכן קבע הבית יוסף מפורשות שאין מחלוקת בין הראשונים אם צריך נוכחות של אישה נוספת, וכך יש לפרש גם את דבריו בשולחן ערוך.[38] לדעתו כל הראשונים הסכימו שהדרישה היחידה היא ששער ראשה של האישה הטובלת לא יצא מחוץ למים, וכדבריו:

> הילכך נראה לי שלא הביא רבינו דברי הראב"ד לחלוק על דברי הרא"ש אלא ללמדנו תיקון לטבול בלא אשה עומדת על גבה, דהרא"ש והראב"ד מר אמר חדא ומר אמר חדא ולא פליגי.[39]

הקצר, בית ז, שער ז, סוף דף לב, ב; בעלי הנפש, לראב"ד, שער הטבילה עמ' עו; ספר האגור, הלכות טבילה, סי' אלף שצו; וכך כתב גם ר' אהרן (ב"ר יעקב) הכהן מלוניל (אורחות חיים הלכות טהרת הנדה וטהרת הכלים, י): "האשה צריכה שתעמוד אשה על גבה בשעת הטבילה ותראה שלא תהא שער משערות ראשה ולא מבשרה מאומה על המים אלא הכל תחת המים... וכתב הרשב"א שאם כרכה שערותיה על ראשה בדבר שאינו חוצץ אף על פי שטובלת בינה לבין עצמה עלתה לה טבילה וטהורה".

37. טור יורה דעה סי' קצח.

38. והב"ח יורה דעה סי' קצח, ו, חלק וסבר שהרא"ש חולק על הראב"ד אם לכתחילה צריך אישה נוספת או שלכתחילה ניתן להשתמש בחוטי שיער.

39. בית יוסף, יורה דעה סי' קצח.

ונראה שההצעות השונות, קרי, סיוע בלנית או כריכת חוטי שיער, עמדו לפני הראשונים כשוות ערך. הרשב"א, למשל, הזכיר את האפשרות הזו לכתחילה, כיוון שבמקומו הטבילה הייתה בחשיכה בנהר, ולכן, האישה המלווה לא הייתה יכולה לוודא ששערות הטובלת אינן יוצאות מחוץ למים. הוא הורה להשתמש בחוטי צמר רפויים שיכַּנסו את שערה של הטובלת.[40] מלשון התשובה לא נראה שהדברים נאמרו בדיעבד אלא בהוראה אפשרית לכתחילה.

אפשרות השימוש בחוטי צמר רפויים בשעת הטבילה נזכרה גם בשולחן ערוך ושם מבואר שהם אינם חוצצים בשעת הטבילה:

> אלו הדברים שחוצצין: חוטי צמר וחוטי פשתן ורצועות שכורכין בהם השיער בראש,
> לא תטבול בהם **עד שתרפם**.

הלכה למעשה, האפשרות לחלופות מהסוג הזה לנוכחותה של אישה נוספת נזכרת גם בתשובות חלק מהאחרונים.[41]

יצוין כי ההתייחסות הכללית לענייני שער האישה והפתרון לטבילה כהלכתה הוא בהנחה שלנשים יש שיער ארוך, וששערן צף בקלות על פני המים, כפי שכתב ערוך השולחן:

> דבר ידוע דכשהאדם נכנס למים שערות הראש מפני קלותן שטין על פני המים וכשיהיה אפילו שיער אחד חוץ למים הוה כלא טבלה.
> ולכן כתבו רבותינו שלא תטבול לבדה אלא שתעמוד עליה

40. שו"ת הרשב"א החדשות (מכתב יד) סי' קב.
41. שו"ת ר' עקיבא איגר, מהדורא קמא, סי' קיד, ודבריו הובאו בפתחי תשובה יורה דעה סי' קצח ס"ק כב, והפנה שם לאחרונים נוספים: תפארת שמואל למהרש"ק בחידושיו לנידה, סי' כח, א, ואחרים. ואני סבורה שכל אלו לא הזכירו את האפשרות כדיעבד כלל וניכר שהם ראו בכך אפשרות ממשית.

בעת הטבילה אשה גדולה בשנים לא פחות מי"ב שנה ויום אחד שתהיה בת דעת והיא תראה שלא תשאר אף שערה אחת חוץ למים ושלא תהא צף על פני המים.[42]

ופשוט שאישה שאין לה שיער ארוך אין לה ממה לחשוש. ומכאן שעיקר התקנה אינה שתהיה בלנית באזור הטבילה, אלא עיקר התקנה הוא שעל כל אישה מוטל לוודא שכל שערה נמצא מתחת למים בשעת טבילתה, וכך הוא ניסוחה המדויק יותר. הדרך שבה תוודא זאת הטובלת אינה מוכתבת ואחידה. ההסתייעות בבלנית או בחברה היא רק דרך אחת לכך. למעשה, הטובלת יכולה לוודא זאת במגוון דרכים: החל מתספורת קצוצה, החזקת השיער בידיים ושחרורו במקווה, קשירה רופפת בחוטי שיער או צמר וכדומה.[43] הקריאה כאילו יש תקנה אחידה ומחייבת שיש הכרח שאישה הגדולה מי"ב שנים תלווה את הטובלת היא קריאה פורמלית של ההלכה שלהבנתי אינה הקריאה הנכונה. וכמו שסיכם ערוך השולחן שם:

דלהטובלת הרי התורה האמינה, והיא להעדפא בעלמא מבקשת אחרת להשגיח עליה.[44]

42. ערוך השולחן, יורה דעה סי' קצח סי' פז.
43. על השאלה אם יש לחשוש לגזרת הרמ"א שלא תטבול בדברים שאינם חוצצים משום דברים החוצצים יש להשיב שחומרה זו נאמרה רק לגבי טבילה בדבר שאישה רגילה בו, ולכן היא משווה בינו לבין שאר הדברים שהיא רגילה בהם. אולם, אם יש לאישה דבר המיועד לטבילה בלבד, אין היא מחליפה דבר בדבר. ולכן כל מה שאינו מהלבוש הרגיל של אישה אין לחשוש לו. כך או אחרת קיימות גם האפשרויות האחרות שאינן דווקא כריכה בדבר שאינו חוצץ.
44. ומכאן גם קשה על התשב"ץ (תשב"ץ קטן סי' תפג), למשל, שכתב: "ואשה שטובלת צריכה חברתה עמה לראות אם טבלה כדין. או בעלה או נערה יתרה על בת שתים עשרה שנה ויום אחד. אבל לא גויה הואיל ואיתחזק איסורא". ומה שייך אתחזק איסורא במקום שהתורה האמינה לה? ולעניין זה ראו דברי הרב וואזנר בשו"ת שבט הלוי, חלק ו, סי' קלה, אות ז.

כאנקדוטה אציין כי לפני כמה שנים פנתה אליי בחורה ושאלה על האפשרות לפתח חיישן שיותקן במקווה שתפקידו יהיה לוודא ששער ראשה של האישה אינו יוצא מחוץ למים. היא בחנה את כדאיות ההמצאה ושאלתה הייתה אילו הומצא חיישן כזה, אם היה פוטר את הנשים מנוכחות של בלנית בטבילתן. אכן מדברינו עולה כי לכל הדעות במצב כזה, במקווה שבו מותקן חיישן, יוצאים מידי ספק ואין שום צורך בבלנית.[45]

האם ראוי שבעל ישגיח על טבילת אשתו?

ראיתי שיש המציעים שבעל ישגיח על טבילת אשתו במקום שבו אין בלנית או אם לאישה קשה עם השגחתה של בלנית. דעתי אינה נוחה מן ההצעה, ולהבנתי אין להיעזר באפשרות מורכבת זו כפתרון להעדר בלנית, ובוודאי שעדיף להסתייע באחד הפתרונות שהבאתי לפני שנעזרים בבעל. אם כפי שחלק מן הפוסקים כבר כתבו שיש חשש שתתגנה על בעלה,[46] ואם מפני החשש שיבוא עליה בנידותה, וכפי שכתב הבית שערים, ולכן סבר שהדבר אסור (!). הוא הציע כאפשרות עדיפה שתטבול בחוטי שיער:

> ואם אין לה מי שתעמוד על גבה וכו׳ תכרוך שערה על ראשה וכו׳ ולא כתב שהבעל יעמוד עליה, שמע מינה דבעלה אסור, וכונות הכלבו רק דבעלה נאמן על זה אם עמד עליה, ולא הוי כגויה שאינה נאמנת על זה, אבל לכתחלה אסור לעמוד עליה, שמא יבא עליה קודם שתטבול, או דהכלבו מיירי בדר בין הגוים, רחוק מאוד מיישוב יהודים כשרים, ואם לא יעמוד בעלה עליה

45. לימים סיפרה לי ששאלה אחר כך גם את הרב אהרון ליכטנשטיין ז״ל, ואף הוא הורה שהדבר יהיה מותר. אומנם ייתכן שבמקרה כזה תיווצר בעיה בשבת.

46. ראו ב״ח, יורה דעה קצח, ו.

> לא תוכל לטבול לעולם, אז ודאי מותר לעמוד עליה, דאל"כ לא תטבול לעולם.[47]

גם אם אין חשש שהבעל יבוא על אשתו רגע לפני שהם עתידים להיות מותרים, ולא שביק היתרא ואכיל איסורא (=לא יניח את המותר ויאכל איסור) כוונתו העמוקה היא שיש מורכבות הנובעת מהמתח שקיים בין בני הזוג והוא מתגבר בשעה שהיא עומדת לפניו ללא בגדים, ולא ארחיב במקום שראוי לקצר. לפי עניות דעתי, נוסף על כל הטעמים הטובים והיפים הללו, אף אם אין איסור שהבעל יביט באשתו עירומה כשהיא נידה (או שאסור, אך איסור זה אינו נוגע לאישה שעומדת לטבול, או אינו נוגע אלא למקומות מסוימים בגופה), אין זה ראוי אם אין צורך מיוחד בכך. ובוודאי שעדיף שתטבול בדרך אחרת שתוודא ששערה אינו יוצא מחוץ למים. כך או אחרת, כיוון שבמקוואות שלנו אין אפשרות שגברים ייכנסו בזמן שנשים טובלות, האפשרות הזו אינה ריאלית ואינה בת יישום כלל. גם לא נשלח נשים לטבול במעיין או בים לכתחילה רק מאיזה שיקול לא ברור שעיקרו להעדיף תמיד נוכחות של אדם, לדאוג לפיקוח חיצוני ולא לתת לאישה אוטונומיה על תהליך שההלכה הדגישה שהנאמנות לגביו הוא מעיקרי התהליך.

למותר לציין שהסיפורים על הש"ר מקוצי והמהרי"ק שהיו בודקים את נשותיהם עירומות כדי לוודא שהן טובלות ללא חציצה הם קיצוניים, ועובדה היא שמנהגם לא הפך להיות רווח גם לא בין המחמירים שבמחמירים. אני תקווה שאף אדם לא ילמד מהם לבחון את אשתו באובססיביות ולחשוד בה. אגב, בנו של הנודע ביהודה העיר שהם בדקו את נשותיהם רק לאחר הטבילה ולא לפניה, ולכן ספק אם ניתן ללמוד מהם היתר כלשהו לאיש לראות את אשתו נידה כשהיא עירומה. ואלו דבריו:

47. שו"ת בית שערים, יורה דעה סי' רפו. וראיתי שיש חולקים וכולם הובאו בתשובת הרב עובדיה: שו"ת יביע אומר, יורה דעה, סי' טו.

> עוד יש לומר דבאמת הגדולים הללו לא הסתכלו בנשותיהם אלא אחר שטבלו ואז ראו אם הסירו הגרב מהם קודם טבילה וכן משמע מלשון שהביא הט"ז שם וז"ל:
> אשתו של מהרי"ק היתה צריכה לעמוד לפניו ערומה שהיה רואה שלא היה גרב עליה שלא היה מאמין לה שהיתה נערה והיה כואב לה, עד כאן לשונו.
> ולשון שלא היה גרב עליה הוא לשון עבר משמע שאחר הטבילה ראה אם הסירה הגרב וכיון שראה שאין עליה שום גרב ממילא ידע שהסירה קודם טבילה דאין לחוש שנפל ממנה אחר טבילה משטיפת המים דכיון שהוא דבוק כל כך עד שכואב לה להסירה אינו נופל מעצמו עד שיקחנו ביד בחזקה.[48]

את האפשרות שאיש יטביל את אשתו יש להותיר למקרים מיוחדים, כגון במצבים של מגורים ביישוב מרוחק, בבית מבודד או בכפר מלא גויים. למקרים האלה התייחסו התשובות המתירות כדי למנוע מצב שבו האישה לא תטבול לעולם וייכשלו באיסורי נידה.

תפקיד הבלנית

תפקידה ההלכתי של הבלנית הוא אחד: היא אמורה לוודא ששער ראשה של האישה לא יצוף על פני המים, שכן על פי ההלכה טבילה כשרה היא רק כאשר כל הגוף מוכנס לתוך המים בבת אחת. כשאישה טובלת ללא נוכחות של אישה נוספת קשה לה לדעת בוודאות ששערות ראשה כולן מכוסות במי המקווה. אומנם ההלכה קובעת שאותה אישה יכולה להיות בת י"ב שנים ויום אחד,[49] ומזה ניתן ללמוד שתפקידה מינימלי ואינו מצריך כל ידע הלכתי והשכלה תורנית. וכך כתב הרשב"א:

48. שו"ת נודע ביהודה, מהדורא תניינא, יורה דעה, הערות סי' קכב.
49. שולחן ערוך, יורה דעה קצח, מ.

> האשה צריכה שתעמוד אשה אחרת על גבה בשעת טבילה ותראה שלא יהא שער משערות ראשה צף על פני המים.[50]

וכך נזכר בדברי כל הפוסקים. אומנם ערוך השולחן הציע טעם נוסף, ולדבריו, אישה שטובלת לבדה חוששת לטבול, ומרוב בהלה תטבול במהירות וחלילה תטבול שלא כדין. כמובן, שכיום כשהטבילה נינוחה יותר, אינה נעשית בחיק הטבע בחשכה אלא במקווה מסודר, החשש אינו קיים. ודווקא מאותו הטעם, טבילה נינוחה תושג בימינו דווקא באמצעות הורדת הלחץ של הפיקוח על הטבילה. ומאותה סיבה כדאי לפנות עבור הנשים את מרחב המקווה כשהוא פנוי לטבילות אינטימיות בלי מבט זר, או אז תטבולנה הנשים בלי בהלה, בשמחה ובטהרה.

מובן שאפשר להתייחס לבלנית כמדריכה ומסייעת, והמתקפה הכוללת על מתן האפשרות להיעזר בבלנית אינה מוצדקת. נשים רבות, החל מכלות ונשים צעירות ואחרות, שמחות בכך שמישהי עומדת על גבן, מסייעת להן ואף מברכת אותן עם סיום הטבילה. וכמובן, אין חולק שאם אישה מעוניינת בתמיכה ובעזרה והיא חוששת שמא לא ערכה את הבדיקות כראוי, ואולי לא עיינה כדין, תוכל להיעזר במי שתחפוץ. אבל לומר שיש הכרח הלכתי? להעמיד כך את תפקיד הבלנית לכתחילה? זה לא שמענו.

סיכום

נוכחות אישה בשעת טבילת אישה לנידותה אינה נזכרת בחז"ל כלל. לא זו אף זו, גברים חייבים בטבילה כנשים ולא שמענו שהם טובלים בנוכחות אדם נוסף, גם כשמדובר בטבילה לאיסורים כמו לפני עלייה להר הבית. נוסף לכך, הדרישה לנוכחות כזו כדי לתת תוקף לטבילה סותרת את הנאמנות של האישה לכל ענייני הטהרה. ואכן, ההוראה וההתייחסות לנוכחות אישה נוספת בטבילה נזכרות רק בדברי

50. תורת הבית הקצר בית ז שער ז.

הראשונים ולא בדורות שקדמו להם. מוסכם על הראשונים שנוכחות אישה בטבילת חברתה נצרכת רק כדי לוודא ששערה של הטובלת יהיה מתחת למים. לכן, רוב הראשונים הסכימו שיש אפשרויות חלופיות, המייתרות נוכחות אישה נוספת בטבילה, כמו קשירת השיער בחוטי שיער וכדומה, וראו באפשרות זו אפשרות שהיא לכתחילה, ולדעת כל הראשונים כשאין בלנית, האישה תטבול בכריכת השיער. בבית יוסף נכתב שאין מחלוקת בין הראשונים וכולם מודים שעמידת אישה נוספת על גב הטובלת אינה מוכרחת אלא אפשרית בהשוואה לאפשרויות האחרות של טבילה בחוטי שיער למשל. אם לאישה שיער קצר, היא אינה זקוקה לקשירת השיער ולא לבלנית. וישנם פתרונות נוספים, גם אם יש לאישה שיער ארוך. לעומת זאת, ההיתר שהבעל יטביל את אשתו הוא בעייתי וגובל בכמה איסורים ויש להתירו רק במקרים של מגורים מבודדים. אפשרות זו גם אינה מעשית ברוב המקרים אם רוצים להשתמש במבנה מסודר של מקווה נשים. מכאן יש לדייק שמנהג הדורות הקודמים, שאישה ליוותה אישה לטבילה, אינו עניין שמעיקר הדין, אלא מדובר בתקנה שנועדה לתכלית של וידוא טבילה מלאה. בכל מקרה שבו אישה מבקשת להחזיר לעצמה את הנאמנות על טבילה כדין הדבר מותר, ובלבד שתדע שעליה לוודא ששערה יהיה אף הוא בתוך המים יחד עם כל גופה, באחת הדרכים שהזכרנו כאן. תכלית נוספת של השראת רוגע על הטובלת ותחושת ביטחון בשל העובדה שהיא לא לבד בנהר נזכרת בדברי ערוך השולחן. כיום המצב התהפך. המים אינם מלחיצים, ודווקא עמידת הבלנית מעל האישה גורמת ללא מעט נשים למצוקה, והן ממהרות לטבול. מובן שהחפצה בכך תוכל להמשיך ולהיעזר בבלנית, גם לעניינים נוספים אחרים. אבל ההחלטה אם לעשות כן תלויה באישה עצמה. שנאמר "וספרה לה – לעצמה".[51]

51. אפשר כמובן להוסיף את האפשרות לטבול בנוכחות בלנית כשהטובלת לבושה בחלוק רפוי. הצעה זו מפשרת בין הרצון למלא באופן פורמלי גם את ההלכה הכתובה ומבלי לוותר על צניעותה של הטובלת, גם אם הדבר כרוך בוויתור מסוים על פרטיותה והאוטונומיה שלה. הצעה זו נתמכת בפרק הבא.

כבר לא בשוליים

בדורנו - דור שמדגיש את זכויות הפרט - ניתנת תשומת לב לזכויות המיעוטים ולמצוקתם של מי שנחשבו תמיד לאנשים "שקופים". התגובה החברתית לערנות מבורכת זו נמצאת בשדות החינוך, התרבות, התקשורת, כמו גם בתחום החקיקה והמשפט.[1]

כתוצאה מתהליכים אלה, נדרשת גם ההלכה להגיב לשאלות שנדחקו לשוליים ולא עסקו בהן במשך שנים רבות. יש לזכור, כמובן, שההלכה מטבעה פונה אל כלל הציבור וביסודה כללים בסיסיים של האחדה וסטנדרטיזציה (נטייה מוכרת של שיטות משפט בכלל). אומנם לאורך השנים ניתנו תשובות הלכתיות למקרים פרטיים וזה עניינה המרכזי של ספרות השאלות והתשובות. יש בתשובות אלו מימוש של עקרונות כלליים בהתאמה לנסיבות השאלה. במידה מסוימת מגמה זו התהפכה. נדמה שהחידוש שמתחדש בדורנו קשור בטבורו עם ההבנה שהחריג מעיד על הכלל, ושמקרים פרטיים ומקרי הקיצון מאירים זוויות שקיימות בשדרה המרכזית של ההלכה ומצביעים על

1. ניתן להציץ באתר נגישות בישראל כדי להתרשם מהגידול בפעילות של חקיקה ושל הוראות ההנגשה: http://law.aisrael.org.
ניתן לעיין גם במחקר על זכויות המיעוטים שאינם יהודים בישראל https://www.idi.org.il/books/2655, המתייחס לאוכלוסיות שקופות אחרות. נוסף לכך, חלו שינויים משפטיים בנוגע ללהט"בים: ירושה של בן זוג, הכרה בזוגיות לענייני הקלות ברכישת דירה ועל פי חוק הביטוח הלאומי וכיו"ב, שינויים שברובם נעשו באמצעות תקדימים משפטיים ולא באמצעות חקיקה. ויש מיעוטים נוספים שהשינוי אליהם ניכר דרך מערכות המשפט.

מגוון האפשרויות שקיים בתוך ההלכה.[2] ומכאן החשיבות הגדולה שבעיסוק בשאלות קצה.

במרכז הפרק הבא עומדת שאלה שעוסקת במקרה כזה, לכאורה מקרה פרטי של טובלת עם מוגבלות, אבל גם בו יש היבטים שיש להם השלכה על כלל הטובלות, בפרט בכל הנוגע לטבילה בחלוק. יום אחד פנתה אליי אישה שיש לה מוגבלות פיזית קשה. היא ביקשה לטבול לטהרתה כדת וכדין, ושאלה מהם אופני הטבילה האפשריים לאישה במצבה. שאלתה הולידה אצלי עיסוק מעמיק בהלכות מקוואות שהן הלכות מורכבות במיוחד. מצאתי את עצמי נדרשת לשאלות אדריכליות של בניית מקוואות ולקשיים ולאתגרים שנשים שיש להן מוגבלות מתמודדות איתם.

קשיים אלה רבים ומגוונים ולא די בפרק אחד בספר כדי להתייחס לכולם, אבל העלאת המודעות עצמה חשובה.

כאנקדוטה אוסיף שלאחר פרסום המאמר פנה אליי רב יישוב ואמר לי בצער שביישובו הסתיימה בדיוק בניית מקווה טהרה. הוא הצטער על חוסר המודעות שלו לנושא ושבמהלך הבנייה לא נעשו מאמצי הנגשה כפי שאני מציעה.

2. למעשה, בתורה עצמה הלכות רבות נלמדות אגב מקרים חריגים. כך הוא למשל בדין אמה עברייה, שממנו לומדים את מלוא הזכויות והחובות של אישה נשואה מהתורה (שארה, כסותה ועונתה), אגב האפשרות להינשא בשנית אנו לומדים על אפשרות הגירושין ("ונתן ספר כריתות בידה ושילחה מביתו והלכה והייתה לאיש אחר").

פרק יא

"מים חיים" – לשאלת טבילת נשים עם מוגבלות

מבוא

ברצוני לפתוח בשאלה שנשאלתי, שכן השאלה דחקה בי לבחון את הפתרונות ההלכתיים האפשריים עבור נשים שהטבילה במקווה מאתגרת ומורכבת מפאת מצבן הגופני והסבל הנפשי הנלווה לכך במפגש עם המקווה.

וזו לשון השאלה:

> אני אישה עם נכות רפואית, מרותקת לכיסא גלגלים, ואיני מסוגלת ללכת בכוחות עצמי. עם זאת, בזכות רצון עז ומוטיבציה גבוהה הצלחתי לגבור על המוגבלות שלי במובנים רבים. בפועל אני מתמודדת עם מה שנדרש לי בחיי היום־יום בכוחות עצמי, בעזרת כוח הזרועות, וכמעט שאינני נזקקת לסיוע. בשעה טובה נישאתי, ואני מעוניינת לחיות עם בעלי בטהרה, אף שאיננו שומרי תורה ומצוות. לצערי, גיליתי כי המאמצים הנדרשים ממני כדי למלא

את שאיפתי זו הם מעל לכוחותיי. באזור שבו אני מתגוררת אין מקווה נגיש עם מעלון המוביל לתוך המקווה. במרחק מסוים מאזור מגורינו יש מקווה כזה, אך הוא אינו מתוחזק כראוי ולא אטבול בו בשום אופן. על מנת שאוכל להגיע למקווה טהרה נגיש וראוי איאלץ לנסוע למרחק רב, וגם כך כל ניידות כרוכה אצלי בקשיים. אני מבקשת לדעת אם יש בעבורי פתרונות טבילה שאינם מחייבים אותי להידרש לטבילה באמצעות מעלון.
זאת ועוד, העיוות הגופני וההיזקקות לסיוע של נשים בטבילה מבייש ומביך אותי, בפרט מפני שאני נדרשת לטבול ללא בגדים – האם ישנו פתרון הלכתי לבעיה זו?

התשובה לשאלה זו שהגיעה אליי מורכבת וסבוכה, ובחרתי להשיב עליה במאמר המלבן את סבך הבעיות ההלכתיות הכרוכות בה. הפתרון במקרה הזה אינו יכול להיות נקודתי ואישי, והוא חייב לבוא מתוך דיון ציבורי והכרעת גדולים.

זכויות אדם בהלכה ובמשפט

"חביב אדם שנברא בצלם".[1] ממושג הבריאה בצלם נגזרת סדרה שלמה של זכויות המוקנות לאדם באשר הוא אדם. זכויות אלו, שהתורה עצמה כבר דיברה עליהן ופירטה אותן, וחז"ל ניסחו כאחד מעקרונות היסוד של התורה,[2] זכו לעדנה בעת החדשה.[3] התעוררות האומות להגן על זכויות הפרט והאזרח תרמה לשינוי גדול במחשבה ובתפיסות היסודיות ביותר.[4] השפה המשותפת שיש למקורותינו עם הרעיונות

1. משנה, אבות ג, יד.
2. ראו יהודה ברנדס, 'עקרונות על בהלכה', אקדמות יח (תשס"ז), עמ' 60.
3. עד שהתנסחו למגילת הזכויות של האומות המאוחדות, וכמובן מימושן לאחר מכן בדרכים משפטיות מחייבות.
4. ראו למשל אצל מי שמזוהה עם תחילת המהפכה ג'ון לוק, המסכת הראשונה על הממשל המדיני, תל אביב 2008.

הללו הניבה שיח תורני יהודי פורה ודובבה גופי תורה רדומים. הקריאה לתיקון ולערנות לזכויות אלו גם בהלכה הפיחה חיות חדשה במקורות התורה.[5] בד בבד נדרשת ההלכה לבחון את עצמה אל מול השיקולים התורתיים הללו.[6] ציר המתח שמציפה השאלה שלפתחנו מתייחס למידת החשיבות של ערך כבוד האדם וצנעת הפרט ומקומו במערכת השיקולים ההלכתית הנקודתית והרחבה.[7]

סדרי הטהרה בימינו

מבנה המקווה של היום מבטא את קובץ החומרות וההידורים האפשריים ואת האתגר לצאת ידי חובת כל שיטות הפוסקים בנושא הטבילה. השיא היה כשבניו יורק הקימו מקווה המבוסס על ארבעה מקוואות

5. הדים להתעוררות זו אפשר לראות בספרות התורנית המקיפה העוסקת בממשקים שבין ההלכה לזכויות האדם. ראו מנחם אלון, כבוד האדם וחי־רותו בדרכי ההוצאה לפועל: ערכיה של מדינה יהודית ודמוקרטית, ירוש־לים תש"ס; דניאל שפרבר, דרכה של הלכה: קריאת נשים בתורה – פרקים במדיניות פסיקה, ירושלים 2007; הנ"ל, נתיבות פסיקה: כלים וגישה לפוסק ההלכה, ירושלים 2008, בייחוד בפרק השלישי ובנספחים; יהודה ברנדס, יהדות וזכויות אדם, ירושלים תשע"ג.
6. כוונתי למושגים כמו "דרכיה דרכי נועם", "גדול כבוד הבריות" וכדומה. אך לא רק לאלו, אלא לביטויי ערכי האדם באיסור הלקאה המגיעה לכדי "ונקלה אחיך לעיניך"; הרעיון של "קללת אלוקים תלוי" כמושג שמכריע את אופיו של הליך התלייה; הקדמת אישה לאיש בדיני צדקה כיוון שבושתה גדולה; ועוד מקורות רבים שמעידים על מרכזיותם של השיקולים הללו בהלכה, ראו משלי ג, יז; סוכה לב ע"א; תוספות, יבמות יז ע"ב; תוספתא, בבא קמא ז, י; ברכות יט ע"ב, ועוד מקורות רבים.
7. ערך זה עוגן בחוק יסוד במדינת ישראל, חוק יסוד: כבוד האדם וחירותו, ה'תשנ"ב. על פי לשון החוק, הוא שעון על היותה של מדינת ישראל מדינה יהודית נוסף על היותה דמוקרטית. וראו אשר מעוז, 'ערכי יהדות ודמוקר־טיה', בתוך: עמיחי ברהולץ (עורך), דרך ארץ דת ומדינה, ירושלים תשס"ז, עמ' 47–80.

משיקים על פי אוסף החומרות של כל האחרונים.[8] כדי להבין את הרקע לכך יש לבחון בקצרה את תהליכי העיסוק בטומאה וטהרה בעולם היהודי באלפיים השנה האחרונות.

מאז ימי הבית היו המקוואות מבנים חיוניים לשימוש יום־יומי לאלה שזקוקים להיטהר: בני מעמד ה"חברים", שקיבלו על עצמם לאכול כל סעודת חולין בטהרה,[9] נזקקו למקוואות לצורך אכילה וסעודה; הכוהנים, שההקפדה על טהרתם הייתה חלק מהשמירה על קדושת הכהונה ועבודת המקדש; בני ובנות משפחתם שטהרו לצורך אכילת תרומה, וכמובן בעלי קרי ונידות, שטבלו לטהרתם לצורך ההשתלבות בחיים עצמם. ההקפדה על הלכות טהרה רווחה בשכבות נרחבות של החברה היהודית.[10] נוכחותן של הלכות טהרה בחיי היום־יום של יהודים בתקופה זו באה לידי ביטוי במיקומם של המקוואות באזור מרכזי בסביבת בית הכנסת ובית המדרש. הממצאים הארכיאולוגיים מתקופה זו מאשרים את שמירת הלכות הטהרה ואת קיומה בפועל של תקנת עזרא (לטבילת בעלי קרי), והם מתיישבים עם התיאור ש"פרצה טהרה בישראל".[11]

הנוכחות של הלכות הטהרה דעכה בד בבד עם חורבן הבית, שהפך חלק מדרישות הטהרה ללא רלוונטיות. התהליך נמשך עד המאה הרביעית לספירה. האיסור החמור היחיד שנותר, המשמר את המסורת של היטהרות כחלק מסדרי החיים, הוא איסור נידה לבעלה.[12]

8. הרב מנשה קליין, שו"ת משנה הלכות, חלק ז, סי' קמז.
9. משנה, דמאי ב, ג.
10. לעניין טבילה של בעלי קרי, ראו ויקרא טו, טז; ברכות כב, ע"א. על ההקפדה על הלכות טהרה, ראו ירושלמי, ברכות ג, ד; ברכות כב ע"א. וראו זהר עמר, 'מתי פרצה טהרה בישראל ומתי פסקה?', בד"ד 17 (אלול, תשס"ו), עמ' 7–27.
11. המושג מושאל מהבבלי, שבת יג ע"א. ראו גם יונתן אדלר, 'בתי כנסת עתיקים ומקוואות טהרה: הממצא הארכיאולוגי וזיקתו להלכה הקדומה', קתדרה 128 (תשס"ח), עמ' 51–72.
12. שריד נוסף להלכות טהרה מוצאים במשפחות כוהנים המקפידות שלא להוסיף טומאה על טומאתן, והם אינם נכנסים לבתי עלמין אלא בריחוק המתבקש מן

איסור הנידה נותר על כנו אף שהלכות טומאה וטהרה נעדרות מן השיח ההלכתי. הסיבה לכך היא שהאיסור החמור הזה אינו נובע רק מהלכות אלו, והוא נחשב בגדר איסור עריות שחייבים עליו כרת. כפי שנאמר בפרשת העריות: "וְאֶל אִשָּׁה בְּנִדַּת טֻמְאָתָהּ לֹא תִקְרַב לְגַלּוֹת עֶרְוָתָהּ".[13] המנגנון לשינוי מעמדה של האישה הנידה המתיר אותה לבעלה נותר כמקודם, והוא מחייב הליך של טהרה וטבילה. במסגרת זו, עניינה של הנידה משמר דיון הלכתי תוסס בתחום המקוואות. נמצא שהמקוואות של ימינו וּמבניהם הם פרי ההתמקדות באיסור החמור של נידה והרצון לוודא התרחקות ממנו.

הפסיקה הרווחת נוטה להוסיף בהקפדות ולהעמיס חומרות לא רק על התהליך הפרטי והאישי של ההיטהרות, אלא גם על מבנה המקווה וכשרותו. הכלל הקובע בענייני מקוואות הרגילים הוא שככל שנהֱדר במקווה, כך גדל הסיכוי שהטבילה הייתה כדין, וכמו שאמר הרב קוק:

> ולא בחנם התחילה המשנה דמקוואות: "שש מעלות במקואות", לרמז לנו שיש לחפש בקדושת המקוה הרבה מעלות והידורים עד כמה שאפשר.
>
> ובספר חרדים[14] כתב דכשמקיימין [שכאשר מקיימים] דבר לחומרא לצאת מידי ספק, חוץ מההידור שיש בדבר, שיוצא מספק איסור, מקיים הוא המצוות עשה של "ובחרת בחיים", שהפירוש הוא

הקברים. יש המקפידים בעניינים נוספים, כמו טומאת ארץ העמים. טבילת בעלי קרי אף היא נשמרת, בעיקר אצל חסידים. אף איסור זה, איסורה של אישה נידה לבעלה, הוא רק זכר להלכות מורכבות יותר הנובעות מטומאת נידה, שכן איסור אישה נידה לבעלה שייך לגדרי עריות ולא להלכות טומאה, מה שהצריך את עיצובן מחדש לאחר החורבן ובדורות מאוחרים יותר. ראו סמדר בן דוד, 'מהות ומשמעות בדיני הרחקה בנידה', גרנות 3 (תשס"ג), עמ' 189–206.

13. ויקרא יח, יט.

14. ספר חרדים, פרק א למניין המצוות, מצווה כ, בשם רבנו יונה.

> לבחור הדרך הברורה והודאית בעניני חיי עולם [...] וקל וחומר שראוי לעשות כן במצות ה׳.[15]

הרב קוק פירש את דברי המשנה "שש מעלות במקוואות" על דרך האגדה. משנה זו מתארת טומאות למיניהן המצריכות רמות טהרה משתנות. הרב קוק נתן להירכיה זו משמעות רעיונית והוסיף כי "לא כל המקוואות שווים". לדבריו, שומה עלינו לדאוג שהמקווה שנבנה יהיה ה"בטוח" ביותר, כשם שבבניית בית אנו מוודאים שיסודותיו מתוקנים מבחינת המבנה ההנדסי שלהם ומסלקים כל חשש שיתמוטטו. ואם בענייני חולין ושמירת הגוף אנו מקפידים, קל וחומר שיש לנהוג כן בכל הקשור לאיסורים.

מדברי הרב קוק ניתן ללמוד גם להפך, שהמעלות הגבוהות הן לקדושה יתרה. אך יש כמה מעלות במקוואות, וגם בפחותות שבהן עדיין יש מעלה. השיקול להטביל נשים במקוואות שבהם הטבילה תעלה לכל השיטות הוא פשוט וברור, אבל במקרה של נשים שיש להן מוגבלות השיקול מתהפך. ככל שניטה לראות לנגד עינינו את צורכיהן המדויקים ונבחן את נושא טבילתן ברגישות הראויה, כן נחתור לבנות מקווה שמאזן בין צרכים אלו, שאחד מהם הוא הטהרה, כך נבטיח שיותר נשים תבואנה לטבול. יש לומר באומץ שלפעמים דווקא ההקלה, ולא ההידור וההחמרה, משיגה את המטרה. ככל שנרבה במקוואות שמאפשרים טבילה ונגישים לנשים שיש להן מוגבלות, תגדל הטהרה בישראל.[16]

מחיר ההקפדה

ככל חומרה, גם חומרות במקוואות הן "חומרות שעלולות לבוא לידי קולות", ועשוי להיות להן מחיר גבוה מדי השומט מהן את הבסיס

15. שו"ת דעת כהן, יורה דעה סי׳ קטז.
16. נשים רבות שאינן שומרות תורה מצוות היו שמחות להקפיד על הלכות טהרה. המניעה הטכנית והניסיון להימנע מהשפלות הן שעומדות בדרכן.

לקיומן.[17] שכן הידור שמונע טבילה אין לו מקום. במקרה כמו שלנו, אם לא תתאפשר טבילה ברמת כשרות סבירה, יש חשש שנשים שיש להן מוגבלות תפסקנה לטבול בכלל. השיקול הזה היה נר לרגליהם של פוסקים בכל הדורות, ואף בהלכות מקוואות. וכך כתב הרב מנשה קליין והוסיף גם משמו של החת"ם סופר:

> אמנם לא אכחד מה שעל לבי שקשה עלי מאד מאד הני שינויים במנהגי עמינו בשנים האחרונות בכל דבר בכלל ויצא לטעום טעם אחר שלא כענינו בין להקל ובין להחמיר והלואי שלא יהיה קל וחומר שתחילתו להחמיר וסופו להקל וזה לשון החתם סופר[18] בגאון אחד קדוש יאמר לו שרצה להנהיג חומרא במקואות, והחת"ם סופר ז"ל האריך לישב מנהג הקדמונים וכתב וזה לשונו: הארכתי בכל זאת ללמד זכות על המקומות הגדולות והמהוללות שטובלים במקואות כאלו בלי שום דוחק.[19]

הבעיות המתעוררות בכל הנוגע למבני המקוואות אינן חדשות ואינן קשורות לענייננו דווקא. מאז ומעולם התעוררו בעיות הלכתיות וטכנולוגיות הקשורות גם הן לנגישות האישה ולכבודה. בעיית הנגישות התעוררה, למשל, במקרה שהמקווה הותקן במקום ציבורי, ונשים רבות נרתעו מלטבול בו משום רצונן להצניע את הטבילה ובגלל הבושה שבחשיפתה; או כאשר מקום הטבילה היה מחובר לנהר, והיה חשש של שקיעה בבוץ. כאן, מעבר לבעיית החציצה, עלה החשש שהאישה לא תטבול כראוי מפחד שמא תשקע או תטבע; היו מקוואות באירופה שהיה צריך לרדת אליהם במדרגות רבות, והדבר הִקשה על הטבילה וסיכן את הנשים; ועוד כהנה וכהנה. שאלות הנגישות אינן

17. למושג "נמצא חומרו קולו" ראו משנה, חלה ד, ה; משנה, סנהדרין יא, ב, ועוד.
18. חת"ם סופר, יורה דעה, סי' ריד.
19. שו"ת משנה הלכות, חלק ז, סי' קמז.

מתיישבות עם שאלות ההידורים, ובמקרים רבים נאלצו לוותר על הידורים לשם הנגשת המקווה.[20]

מה שנכון לרוב האוכלוסייה נכון שבעתיים לאוכלוסיית נשים שיש להן מוגבלות. המבנה הרגיל של המקווה כמות שהוא היום הוא אתגר לנשים אלו. מבנה זה, הכולל מדרגות שבהן יורדים לצורך הטבילה, מחייב התקנת מתקן שיסייע בידי הטובלת להיכנס לבריכת הטבילה. כמו כן, רק במקרים נדירים מאוד ניתן להתקרב לברכה ללא צורך במעבר במעברים צרים. מעבר לעלות הכספית הגבוהה של הנגשת מקוואות קיימים על ידי התקנת מתקני הרמה (מעלונים) שיובילו אנשים עם מוגבלות לתוך בור הטבילה, היא גם מצריכה שינוי בתשתיות של המקוואות: בהרחבות, בהתקנת חיבורים לחשמל, בהשתלמות והכשרה של הבלניות כיצד להשתמש בהם וכדומה. מאז עלתה המודעות הציבורית לצורכי אוכלוסיות חריגות, נדונה סוגיה זו בהקשר של הקצאת תקציבים ומשאבים, ולא אחת נקבע מפתח המתייחס לכמות המקוואות שיש להנגיש באזור ובטווח מסוימים ביחס לגודל אוכלוסיית האזור.[21] בפועל, מספר המקוואות הנגישים נמוך. אחדים אינם מושכי לב, בלשון המעטה, ואופן תחזוקתם אינו מן המשופרים. הנתונים הללו הם קריטיים, אם נביא בחשבון שלא כל אישה תמסור את נפשה על הטבילה, במקרה שזו קשה לה מכל מיני סיבות.[22]

20. לבעיית החציצה ראו משנה, מקוואות ט, ב; ר' אברהם דנציג, בינת אדם, שער בית הנשים, סי' יד, אות כד; טור, יורה דעה סי' קצח; בית יוסף, שם, אות ל; שולחן ערוך, יורה דעה קצח, לג; ש"ך, שם ס"ק מז. לבעיית פחדה של האישה ראו נידה סו ע"ב; רמב"ם הלכות איסורי ביאה א, יא; רא"ש, נידה הלכות מקוואות סימן לב. למקומות שבהם בושה לטבול ראו נידה סז ע"א; וראשונים שם, ועוד.

21. ראו פרוטוקול מס' 37 מישיבת ועדת המשנה של ועדת העבודה, הרווחה והבריאות לתקנות שוויון זכויות לאנשים עם מוגבלות, הכנסת, ז' באב ה'תש"ע, 18 ביולי 2010.

22. אישה שיש לה מוגבלות הנדרשת לנסוע למרחקים כדי להגיע למקווה נעים

זאת ועוד, אומנם הנגשת המקוואות כמות שהם באמצעות מתקני עזר ומעליות ומתן האפשרות לאישה שיש לה מוגבלות לטבול במקווה השווה לכל נפש תורמים לתחושת השוויון, אך יש בהם גם חיסרון. העברת האישה הטובלת אל המעלון כרוכה בפגיעה בכבודה. רבות מהנשים הללו הגיעו לעצמאות מסוימת, ובהגיען אל המקווה הן נאלצות להיהפך לחסרות ישע. עליהן להיסמך על סייעת שתעביר אותן אל המעלון, ולהיות מובלות פנימה לבור הטבילה תוך שהבלנית אוחזת בהן כדי שלא תיפולנה. בימינו גוברת המודעות לצורך להבחין בין הנכות הגופנית עצמה למוגבלות הנובעת ממנה. המוגבלות נולדת לעיתים מתוך תכתיב חברתי שאינו מותיר לאנשים שיש להם המוגבלות ברירה אלא להיסמך על סיוע מן החוץ, בד בבד עם אובדן השליטה על חייהם וביטול כבודם העצמי. ודוק, כבודן של נשים אלו אינו רק ערך אנושי, הוא שיקול הלכתי של ממש.[23] התובנה הזאת מחייבת אותנו לנסות למזער את ההשלכות שאינן מתחייבות מהנכות עצמה. אם במקומות שבהם אישה בושה לטבול הקלו חכמים בעניינים מסוימים, קל וחומר במקום של אובדן כבודה.[24]

אם כן, הן השיקול המעשי – מיעוט המקוואות הנגישים, שלעיתים מחייב נסיעה ממושכת לשם טבילה, הן השיקול העקרוני – מציאת פתרון שיכבד נשים עם מוגבלות, עוררו אותנו לנסות לחשוב מחדש על אפשרויות טבילה נוספות כשרות וראויות שאינן מחייבות טבילה במקווה כפי שהוא בנוי היום.

בפרק זה אפוא אבחן אפשרויות טבילה אחרות המתאימות לנשים שיש להן מוגבלות מהצד הטכני, אף שהן מקילות בהלכות מקוואות

וגם נגיש אינה עומדת לפני הדילמה הרגילה של אישה שאינה שומרת מצוות וחומרת האיסורים אינה מאיימת עליה.

23. אליעזר ברקוביץ, ההלכה כוחה ותפקידה, ירושלים תשס"ז, עמ' קמא-קנח; דניאל שפרבר, דרכה של הלכה (לעיל הערה 5), עמ' 76-101; הנ"ל, נתיבות פסיקה (לעיל הערה 5), עמ' 147-159; אנציקלופדיה תלמודית, ערך 'כבוד הבריות', כרך כו, טור תעז-תקמב.

24. נידה סז ע"א.

הנוהגות. לנגד עיניי עומדת חומרת האיסור המונח על כף המאזניים – הרצון להגיע לטהרה ודאית אינו מתאזן במחי קולמוס אל מול החובה לסייע בידי מי שזקוק לכך. המלאכה המוטלת על כתפינו מחייבת עיון מעמיק, כנות הלכתית ויושר, אבל אין לנו רשות להיבטל ממנה.

ככל הידוע לי, אין פוסק שעסק בשאלה זו עד היום. עובדה זו קשורה ככל הנראה לכך שאנשים שיש להם מוגבלות לא שולבו בחברה עד לדור האחרון. הם התקשו גם להינשא, ויש לשער כי בפועל השאלה הייתה נדירה, אם התקיימה. המודעות החברתית המתעוררת מציפה את השאלות הללו ומבקשת לעסוק בהן. אני כותבת את הדברים בדרך של התלבטות והצעה, בתקווה שגדולי הדור ישימו עיניהם על הדברים וייתנו גם הם את דעתם על השאלה המתחדשת הזאת.

טבילה

מקור הדין המחייב טמאים להיטהר מטומאתם הוא בפסוק: "ורחץ במים".[25] אולם שלא כפשט הכתובים, חכמים פירשו שאין הכוונה שרחיצה בלבד מועילה לטהר טמא מטומאתו, וכך נקבע להלכה:

> שאפילו עלו עליהם כל מימות שבעולם, עדיין הם בטומאתם. וכן אישה נידה אפילו עלו עליה כל מימות שבעולם, עדיין היא בטומאתה לבעלה וחייבין עליה כרת כבראשונה.[26]

רחיצה כפשוטה אינה מטהרת, ורק טבילה במעיין או במקווה כשר מטהרת.[27] מקווה כשר הוא מקום שבו נמצא אוצר מי גשמים או מי

25. ויקרא טו, ו.
26. לבוש, יורה דעה רא, א. בנוסח אחר נאמרו הדברים במקומות רבים, ראו למשל הלכות נידה לרמב"ן, ח, אות א; רמב"ם הלכות איסורי ביאה יא, טז; טור, יורה דעה סי' רא; בית יוסף שם אות א, ועוד.
27. המשנה במסכת מקוואות קובעת כי ישנן שש מעלות במקוואות, והמקווה המעולה ביותר הוא מעיין. אולם רק בזב התורה הקפידה על טבילה ב"מים

תהום, שלא נאספו לתוכו בידי אדם. מים שנשאבו והובאו למקווה בכלים פוסלים את המקווה, והם מכונים "מים שאובים". וכך נאמר בספרא:

> אילו אמר מקווה מים יהיה טהור, **יכול אפילו מילא מים על כתפו** ועשה מקווה לכתחילה יהיה טהור? תלמוד לומר מעיין. מה מעיין בידי שמים **אף מקווה בידי שמים**.[28]

פסול מים שאובים קיים אף בכלים שהתמלאו במי גשמים, אם הונחו לשם כך בידי אדם, שכן גם באלו ישנה "תפיסת ידי אדם". הפוסקים נחלקו על תוקפו של פסול מים שאובים, לרוב השיטות הוא אינו מהתורה אלא פסול דרבנן בלבד.[29] הפסול של מים שאובים אין פירושו שכל מים שאי פעם נשאבו פסולים למקווה. מים שנשאבו בעבר אך נשפכו למקווה לא במישרין ולא מתוך כלים כשרים לטבילה. לכן אם במקום לשפוך את המים מהכלים שוברים את הכלים והם זולגים למקווה, המים יהיו כשרים לטבילה. נוסף לכך, מים שאובים אינם פוסלים מקווה שיש בו כבר ארבעים סאה כשרים. כלומר, אפשר להוסיף למקווה כשר מים שאובים רבים, אבל אי אפשר לבסס מקווה על מים כאלה.

חיים", היינו מי מעיין, ובשאר טומאות סתמה התורה 'ורחץ במים'. יש להסיק שנידה וזבה, בניגוד לזב, עולים מטומאתם אף במי מקווה מכונסים ולא צריכות לטבול במעיין נובע. ראו משנה, מקוואות א, ז-ח; משנה, זבים א, א; תוספתא, מגילה א, יד; ספרא, שמיני, פרשה ט, אות א; רמב"ן, ויקרא טו, יא, ד"ה וידיו לא שטף, בעיקר בסוף דבריו שם לגבי טבילת הזבה.

28. ספרא, שמיני, פרשה ט.

29. ספרא, שמיני, פרשה ט, אות א. אומנם לרוב השיטות פסול מים שאובים הוא מדרבנן. ראו רמב"ם, הלכות מקוואות ד, ב, וכן דעת הגאונים, ר"י מבעלי התוספות והרשב"א. לעומת זאת, חלקו וסברו שפסול שאובים מדאורייתא: רש"י, רשב"ם, רבנו תם, הרא"ש והראב"ד. ראו תוספות, פסחים יז ע"ב, ד"ה אלא; רשב"ם, בבא בתרא סו ע"א, ד"ה לעולם; תוספות, שם, ד"ה מכלל; רא"ש, בבא קמא ז, ג; תשובות הרשב"א, חלק ג, סי' רכד.

תהליך שבו מים נשפכו מן הכלים אל הקרקע, ומשם זלגו אל המקווה, נקרא המשכה. הראשונים נחלקו אם מקווה שארבעים הסאה הראשונות שלו הומשכו כשר. הרי"ף סבר שכן;[30] אך הרמב"ם כתב שלא ראה שעשו כן.[31] לרוב הפוסקים,[32] המשכה מועילה אם רוב המקווה כשר. היינו, מקווה שהיו בו 21 סאה מים כשרים, אפשר להמשיך לתוכו 19 סאה שלמות. לשיטות שהמשכה מועילה להכשיר מקווה של ארבעים סאה שלמות, לכאורה גם מי בריכה שאינם מתמלאים ישירות מן הברז אלא נשפכים ממנו אל תעלה יכולים להיות כשרים לטבילה.[33] דא עקא, שבבריכה יש פסול אחר, המכונה זוחלים, המתייחס למים שיש בהם תזוזה ותנועה. המים שבבריכה נמצאים בתנועה, שכן הם אינם נקווים ועומדים בבריכה אלא מוחלפים כל העת, וזה פוסל אותם מהיות מקווה.[34] פסול זה לפי רוב השיטות הוא מהתורה. עם זאת, היו שסברו שפסול זוחלים הוא דרבנן.[35] אומנם

30. רי"ף, שבועות ה ע"ב בדפי הרי"ף.
31. רמב"ם הלכות מקוואות ד, ט.
32. ראו תמורה יב, ע"א, וראשונים, בהערה הבאה.
33. שו"ת מהרי"ק, סי' קטו; שולחן ערוך ורמ"א, יורה דעה רא, ב. בעניין מקווה שכולו מים שהומשכו יש סתירה בין דברי הרמב"ם בהלכותיו לדעתו בפירוש המשנה. בפירוש המשנה (מקוואות ד, ד) הרמב"ם יצא חוצץ נגד האפשרות למלא מקווה שלם במים שהומשכו והתיר מים בהמשכה במינונים מסוימים בלבד. לעומת זאת בהלכות מקוואות (ד, ט), כתב שמים בהמשכה יכולים להיות מקווה כשר אלא שלא ראינו שעושים כך.
34. אף שאמבטיה רגילה ניתנת למילוי במים שאובים על ידי המשכה. וראו מה שכתב על אפשרות זו הבית יוסף יורה דעה סי' רא: שלשיטות מסוימות המשכה מכשירה רק כשרוב המים במקווה (יותר מכ' סאה) הם כשרים. והביא שם את דברי הרמב"ם ופוסקים אחרים, שלא ראינו שסמכו על זה מעולם. אולם באמבטיה אין בעיה של מים זוחלים כמו בבריכה.
35. על פי שו"ת יהודה יעלה, סי' ריא, זו דעת הבית יוסף, וכן שיטת רש"י בחולין לא ע"ב; וכן כתב החת"ם סופר בשם המהר"ם, שפסול זוחלים הוא מדרבנן; על פי שו"ת פני מבין, קדמו להם הראשונים כמו הרא"ש, הרשב"א והר"ן, שדעתם היא שפסול זוחלים הוא מדרבנן. וראו: שו"ת פני מבין, יורה דעה סי' קנה, ב; הרב עובדיה יוסף (יביע אומר חלק ח יורה דעה סי' יח) קבע שבמקרה

פסול זוחלים מתייחס רק למקווה, אך במעיין יש דין מיוחד, שמטהר גם אם המים בו זוחלים.[36]

ההלכה מתייחסת גם לגודלו של המקווה ולעיצובו , כפי שנלמד מן הברייתא:

> דתניא [ששנינו בברייתא]: [...] "את כל בשרו"[37] – מים שכל גופו עולה בהן, וכמה הן? אמה על אמה ברום שלש אמות. ושיערו חכמים: מי מקוה ארבעים סאה.[38]

הלכה זו קובעת כי מי מקווה צריכים להכיל בבת אחת את כל גופו של האדם ולכסותו. בהתאמה להלכה התנאית, נעשתה למעשה סטנדרטיזציה של מידות המקווה. כלומר, גודל המקווה צריך להיות שכשאדם בינוני שיטבול בו, המים יכסו את כל גופו.[39] המידה שנקבעה היא של ארבעים סאה, אף שלפי המשמעות הפשוטה של הפסוק די שהמקווה יתאים למידותיו של הטובל.[40] מדובר במקווה שמכיל בין

של ספק זוחלים, אנו דנים בספק ספקא להקל: ספק אם המים זוחלים, וגם אם כן, ספק אם פסול זוחלים הוא דרבנן.

36. ספרא, שמיני, פרשה ט, אות ג; משנה, מקוואות א, ח.
37. ויקרא טו, טז; עירובין ד ע"ב.
38. חגיגה יא ע"א. וכן נפסק להלכה ששיעור המקווה בארבעים סאה הוא מהתורה. בית יוסף, יורה דעה סי' רא; ערוך השולחן שם סע' ו.
39. בהקשרים הלכתיים נוספים לא הבחינו בין אדם גדול לקטן. כך, לעניין שיעור אכילה ביום הכיפורים. השיעור הוא כ"כותבת הגסה", אף שהתורה הקפידה על שיעור שמיישב דעתו של אדם, ושיעור כזה אמור היה להשתנות מאדם לאדם, ראו יומא פ, ע"ב.
40. רשב"א, תורת הבית הארוך, בית ז, שער ז; הנ"ל, שער המים הארוך, שער א; פרי מגדים, אורח חיים, משבצות זהב, סי' קנט ס"ק יח. עיקר הדין נלמד מההשוואה למעיין. במעיין אין צריך שיעור ארבעים סאה, והטבילה עולה גם אם יש במעיין כמות קטנה יותר של מים, ובלבד שהמים מכסים את כל גופו של הטובל. ראו ר"ן, שבועות ה ע"ב, ד"ה אי; תשובות הר"ן, סי' סו. ר"י חלק וסבר שדין שיעור ארבעים סאה הוא גם במעיין.

332 ליטר לשיטות המקילות לכ־572 ליטר לשיטות המחמירות.[41] גודל המקווה הנגזר מכך במידות המקובלות אצלנו הוא של לפחות בנפח של מטר מרובע.[42] לרוב השיטות, גודל המקווה הוא מדין תורה, ויש החולקים וסוברים שמידות אלו הן מדרבנן, ולדעתם, מהתורה די שהמים מכסים את כל גופו.[43]

נוסף על הלכות אלו, האישה צריכה לטבול "דרך גדילתה" (מעט מכונסת, כעוּבָּר).[44] לכן תיקנו שהמים יהיו עמוקים עד לגובה "זרת" מעל לטבורה של האישה,[45] והיא תוכל לטבול בצורה הנכונה ובלי קפלים מיותרים העשויים לחצוץ מפני המים. ככל שהמים גבוהים, כך הכיפוף בטבילה אינו חד. לעומת זאת, אם המים גבוהים מדי, יש חשש שהאישה תפחד לטבול, ומשום כך לא תטבול כראוי.[46]

מבנה המקווה המקובל הוא של בור מי גשמים כשרים בגודל של ארבעים סאה. בור זה נקרא "אוצר הטבילה". סמוך לאוצר הטבילה יש בור מים נוסף, בור הטבילה עצמו, ובמים אלו טובלות הנשים. החיבור בין שני הבורות הוא בהשקה. היינו, חיבור על ידי נקב צר

41. אמה לשיטת ר' חיים נאה היא 48 ס"מ. לפי זה גודל המקווה הוא 48×48×144 ס"מ. זו השיטה המקילה ביותר, אך התואמת את שיטת הגאונים ורוב הרא־שונים. לגבי המחלוקת על השיעורים, ראו: מ' פרידמן, 'מסורת שאבדה: כיצד ניצחה האות הכתובה את המסורת החיה – עיון בפולמוס השיעורים', בתוך: מסע אל ההלכה (עורך: ע' ברהולץ), ירושלים, 2003, עמ' 196–219; ח"פ בניש ספר מדות ושיעורי תורה, בני ברק תש"ס, עמ' לא-מב. ולדעת הרב מלמד היו כמה אמות ואין צריך לומר שהשתנו השיעורים.
42. חכמים דיברו על מקווה במבנה של תיבה (אמה על אמה בגובה שלוש אמות) כמבנה גופו של אדם. וזו הצורה הקלאסית של מקווה. בדיעבד אפשר גם לטבול בשכיבה.
43. הלבוש, יורה דעה סי' רא, וכן פירש החזון איש, מקוואות, מהדורא תנינא סי' ט אות ב. דעות אלו הן דעות בשוליים, וראו שו"ת משנה הלכות, חלק ח סי' רלה, אך ניתן לסמוך עליהן בשעת הדחק.
44. נידה סז ע"א; שו"ת הרשב"א, חלק א, סי' תתיט; רמ"א, יורה דעה רא, סו.
45. זרת היא כ־24 או 30 ס"מ.
46. לכן גובה המים הרצוי הוא 115–125 ס"מ.

"כשפופרת הנוד", שקוטרו 6 ס"מ.[47] הנקב מאפשר מעבר של המים מבור לבור ומחבר בין הבורות. אומנם גם המים שבהם האישה טובלת, אלו שממלאים את בור הטבילה, הם מים כשרים ולא שאובים, אולם לעיתים, כאשר מנקים את המקווה ומחליפים את המים, תקלה עלולה להביא לכך שבתחתית המקווה תצטבר שכבה דקה של מים שאובים שפוסלת את המקווה לאלתר, גם אם יוסיפו לו מים כשרים רבים.[48] ההשקה למי מקווה כשרים שאינם מוחלפים מכשירה את המים לכל הדעות, מאחר שמדובר בחיבור למקווה כשר וקיים. השקה זו היא פתרון גם לסוברים שפסול שאובים הוא מהתורה.[49] אולם בדור האחרון, לפני כשישים שנה בלבד, החלו לחשוש לשיטת יחיד, שאין השקה מועילה במקרה של מים שאובים.[50] לכן הוסיפו חומרה ומשתמשים ב"אוצר זריעה", מאגר הסמוך לבור הטבילה ומופרד ממנו באמצעות קיר. מזרימים את מי המקווה לתוך מי גשמים, ומים אלו נשפכים לבור הטבילה דרך חור הגבוה מארבעים סאה, הנמצא באוצר הזריעה. כך, כל המים נִטהרים בתוך המקווה עצמו ונכנסים משם לבור הטבילה.[51]

47. על פי דין, בפסולי דרבנן די בהשקה כשערה. ראו שולחן ערוך, יורה דעה רא, נג.
48. בדרך כלל החלפת המים נעשית באמצעות שאיבה של כל המים החוצה. אם חלק מהמים חוזרים מהשואב אל המקווה, הם עשויים לפסול את המקווה, שכן כאשר בקרקעית המקווה יש שלושה לוגים של מים שאובים, שהם שיעור נמוך ביותר בגובה של מילימטרים ספורים, גם אם ימלאו אחר כך מים כשרים – המקווה פסול. לכן משיקים למים כשרים, ובאמצעות ההשקה לכל השיטות המקווה כשר, כמבואר בשולחן ערוך, שם.
49. כך תיאורו של החת"ם סופר בשו"ת חת"ם סופר, חלק ב, יורה דעה סי' ריד, ובדור האחרון הוסיפו חומרה נוספת – אוצר זריעה סמוך למקווה.
50. זו שיטת הכסף משנה.
51. החזון איש התנגד נחרצות להוספה זו, ועד פטירתו השתמשו בבני ברק במק־וואות שהייתה בהם השקה בלבד ללא זריעה.

חומרה שהחמרת עליה בתחילתה

כפי שהערתי בתחילת דבריי, מקווה הבנוי בצורה שתוארה לעיל, ועל פי כל ההידורים – בגודל, בצורה, במבנה ובתוכן – הוא מקווה שאינו נגיש. בשל ההקפדה על טבילה דרך גדילתה ובמים שיכסו את כל גופה הוכפל גודלו של בור הטבילה פי שניים. עומק בור הטבילה הוא עד גובה הכתפיים של אישה ממוצעת, והירידה לבור הטבילה היא במדרגות שרובן שקועות מתחת לפני המים. מקווה כזה אינו נגיש בעליל. לפיכך אציע טבילה במקווה נגיש ושונה. אומנם יש להביא בחשבון שלא כל המוגבלויות זהות, ולא כל הפתרונות מתאימים לכל אחת, אבל הגמשת האפשרויות תגדיל את מספר הטובלות ותקטין את שיעור הנשים שלא נמצא להן פתרון הולם.

עירוי מים על הטובלת במחובר למקווה

אבחן אם ניתן לוותר על הכנסת הגוף כולו לתוך המקווה, שרק חלק מגוף האישה יהיה נתון בתוכו, ועל שאר הגוף יוערו מים. האם החיבור הפיזי של המים הנשפכים על גופה של האישה עם מי המקווה יכול להועיל? כפי שנראה, בסופו של דבר, פתרון זה אינו מעשי כל כך.

הנחת המוצא שלנו בדיון זה היא שאי אפשר לראות בעירוי מים על אדם תחליף לטבילה, כל עוד מדובר בעירוי שאין לו רצף פיזי למקווה. כך, מקלחת ביתית אינה מטהרת, אפילו אם הייתה בה כמות מים של ארבעים סאה שלמות. מקרה יוצא דופן יחיד מופיע במסכת מקוואות – טבילה ב"גל שנתלש מן הים".[52] המשנה קובעת שגל כזה, אם יש בו ארבעים סאה והוא נופל על האדם, האדם נטהר בכך. אולם מקרה זה הוא ייחודי ונדיר ויש לו שני אפיונים חשובים: המים אינם ניתנים בכוח אדם ובמכוון, ולכן אין הם נפסלים. היתרון של

52. משנה, מקוואות ה, ו. וראו חולין לא ע"ב, שלא ניתן לטבול באוויר אלא דווקא אם יושב על גבי הקרקע והמים נופלים עליו.

גל הים על פני עירוי מים כמי ברז הוא שהים נתלש מאליו; האפיון השני קשור לתנועת המים. בעיקרון אי אפשר לטבול במים שלא נקוו למקום אחד, ופסול מים נעים נקרא, כאמור, "מים זוחלים". עם זאת, בים עצמו הותר לטבול אף שמימיו נמצאים בתזוזה מתמדת, משום שמי הים הושוו בתורה למקווה שמימיו עומדים: "ולמקווה המים קרא ימים".[53] לכן סתם מים שנשפכים בכוונת מכוון על האדם, לא רק שהם "שאובים", אלא שהם נחשבים גם "זוחלים", שהם בתזוזה, ולכן אינם יכולים לטהר את האדם.

נשאלה השאלה מה דינם של מי גשמים בכמות של ארבעים סאה המתגלגלים במדרון ההר. מצד אחד מדובר במים זוחלים, ולכן הם פסולים, ומצד שני הם אינם ניתנים בידי אדם, ולכן יש בהם צד היתר. בעניין זה, המכונה בשפת המשנה "חרדלית", נחלקו בית שמאי ובית הלל. בית הלל פוסלים, ורק בית שמאי מכשירים, ואין פוסקים כמותם.[54] לפיכך אין אפשרות לסמוך על מים שנשפכים גם אם יש דרך לעשות זאת בלי מעורבות אדם, ואין לראות בהם מקווה לעצמו.

ההצעה שאביא כאן משודרגת מעט. היא מתייחסת לאפשרות של ישיבה על שפת המקווה הכשר, כך שהמים שיישפכו על הטובלת

53. משנה, מקוואות ה, ד: "כל הימים כמקוה שנאמר (בראשית א, י) ו'למקוה המים קרא ימים', דברי ר' מאיר. ר' יהודה אומר הים הגדול, כמקוה. לא נאמר 'ימים', אלא שיש בו מיני ימים הרבה. ר' יוסי אומר כל הימים מטהרים בזוח־לין, ופסולין לזבין ולמצורעים ולקדש מהם מי חטאת". בסוף המשנה, לשיטת ר' יוסי, שנפסקה להלכה, כל הימים מטהרים בזוחלים. דין זה הוא יוצא דופן, כיוון שדין הים הוא כמקווה, ואינו מטהר זב כמעיין, ובכל זאת אין בו פסול של זוחלים. ואכן הרמב"ם סבר שדעת ר' יוסי נאמרה רק בנוגע לאוקיינוס, ואילו הים הגדול מטהר כמקווה ואינו מטהר בזוחלים. ראו רמב"ם הלכות פרה ו, י; הלכות מקוואות ט, יב.

54. רש"י (חולין לא ע"ב, ד"ה חרדלית) סבר שהבעיה במי הגשמים הללו היא שגם אם יש בהם יחד ארבעים סאה, הם אינם נחשבים לארבעים סאה במקום אחד. לעומת רש"י, תוספות (שם, ד"ה גזירה משום) סוברים שהבעיה בחרדלית של גשמים היא שהמים בתנועה, ופסולם הוא משום זוחלים. וראו משנה, טהרות ח, ט; רש"י, שבת סה ע"ב, ד"ה וסבר.

יתחברו למקווה. השאלה ההלכתית היא אם אפשר לראות במים הנופלים חיבור למקווה. יש סוגיה במסכת חגיגה הדנה באדם שטבל במקווה של ארבעים סאה בדיוק, וכשיצא מהמקווה, המקווה נחסר ונפסל כיוון שכעת לא הכיל ארבעים סאה ומי שיטבול אחריו במקווה זה יישאר בטומאתו. אולם אם בזמן שהאדם הראשון יצא מהמקווה, השני כבר טבל, המים שעל גופו של האדם הראשון בשעת יציאתו מן המקווה נחשבים מחוברים למקווה. לפיכך לשיטת ר׳ יהודה המובאת שם, מים אלו מתחברים למי המקווה, ויחד הם מצטרפים לארבעים סאה. הנחת הגמרא היא ששיטת ר׳ יהודה נשענת על עקרון ״גוד אחית״ (״הורד כותל!״).[55] זה מנוגד לכאורה למקרה של ״קטפרס״ – מדרון, שבמשנה במסכת טהרות אמרו שטבילה בו אינה כשרה.[56] על פי ההסבר של בעלי התוספות, יש הבדל בין הקטפרס, שבו המים נשארים מחוץ למקווה ולפיכך אינם נחשבים כנמצאים במקווה עצמו, ובין המקרה המתואר בסוגיה שלנו, שבו מדובר במים שנמצאים על גופו של הטובל היוצא אך יישפכו חזרה למקווה. כלומר, למרות המדרון והתזוזה של המים, זהו חיבור כשר למקווה. לכשרות זו יש תנאי אחד, והוא שבנקודת החיבור יש די מים, בכמות של ״טופח על מנת להטפיח״, על פי שיטת רבנו תם.[57] יוצא לכאורה שלשיטה

55. מחיצה שאינה מגיעה עד הקרקע, שלעיתים רואים אותה כאילו היא נמשכת ויורדת עד הקרקע. מדובר בחיבור דמיוני, כביכול החלק של המים שנמצא מעל ראש האיש מחובר בקו רציף, כעין קיר או מחיצה היורדת כלפי מטה אל המקווה, והם חלק ממנו.

56. המשנה במסכת טהרות התייחסה לקטפרס ככלי שיש בו מים והוא נתון בקצהו בתוך מקווה. לפי המשנה, אם המים שבכלי המשופע טמאים, הם לא ייטהרו עד שייכנסו כל המים לתוך המקווה. ראו משנה, טהרות ח, ט; חגיגה יט ע״א; גיטין טז ע״א. בסוגיה מיישבים בין דין קטפרס לדין של ר׳ יהודה שיש להבחין בין דיני מקוואות, שבהם הקטפרס מועיל, ובין דיני חיבור לטומאה ולטהרה. ורש״י הוסיף שגם במקוואות קטפרס פוסל כאשר הוא מחבר בין שני מקוואות פסולים. למושג ״קטפרס״ ראו משנה, אהלות ג, ג; משנה, טהרות ח, ח; גיטין עח ע״א ובפרשנים.

57. תוספות, גיטין טז ע״א, ד״ה קטפרס, וסיכמו שם: ״אלמא בטופח להטפיח

זו ניתן להכשיר חיבור של מים שיישפכו למקווה, אם המקווה הוא של ארבעים סאה וכשר בפני עצמו, ואם המים עומדים ליפול לתוך המקווה ויש בהם כמות גדולה ומספקת.

דא עקא, שהדיון במסכת חגיגה הוא על העיקרון של "גוד אחית". כלומר, אם אפשר להחשיב את המים שבמדרון לחלק מן המקווה לצורך ראיית המקווה עצמו ככשר, כיוון שלולא כן המקווה חסר.[58] אך לא ברור מה הדין בשאלה ההפוכה – אם אפשר לומר שהמים שבקטפרס נחשבים חלק מהמקווה לעניין טהרת מי שנמצא במי הקטפרס עצמם.[59] שאלה זו נזקקת לעיקרון ההפוך, העיקרון של "גוד אסיק" ("העלה כותל"!) כביכול המקווה עולה כלפי מעלה ומכשיר את המחובר אליו.[60] שאלה זו נדונה אף היא בסוגיה בחגיגה:

> אמר עולא, בעי מיניה מרבי יוחנן: לדברי ר' יהודה, מהו להטביל מחטין וצינוריות בראשו של ראשון? [אמר עולא שאלתי את ר' יוחנן: האם לדברי ר' יהודה ניתן להטביל כלים טמאים על גבי ראשו של האדם הראשון שיצא מהמקווה?]
> גוד אחית אית ליה לרבי יהודה, גוד אסיק לית ליה? או דילמא גוד אסיק נמי אית ליה? [האם ר' יהודה סובר שאומרים "גוד אחית" בלבד, ומכשיר את טבילת השני שנמצא בתוך המקווה כאילו המים שעל גופו של השני שנופלים למקווה מצטרפים, או שמא ר' יהודה סובר שאומרים גם "גוד אסיק", ומתייחס למים שעל ראש האדם הראשון כחלק מהמקווה שתחתיו?]
> אמר לי תניתוה [אמר לי: לשאלה זו יש להשיב מברייתא].[61]

אנו מקילין יותר לענין השקה מלענין מקוואות, דבמקוה לא הוי חיבור. ונצוק וקטפרס הוי איפכא, דבהשקה לא הוי חיבור ולענין מקוה הוי חיבור". וראו גם תוספות, חגיגה יט ע"ב, ד"ה בתחתונה.

58. וראו ט"ז, יורה דעה סי' רא ס"ק מז.
59. במקרה שלנו יש גם יתרון – המקווה אינו חסר.
60. ראו עבודה זרה עב ע"א-ע"ב; חידושי הרשב"א, גיטין טז ע"א, ד"ה הניצוק.
61. חגיגה יט ע"א.

הגמרא מבקשת לבחון אם כשם שר׳ יהודה מכשיר את המים שעתידים להישפך מראשו של האדם היוצא מן המקווה להיות חלק מהמקווה שתחתיהם, הוא מכשיר גם מחט המונחת על ראשו של אדם שטבל ועלה וכל גופו עדיין רטוב ממי המקווה? האם מי המקווה המכסים את כל גופו ומחוברים למקווה ברגליו נחשבים חלק מהמקווה? לשם בירור העניין הגמרא הביאה ראיה מברייתא הדנה במקרה של שלוש גוממיות (אגמיות) גדולות ששוכנות במפלסים שונים. העליונה והתחתונה מכילות כל אחת עשרים סאה, והאמצעית היא מקווה כשר בן ארבעים סאה, ובין האגמיות מחבר נחל שזורם במדרון ביניהן. השאלה היא אם מותר לטבול באגמית העליונה – אם אומרים על מקרה זה "גוד אסיק", האגמית העליונה הוכשרה.

במסקנת הסוגיה המובאת בגמרא נתגלו בעיות נוסח שגררו מחלוקת בפסיקת ההלכה. לדעת רבנו חננאל, המסקנה היא שלשיטת ר׳ מאיר מטבילים בכל האגמיות, ואילו לשיטת ר׳ יהודה מטבילים רק באמצעית ובתחתונה. משמע שלשיטת ר׳ מאיר אומרים "גוד אסיק", ויש חיבור באמצעות מים שבמדרון. רבנו חננאל פסק שאומרים "גוד אסיק", וכך פסקו גם בעלי התוספות ופוסקים אחרים.[62] ברייתא מקבילה לזו מובאת בתוספתא, ובה נוספה שיטה שלישית – שיטת חכמים הגורסת שמטבילים רק באגמית האמצעית, זו שיש בה ארבעים סאה. הרמב"ם פסק כדעת חכמים בתוספתא, שאין חיבור באמצעות

62. רבנו חננאל חגיגה יט ע"ב; תוספות, חגיגה יט ע"א, ד"ה ר׳ יהודה. וראו עוד פירוש הרמב"ם למשנה, חגיגה, שם; פני יהושע, גיטין טז ע"א, שמבאר שהקלו בקטפרס אפילו במקרים של גוד אסיק, כדי להתיר מים שאובים שפסולם מדרבנן; ואילו בכסף משנה, הלכות מקוואות ח, ח, ובתשובת הריב"ש, סי׳ רצב, מובא שאין אומרים גוד אסיק בקטפרס; ר׳ חיים מצאנז (שו"ת דברי חיים, יורה דעה חלק ב סי׳ פח) לא הסכים שיבנו מקווה כזה שנשים ישולשלו בתיבה שיש בה מים למקווה כשר בשל המצב הבעייתי והלא־נעים. המטרה הייתה שהתיבה לא תרד עד לגובה מי המקווה ותחובר באמצעות קטפרס למקווה התחתון; החת"ם סופר (שו"ת חתם סופר, חלק ב, יורה דעה סי׳ רי) פסק שאומרים "גוד אסיק" בדרבנן.

קטפרס כלל.[63] ודוק, כל הפוסקים התייחסו לשאלה אם קטפרס הוא חיבור המכשיר מקווה פסול כמו זה של עשרים סאה, שהרי זה היה המקרה של האגמיות העליונה והתחתונה.

אולם עיון בגמרא מגלה שהמקרה שהובא בברייתא הדן בשלוש האגמיות אינו זהה למקרה שעליו שאל עולא, שדיבר על מים בראש האדם. כלומר, שאלתו מתייחסת למים שבקטפרס עצמו – המים שעל גוף האדם שטבל. לעומת זאת, במקרה של האגמיות אנו תוהים לא על המים שבקטפרס אלא על המים שבאגם העליון, והשאלה בעניין הקטפרס היא: האם הקטפרס שמחבר את האגם העליון למקווה האמצעי יכול להכשירו? לפיכך השאלה אם בקטפרס יש חיבור והשקה קשורה לשאלה אם אפשר להשיק באמצעות מים זוחלים. לשאלה זו נענו גם הפוסקים שהוזכרו כאן.

הרעיון שהצגתי בפרק זה דומה דווקא לשאלה המקורית של הגמרא: טבילה במי הקטפרס המחוברים למקווה. היינו, שאלת היחס למי הקטפרס עצמם. רש״י התייחס לעניין זה בהקשר אחר. לדעתו, במקרה זה יש קושי, כיוון שמים במדרון אינם נחשבים למים באשבורן, למקשה אחת, ולפיכך הם אינם משום מקווה של ארבעים סאה בפני עצמם. אולם רש״י לא התייחס למקרה שבו מים במדרון מתווספים למקווה כשר שכבר יש בו ארבעים סאה, ולכאורה אפשר להסיק מדבריו שעצם זחילת המים שבמדרון הם לכל היותר בעיה משנית.[64] ייתכן אפוא שלשיטת רש״י, במקרה שלנו אין קושי לטבול במים שבמדרון, כיוון שישנו חיבור והשקה למקווה כשר.[65] בעלי התוספות, לעומת זאת, חלקו עליו וסברו שמים כאלה נחשבים למים

63. רמב״ם הלכות מקוואות ח, ח. ובכסף משנה, שם, סבר שמלשון הרמב״ם יש לדייק שהסיבה אינה שאין אומרים ״גוד אסיק״ או ״גוד אחית״, אלא שהחיבור הוא במים נזחלים ואינו נחשב לעירוב.

64. וראו דברי הר״ר אלחנן בתוספות, חגיגה יט, ע״א, ד״ה נגזור.

65. ראו רש״י, חגיגה יט, ע״א, ד״ה חרדלית; תוספות, שם, ד״ה נגזור.

זוחלים, וייתכן שטעם זה קיים גם אם המים הזוחלים שבתוכם האדם טובל יהיו מחוברים למקווה כשר.

ובכל זאת, מאחר שלשיטת תוספות ייתכן שהמים שבמדרון אינם מטהרים לעולם משום פסול זוחלים שקיים בכל מקרה במים הנמצאים בתזוזה, נידרש כעת לבירור שיטתם, אם המים פסולים כזוחלים גם כשהם בטלים למקווה הכשר או רק כשמסתמכים על המים שבמדרון כמקווה לעצמו.

כדי לבחון מה הדין במקרה כזה, שבו חלק מהמקווה כשר לגמרי אך אזור הטבילה אינו אזור "בטוח", ניעזר בדיונים ההלכתיים הנוגעים לטבילה בנהרות בימי הגשמים. בתקופת הגשמים, המים שבנהרות מתמלאים כל העת במי הגשמים. אומנם הנהר עצמו נחשב כמי מעיין, שאין בהם פסול זוחלים, אך מי הגשמים מטהרים רק במקווה. כלומר, כשנקוו למקום אחד ואינם בתזוזה עוד. אך מה הדין כשיש עירוב מים – של הנהר עם של הגשמים – ומי הגשמים נמצאים בתזוזה, מאחר שהם עדיין יורדים. בגמרא מסופר שאביו של האמורא שמואל (אבוה דשמואל) בנה לבנותיו – אחיותיו של שמואל – מקווה מיוחד לימות הגשמים כדי שלא תטבולנה בנהרות. כלומר, אבוה דשמואל סבר שמים אלו של גשמים יורדים פוסלים את מי הנהר מלהיות למקווה, עד שינוחו.[66] שמואל בנו חלק עליו והכשיר נהר המתמלא במי גשמים.[67]

הלכה למעשה, בשאלת הטבילה בנהרות התקיימו מנהגים סותרים במקומות שונים. רבנו תם, הסמ"ק והסמ"ג התירו טבילה בנהרות בכל עת. לעומתם, הרא"ש אסר זאת.[68] לשיטת המחמירים החשש בנהר בימות הגשמים הוא שמי המעיין יתבטלו למי הגשמים,

66. שבת סה ע"א.
67. שם, סה ע"ב; רש"י, שם, ד"ה דאמר שמואל נהרא מכיפיה.
68. תוספות רא"ש, שבת סה, ע"ב, ד"ה ופליגא דשמואל. לסיכום הדיון ראו שו"ת מהרי"ק, סי' קטו. המהרי"ק עצמו החמיר בזה גם על סמך מסורת מבית אביו. וראו דברי הרמב"ן, להלן, הסובר שהלכה כאבוה דשמואל להחמיר, אבל מתאר שהמנהג הוא לטבול בנהר.

אם ייווצר מצב של "רבו הנוטפין על הזוחלין",[69] כך שרוב המים שהאדם יטבול בהם הם דווקא מי הגשמים הזוחלים, ולא מי הנהר. המים הנוטפים הזוחלים הללו פוסלים את הנהר לטבילה.[70]

אך המקרה שלנו שונה. כשהמים נשפכים לתוך המקווה, מי המקווה יציבים ועומדים והמקווה עצמו כשר בזמן הזה לטבילה. מדובר במקרה שבו אף לשיטת אביו של שמואל, המקווה עצמו נותר כשר, ואפשר לסמוך עליו כבסיס המכשיר את המים הנזרעים בו.

נסתייע לתמיכה בהבחנה זו בדברי ר' מנשה קליין בחיבורו משנה הלכות. הרב קליין התייחס למחלוקת בעניין חיבור באמצעות קטפרס בין מקווה כשר למקווה פסול. הוא דן במקווה שנבנה עם כל החומרות האפשריות, עד שעלה חשש שהוא פסול. במקווה זה היו בור טבילה של מים שאובים כמקובל. משני צידיו היו שני בורות של מי גשמים, כל אחד בן ארבעים סאה ובור הטבילה השיק להם והוכשר באמצעותם. הם גם החמירו כפתרונו של האדמו"ר מחב"ד, לעשות מקווה נוסף מתחת לבור הטבילה. בור הטבילה חורר בתחתיתו והיה מחובר גם למקווה שתחתיו. דא עקא, לפי כמה פוסקים חומרה זו פוסלת את המקווה, משום שמים מעל מים הם כמו מים שעומדים להישפך – שאם ייטלו את הקירות מהם הם יישפכו. לכן יש לחשוש שיש בהם פסול של זוחלים. המשנה הלכות דן באריכות בשאלה זו והציע שני עקרונות: האחד, שאם המים שמעל למקווה אינם נשפכים אליו במשופע, אלא עומדים ממש מעליו ומכסים את כל תחומו, הרי שלא יישפכו אלא ימשיכו לעמוד שם באופן תאורטי גם אם ייטלו את הקירות. עיקרון זה אינו מועיל בנדון דידן, כיוון ששפיכת המים המוצעת אינה של מים העומדים מעל המקווה ומכסים את כל תחומו. העיקרון השני שהציג הרב קליין הוא שכאשר המקווה עצמו כשר, לשיטות מסוימות, מים שנמצאים בקטפרס אינם פוגמים את המקווה הכשר. לא זו אף זו, עצם חיבורם למקווה כשר נחשב לזריעה שלהם

69. ראו משנה, עדויות ז, ג; חידושי הרמב"ן, שבת סה ע"ב, ד"ה שמא ירבו.
70. ראו רש"י, שבת סה, ע"ב, ד"ה וסבר שמא ירבו נוטפים.

במי המקווה, מה שמכשיר אותם ואת דינם להיות כמקווה לעצמו. וזו לשונו:

> כל שנשקו מים שאובים עם מים הכשרים כבר נזרעו ונעשו טהורים. ומאי שנא זוחלין או שקטו ונחו כיון דנזרעו נזרעו.[71]

לדבריו, במקרה שההכשרה נוצרת מעצם החיבור למקווה, אין להתייחס לפסולם של המים המשמשים לחיבור.

נסכם את הדרך העשויה להכשיר העראת מים על הטובלת במחובר למקווה. בשפיכת מים על טובלת היושבת על שפת המקווה, כשהמים הנשפכים עליה אינם מי מקווה כשרים בפני עצמם, אך הם מחוברים למקווה בנפילתם, יש בעיות אחדות. הראשונה שבהן קשורה לכך שהטובלת נמצאת בתוך מים בתנועה. קרי, מים זוחלים הפוסלים את המקווה. השנייה קשורה לשאלת החיבור למקווה: האם חיבור כזה כשר? ואם החיבור כשר, האם הוא מאפשר לייחס למים הללו את דין המקווה באופן שפותר גם את הבעיה הראשונה?

ראשית, יש להדגיש שלפי רוב השיטות, פסול זוחלים הוא מהתורה, אך לפי חלק מהפוסקים פסול זה הוא רק מדרבנן.[72] ראינו שיש פוסקים הסוברים כי מדובר במקרה של "גוד אסיק", ולכן המים הזוחלים הם חיבור בין שני מקוואות שאחד מהם פסול, וכי ייתכן שדינם של המים הזוחלים עצמם קל יותר מדינם לעניין הכשרת מקווה אחר המתחבר באמצעותם למקווה כשר. מסיפור אחיותיו של שמואל ניתן ללמוד שכאשר המקווה שאליו נשפכים המים כשר, שאלת דינם של המים הנשפכים אליו פשוטה יותר. תמיכה באפשרות זו הבאתי מדבריו של הרב מנשה קליין, שאומנם דן במקרה שונה ולכן קשה

71. שו"ת משנה הלכות, חלק ז, סי' קמז. ראו גם משנה הלכות, חלק יג, סי' קמז, בסוף דבריו. הדברים אינם תואמים את המקרה שלנו, אבל יש בהם כדי להש־ליך עליו.

72. ראו לעיל הערה 35.

לאמץ את עמדתו באופן פשוט למקרה שלנו, ובכל זאת יש כאן לפחות מצב הלכתי של ספק ספקא: ספק אם הפסול הוא מדאורייתא או מדרבנן, וספק אם הפסול תקף בעניין מים המחוברים למקווה כשר. במצב כזה ניתן לכאורה להקל.[73] היתרון של טבילה זו הוא בכך שלא צריך מתקן מיוחד לטבילה כזו, וכל מי שיושבת על שפת המקווה יכולה לטבול כך ללא קושי טכני מצידה.[74]

החיסרון הגדול של שיטה זו הוא שהיא מעט קשה ליישום. דיוק

73. וראו עירובין, לו ע"א, שם דנו על ספק בכשרות המקווה. במקרים רבים נאמר שהטמא הוא טמא כל עוד לא הוכח אחרת: "העמד טמא על חזקתו ואימור לא טבל". לפיכך אין להכשיר טבילה שיש עליה ספק. דין זה נכון כשמדובר בספק אחד ולא כשמדובר בספק ספקא. ראו תוספות, עירובין לה ע"ב, ד"ה ספק לא טבל ואפילו טבל וכו' (ודוק, גם במקרה הזה יש חזקת כשרות שהרי המקווה יש לו חזקת כשרות. השאלה היא רק אם החיבור עובד); תוספות, בבא בתרא סו ע"א-ע"ב, ד"ה מכלל דשאיבה דאורייתא.

74. אם רוצים ללכת בדרך זו, יש להשתמש במים בכמות של שלושה לוגים, שנחשבים למים המכסים את כל גופו של אדם. כך נראה מהסוגיה במסכת שבת. ראו גיטין טז ע"א, ובמקומות נוספים. נראה שאין בעיה בהעראת מים במישרין מן הכלי, כיוון שמים שאובים אינם פוסלים מקווה כשר, וכיוון שאנו סומכים על החיבור למקווה עצמו, ומדין גוד אסיק, אין משמעות למעמדם של המים הללו. בכל זאת, לדעת החת"ם סופר (לעיל הערה 62), יש לחשוש לגוד אסיק באיסורי דאורייתא, וכיוון שבמים שאובים יש שיטות שאיסורם דאורייתא, עדיף למצוא דרך שהמים לא ייחשבו שאובים. ניתן גם לשכלל אפשרות זו ולשפוך מים מכלי לתעלה משופעת שתזרים את המים על גופה של הטובלת, היינו בדרך המשכה.

אפשרות פשוטה יותר היא להשתמש בכלי נקוב כגודל רימון שאינו נחשב כלי, ולכן המים שבתוכו אינם שאובים. אומנם המים מכלי זה לא יוכלו להיות מוזרמים בידי אדם, שכיוון שהמים יוזרמו בכוח אדם, אין זה משנה שהשפיכה אינה מתוך כלי, כי גם שפיכה בכוח האדם פוסלת אותם. ראו ט"ז, יורה דעה סי' רא ס"ק מז. לכן צריך יהיה להתקין מתקן בתקרה של כלי שיהיה בו נקב ולא ייחשב כלי והוא יתמלא באמצעות תעלה שתוביל אליו מים בסמוך לתקרה, כך שיהיה מחובר לקרקע, ותכולתו תישפך כשהוא מלא. נדמה שלפתרון כזה יסכים גם ר' חיים מצאנז. ראו סוף דבריו בשו"ת שהובא לעיל, בהערה 62. אומנם יש להיזהר שהמים לא יכאיבו לטובל בנופלם, ולכן

בכמות המים, אופי השפיכה, הסכנה שמא המים לא יקלחו ברציפות, מקור המים וכן החציצה הנובעת מהישיבה על הקרקע[75] יכולים להיות מכשול. נוסף על כך, גם אם מצאנו היתר, נראה שהוא אינו מרווח, ונדמה לי שיש להותירו לשעת דחק מיוחדת.[76] בפרט שייתכן שהתחושה בטבילה מעין זו היא של הערמה ולרוב הטובלות הפתרון ייראה דחוק, והן לא תרצינה להסתפק בו.

טבילה באמבט המשיך למקווה

שכלול אפשרי של שיטה זו שהוצעה לעיל הוא ביצירת גומה מיוחדת בגודל מתאים ובעומק שאינו מקשה על כניסת האישה אליה. גומה זו תחובר למקווה באמצעות מדרון, והמים הנקווים בגומה יוכשרו באמצעות החיבור של המים שבמדרון. אולם ייתכן שיש דרך למזער את שינויי המבנה והשיפוצים הנדרשים.[77]

מהעיון הקודם מתברר שישנם מצבים שבהם גם מקווה הקטן מארבעים סאה יכול להיחשב כשר לטבילה, ובלבד שיהיה מחובר למקווה בן ארבעים סאה בדרך שמכשירה אותו. הדרך הטובה ביותר היא של השקה. קרי, חיבור באמצעות נקב בקוטר של כשפופרת הנוד. במקרה שיש השקה, גם אם טובלים בגומה קטנה יותר, הטבילה כשרה. אולם, כפי שציינו לעיל, מי המקווה צריכים לכסות את כל גופה של הטובלת, ויש להקפיד על טבילה בדרך גדילתה. על עניין

צריך לתכנן את המקווה באופן שתהיה הנמכה בתקרה או שתהיה כעין תעלה שתרד עד לגובה שמעל לסף המקווה.

75. בעיה זו ניתנת לפתרון בדוחק על ידי הרטבת המקום במי המקווה ולוודא שהמים עוברים גם תחת הטובלת.

76. בסופו של דבר, ההצעה הזאת לא בהכרח עדיפה על טבילה באמבטיה שמו־לאה בדרכים המכשירות אותה לשיטות מסוימות. היתרון שלה בקרבה למקווה כשר, מה שימנע מאחרות להסיק אפשרות של טבילה שאינה במקווה כלל.

77. פתרון זה יועיל רק בחלק מהמקרים, בהתאם למידת המוגבלות ואופייה.

התנוחה ניתן להתגבר. הרמ"א כתב כיצד תנהג מי שטובלת במקווה שאין אפשר לטבול בו בדרך זו:

> אפילו צריכה להשתטח על פניה מחמת שאין המים עמוקים, אם מתכסה גופה בדרך זה בפעם אחת, טובלת שם.[78]

דברי הרמ"א הם על פי תשובת הרשב"א. הרשב"א הכריע בתשובה שאין הכרח שהמקווה שטובלים בו יהיה דווקא אמה על אמה ברום של שלוש אמות. ניתן לטבול גם במקווה שגודלו אמה על שלוש אמות ברום של אמה, היינו שהמקווה מתאים לאדם שוכב ולא לאדם עומד.[79] שיטה זו מקובלת כשיטה המהודרת לכתחילה בחסידות חב"ד.[80] ניתן אפוא לבנות גומה על פי המידות המינימליות הללו, שגופה של אישה נכנס בהן בשכיבה. לצורך כך אפשר להשתמש באמבטיה גדולה שאורכה מטר וחצי לכל עומקה, כל עוד יש השקה למקווה אין חשיבות מהו גודלה, ובלבד שהאישה תוכל לטבול בה. כיוון שלנשים שיש להן מוגבלות בגפיים התחתונות ברוב המקרים נוח יותר להיכנס לאמבטיה שאינה עמוקה, ניתן לחקוק בצמוד למקווה אמבטיה כזאת. בכל המקוואות כמעט יש מקום לחקיקה כזאת, והדבר אינו כרוך בעלות גבוהה וגם לא בשיפוץ ממושך. היתרון בפתרון זה הוא שאין צורך לשבש סדרי בראשית. רצוי להקפיד שהמים באמבט לא יהיה גבוהים או נמוכים מגובה המים במקווה שאליו משיקים את האמבט, כדי שלא

78. רמ"א, יורה דעה רא, סו.
79. שו"ת הרשב"א חלק א סי' תתיח.
80. שולחן ערוך הרב, יורה דעה, הלכות נדה, דיני תקוני המקוה ועשייתה:

> ולפי שקשה הדבר מאד להטיל מים חמין הרבה כל כך למקוה לכן ההכרח הוא שתטבול במתיחת גופה לארכה תחת המים כעין דג לאורך התיבה דהיינו שתדחוק רגליה בדופן הקצר של התיבה סמוך לשוליה ובידיה תאחוז בשליבה הסמוכה לדופן הקצר שכנגדו בשליבה התחתונה דוקא הסמוכה לשולי התיבה בכדי שלא יהיה שערה צף על פני המים אפילו משהו חס וחלילה.

להיכנס לדיון של פסול מדין זוחלים. לכן האמבט צריך להיות מעט נמוך, כך ששפתו העליונה תהיה בגובה שפת המקווה. הכניסה לאמבט כזה אינה פשוטה לגמרי, אך עדיפה בהרבה על פני ירידה במדרגות. ניתן כמובן לבנות דופן ירידה משופע שידית בצידו. אותו פתרון בדיוק ניתן להיעשות לא בצמוד למקווה אלא בתוך בור הטבילה עצמו אם יהיה בתוך המקווה מדף רחב מספיק שניתן לטבול עליו.[81]

סייג: בעיית טבילה בכלים

במקרה הראשון של אמבט הסמוך ומושק למקווה יש להקפיד שהטבילה לא תהיה בכלי. שכן טבילה בכלי פסולה מהתורה, וכך נאמר במדרש ההלכה:

> אי בור, יכול אפילו בור שבספינה יהיה טהור? תלמוד לומר "מעיין". מה מעיין שעיקרו בקרקע, אף מקוה שעיקרו בקרקע.[82]

לדעת התוספות, הסיבה שבגללה אסרו חכמים טבילה במים שאובים היא משום גזֵרה שמא יטבול בכלי. עוד עולה מדברי התוספות שאיסור הטבילה בכלים הוא עצמו מהתורה, והוא האיסור העיקרי.[83] ערוך השולחן הסביר את האיסור באופן אחר, אך גם לדבריו מדובר באיסור מן התורה. לדבריו, הסיבה היא משום הלימוד בדרך של גזרה שווה ממעיין – שכשם שמעיין הוא בקרקע, אף מקווה הוא בקרקע, ולא בכלים. לכן, אם רוצים להתקין בתוך המקווה אמבטיה שתגיע לשפת המקווה ועומקה יהיה כשל אמבטיה רגילה, שאליה תרדנה נשים שיש להן מוגבלות, יש לדון כיצד עושים זאת.

81. מתוך זהירות מלהיכנס לגדרי גזרת מרחצאות, כפי שיובהר כאן.
82. ספרא, שמיני, פרשה ט, א. וראו מרדכי, הלכות מקוואות (שבועות) רמז תשמה.
83. תוספות, בבא בתרא סו ע"א-ע"ב ד"ה מכלל דשאיבה דאורייתא.

המשנה במסכת מקוואות קובעת שניתן לטבול בכלי אם חובר בסיד למקווה. כלומר, כשביטל את הכלי והפך אותו לחלק מן הקרקע.

> השוקת שבסלע אין ממלאין ממנה ואין מקדשין בה [...] היתה כלי וחברה בסיד ממלאין בה ומקדשין בה ומזין ממנה [...] ניקבה מלמטה או מן הצד ואינה יכולה לקבל מים כל שהם כשירה וכמה יהיה בנקב כשפופרת הנוד.[84]

על דין זה המשנה הוסיפה אפשרות לניקוב הכלי – מלמטה או מהצד. הנקב צריך להיות כשפופרת הנוד, ובכך הוא אינו נחשב עוד לכלי. הרא"ש בתשובה כתב שכוונת המשנה היא שהמים שבכלי לא ייחשבו שאובים ולא יפסלו את המקווה, אך עדיין אין לטבול בתוך הכלי.[85] אך בפסקיו הרא"ש עצמו התיר טבילה בתוך הכלי אף במקרה של נקב כלשהו, שכן יצא מתורת כלי מרגע שניקב ואינו ראוי לשימוש ככלי. הרמב"ם פסק שישנם שני תנאים להכשרת הטבילה בכלי: האחד הוא פסילתו מהיות כלי באמצעות נקב; והשני הוא קביעתו בקרקע.[86] תנאי זה גזר הרמב"ם מהתוספתא: "פקקו בסיד ובבנין".[87] לעניין גודל הנקב, הרמב"ם סבר שעליו להיות בשיעור נקב שמטהר את הכלי. כלומר, נקב שגודלו מפקיע את הכלי מהגדרתו ככלי לענייני הלכות טומאה וטהרה. שיעור נקב זה משתנה על פי החומר שממנו עשוי הכלי. כלי חרס יוצא מידי טומאתו בנקב כזית, שהוא קטן ביותר. ואילו כלי עץ יוצא מידי טהרתו בנקב בגודל של מוציא רימון, שהוא גדול מכשפופרת הנוד. ובכלי אבנים, שאין בהם דין של קבלת טומאה, ניתן לסמוך על נקב כשפופרת הנוד. השולחן ערוך פסק כרמב"ם, ולכן ניתן להכשיר טבילה

84. משנה, מקוואות ד, ה.
85. כך הובא בש"ך, יורה דעה סי' רא ס"ק טז.
86. רמב"ם הלכות מקוואות ו, ד, והראב"ד חולק.
87. תוספתא, מקוואות ד, ז.

בכלי בהתקיים שני התנאים שנזכרו.[88] בתנאים הללו אפילו אמבטיה ביתית רגילה עומדת, כיוון שהיא נקובה כשפופרת הנוד במקום יציאת המים, והיא מחוברת לגמרי למבנה.[89] ובלבד שגודלה עומד בסטנדרטים המינימליים המאפשרים רחיצת כל גופה.

לסיכום: פתרון קל יותר מהפתרון של עירוי מים על שפת המקווה הוא חיבור אמבטיה קטנה בצד המקווה בגודל שנוח יותר לכניסת הטובלת שיש לה המוגבלת ואינו מסכנה, ובין האמבטיה למקווה יש חיבור והשקה המכשירים את האמבטיה לטבילה. ובלבד שהאמבטיה מחוברת לקרקע. החיסרון בפתרון זה הוא הצורך בשיפוץ, אף שהוא קל יחסית.

בשולי הדברים: טבילה בחלוק

ישנו קושי נוסף בטבילה שאינו קשור בשאלת הנגישות אך נוגע לרוב הנשים שיש להן מוגבלות: הטבילה ללא בגדים. קושי זה מתעצם לנוכח הצורך של הטובלת בסיוע של אישה אחרת תוך כדי הירידה למקווה והטבילה עצמה, אך הוא נכון בכל טבילה שהיא כשמדובר בנשים שסובלות מעיוות גופני מולד או בעקבות כריתת איבר וכדומה. ההיחשפות, כשהיא נעשית בתוך התהליך שבו שותפות לעתים גם מלווה ובלנית, עשויה להיות טראומתית לטובלות הללו.[90] לפיכך עלינו לבחון אם אפשר להתיר לנשים טבילה בחלוק. בהקשר זה מעניינת הסוגיה במסכת שבת:

> מעשה באדם אחד שנשא גידמת ולא הכיר בה עד יום מותה,

88. שולחן ערוך, יורה דעה רא, ז. ראו פתחי תשובה שם ס"ק כו.
89. נקב בתחתית הוא יתרון לכל הפוסקים.
90. את התחושה של הצורך בשמירה על הכבוד אנו פוגשים פעמים רבות אצל מבוגרים הזקוקים לסיוע, אך "נכשלים" שוב ושוב בבחינות של המוסד לביטוח לאומי, מפני שכאשר באים לבחון את עצמאותם, הם יעשו כל מאמץ להוכיח שאינם זקוקים לעזרה כלל.

> אמר רב: בוא וראה כמה צנועה אישה זו שלא הכיר בה בעלה. אמר לו רבי חייא: זו דרכה בכך. אלא, כמה צנוע אדם זה שלא הכיר באשתו.[91]

רב התפעל שמומה של האישה לא ניכר לעין והסיק מכך על צניעותה. אולם ר' חייא מחה ואמר שדרכה בכך, ולכן יש להתפעל מהבעל דווקא, שלא הכיר במוגבלותה. רש"י פירש שדרכה בכך ככל אישה שמכסה את עצמה, אבל כל שכן זו "שהיתה צריכה לכך".[92] הדגשתו של רש"י מצביעה על הרגישות לכך שהצניעות חשובה לנשים שיש להן מוגבלות יותר מלכל אישה אחרת.

בתלמוד הובא מקרה של אישה שנפלה לנהר ודנו אם טבילה ללא מודעות וכוונה כשרה:

> נדה שנאנסה וטבלה – אמר רב יהודה אמר רב: טהורה לביתה ואסורה לאכול בתרומה.[93]

רב פפא הציע שהסוגיה מתייחסת, למשל, למקרה של אישה שנפלה מהגשר אל הנהר שתחתיו. משמע, מדובר באישה לבושה, ואפשר להסיק מהדיון שהטבילה בבגדים לא מעלה ולא מורידה לעניין הטהרה לבעלה. בהמשך הסוגיה מתברר שהשאלה המטרידה את רב ושבגללה הוא פוסל את האישה מלאכול בתרומה היא שאלת הכוונה. כלומר, לדעת רב, אישה שלא התכוונה לטבול אינה טהורה לענייני טומאה וטהרה. ר' יוחנן חלק על רב וסבר שגם טהרת נידה לבעלה מצריכה טבילה בכוונה תחילה, וטבילה באונס אינה מועילה. אומנם גם ר' יוחנן לא סבר שהבעיה היא שהאישה טבלה בבגדיה, אך ייתכן שלא ניתן

91. שבת נג ע"ב.
92. רש"י, שם, ד"ה שדרכה בכך.
93. חולין לא ע"א.

להסיק מהסוגיה שלכתחילה מותר לאישה לטבול בבגדיה. אולי משום כך, על פי הרמב"ם טבילה בבגדים מועילה רק בדיעבד, וכך כתב:

> כל הטובל צריך שיטבול כל גופו כשהוא ערום בבת אחת ואם היה בעל שיער יטביל כל שיער ראשו והרי הוא כגופו דין תורה, וכל הטמאין שמטבלו בבגדיהן עלתה להן טבילה מפני שהמים באין בהן ואינן חוצצין, וכן הנדה שטבלה בבגדיה מותרת לבעלה.[94]

וכן בשולחן ערוך נפסק שטבילה בבגדים מועילה בדיעבד.[95] הש"ך הוסיף כי דין זה, שבדיעבד הטבילה עולה אף בבגדים, הוא רק בבגדים רפויים.[96] אך הרא"ש כתב שנידה יכולה לטבול בבגדיה לכתחילה, ונימוקו עימו – שהמים נכנסים תחת הבגדים ואין בעיה של חציצה ואין סיבה לאסור זאת.[97]

ר' משה פיינשטיין מנסה ליישב בין שתי השיטות: זו הגורסת שטבילה בבגדים אסורה מלכתחילה וכשרה בדיעבד, וזו הגורסת שהטבילה בבגדים מותרת לגמרי. הוא הציע שההבדל ביניהן הוא אם מקובל שנשים הולכות בבגדים רפויים או הדוקים. במקום שבו נשים רגילות ללכת בבגדים רפויים, לא גזרו שמא תבוא לטבול אף בבגדים צמודים. כלומר, התירו טבילה בבגדים, כי אין לחשוש שתטבול בבגדים הדוקים שאינם מאפשרים חדירת מים. אלא שגם במקום שנשים לובשות בגדים צמודים, רוב הבגדים אינם הדוקים עד שהמים אינם חודרים בעדם.[98]

העולה מהדיון ההלכתי הזה הוא שלכל השיטות מניחים שתיתכן

94. רמב"ם, הלכות מקוואות א ז.
95. שולחן ערוך יורה דעה, קצח, מו.
96. ש"ך, יורה דעה, סי' קצח ס"ק נו. לפי הש"ך, זו גם שיטת הרמב"ן.
97. רא"ש, מסכת נדה, הלכות מקוואות, סי' כח.
98. שו"ת אגרות משה, אורח חיים, חלק א, סי' נד.

בעיית חציצה בטבילה בבגדים. אולם ערוך השולחן פרך את ההנחה הזאת מיסודה, ולדבריו אין חשש כזה. לטענתו, גם הגמרא לא הניחה שיש בעיית חציצה בבגדים:

> האמנם עיקר דין זה תמוה ומה עניין זה לחציצה ובגמרא לא אמרו זה רק לעניין שלא תצא בהן בשבת דדילמא [שמא] תצריך לטבול והיא מקפדת להסירם מפני הטינוף ואתיא לאתויינהו [ותבוא לטלטלו] ד' אמות ברשות הרבים.[99]

לדעת ערוך השולחן, לכל היותר יש חשש של איסור הוצאה מרשות לרשות בשבת, כיוון שאחרי הטבילה היא עלולה לרצות להוריד אותם. אבל עצם הטבילה בבגדים אינה בעייתית. לדבריו, ייתכן שהחשש מחציצה עולה רק כשהבגדים מטונפים ונדבקים אל הגוף. לחלופין ייתכן שיש חשש שמתוך זהירות והקפדה על הבגדים לא תטבול כראוי. ואכן במקום אחר בתלמוד נאמר במפורש שכאשר יש צורך ודחק, מותר לכתחילה לטבול בבגדים:

> דאמר רב חייא בר אשי אמר רב: נדה שאין לה בגדים – מערמת וטובלת בבגדיה.[100]

המקרה הוא של אישה שבגדיה טמאים, ולאחר שתעלה מהטבילה לא יהיו לה בגדים טהורים מן המוכן. כיוון שהטבילה היא ביום טוב, אסור להטביל את הבגדים, שכן יש בכך משום תיקון האסור ביום טוב.[101]

99. ערוך השולחן, יורה דעה סי' קצח סע' יח. וכן כתב המאירי (ביצה יח ע"א, ד"ה והנדה): "וחציצה אין כאן שבבגדים רחבים אנו עסוקים והמים נכנסין תחתיהם בריוח".
100. ביצה יח ע"א.
101. ערוך השולחן, יורה דעה סי' קצח סע' טז, כתב ש"מחזי [נראה] כמתקן כלי".

לאישה כזאת מותר להערים ולטבול בבגדיה. כך, כשתעלה היא מן הטבילה ייטהרו גם הבגדים שעליה, והיא תוכל לאכול תרומה.

הראב"ן הסיק משילוב הסוגיות שנידה יכולה לטבול בבגדיה אם יש צורך או אונס כלשהו. הוא הסיק מכך על מצב שבו הטבילה ללא בגדים תגרום לחוסר צניעות, שגם זה מצב של אונס, שבו אין לאישה ברירה אלא לטבול בבגדיה. הוא הציע כי לכל השיטות ניתן לכתחילה לטבול בבגד רחב או בחלוק:

> אלמא [לפיכך] נידה טובלת בבגדיה על ידי דוחק כי הכא [כמו כאן] דנפלה או אין לה בגדים, הכא נמי [גם כאן] מפני דוחק בני אדם שעומדין שם על הטבילה אם טבלה בבגדיה טבלה. ודוקא אשה בבגדים שהן רחבים שכך היה מנהג נשים שלהן [...] ומיהו בין איש ובין אשה בסדין שרי משום צניעות דהא עיילי מיא ביה [שהרי המים נכנסים בתוכו].[102]

הרב עובדיה יוסף הלך אף הוא בדרך שבה צעד הראב"ן ופסק כך לעניין אחר – טבילת נשים לגיור. כשנשים טובלות לפני בית דין, יש דוחק להתיר להן לטבול בבגדים.[103] במקרה זה סבר הרב עובדיה שיש לסמוך גם על הרמב"ם. לדבריו, במקום שיש דחק, גם הרמב"ם מודה שמותר לטבול בבגדים לכתחילה, וכדבריו:

> וצריך לומר שאף הרמב"ם מודה כשיש דוחק מותר אף לכתחילה, כדאשכחן גבי נידה [כמו בדין נידה] שאין לה בגדים להחליף.[104]

האנלוגיה לדיון שלנו פשוטה ואינה צריכה ראיה. יש כאן היתר מרווח שאישה שיש לה מוגבלות שחשיפת גופה פוגעת בכבודה, אפשר אף

102. ראב"ן, נדה, סי' שכז.
103. וראו לעיל עמ' 205 שם הבאתי עמדה שטבילה בחלוק היא בדיעבד.
104. שו"ת יביע אומר, חלק א, יורה דעה סי' יט.

לכתחילה שתטבול בבגדים. שכן אף אם לא נלך בשיטת הרא"ש וסיעתו, שלכתחילה אין חציצה בבגדים, אין ספק כי יש כאן דחק. וכבר ראינו שבמקרי דחק, הטבילה בבגדים מותרת אף לכתחילה, וכי יש לכך עוגן בדברי הגמרא עצמם. אפשר שאף כאן מומלץ שלא תטבול בבגדים ממש, אלא בחלוק מיוחד, כמו זה שלובשות המתגיירות בטובלן, וכמו שכתב הרב עובדיה:

> הכא [כאן] שפושטת כל בגדיה, ומניחה רק החלוק שמוכיחה בזה, שיודעת דין חציצה, לא חיישינן בה [אין חוששים].

כלומר, הטבילה בחלוק פותרת את החשש מחציצה, וגם תורמת למודעותה של הטובלת לכך שיש חשיבות שלא תהיה חציצה בינה ובין המקווה.

בשולי הדברים יש להעיר כי הדיון כאן היה בשאלה זו של בושה והצורך בכיסוי בנשים שיש להן מוגבלות. הדגש היה על כך שהמצב הגופני מספק לטובלת עילה להסתיר את גופה בשעת הטבילה. אולם, כפי שנאמר במבוא, שיקולי כבוד האדם וצנעת הפרט אינם נחלת קבוצה כזו או אחרת, כשם ששאלות הנגישות נכונות ונוכחות גם בעניין נשים שאין להן מוגבלות פיזית. בימים אלו, שעה שסביב נערכים כנסים בנושא המקוואות וישנה התעוררות לשיפור החוויה של הטבילה ובקשה לאפשר את האינטימיות המתבקשת ממשמעותה, נוכחותה המטרידה של הבלנית המטבילה במקווה עלתה למודעות הציבור. מה שמתחדד מצירוף הדברים הוא שבושתה של אישה שיש לה מגבלה אינה שונה בהרבה מבושתה של כל אישה שמתבקשת להימצא במצב של חשיפה אל מול עיניה של המטבילה. האישה שיש לה מוגבלות אינה אלא מקרה קצה של כלל המקרים. משנסללה הדרך להכיל את חוסר הנוחות של האישה כחלק מן השיקול ההלכתי, דרך זו אינה שמורה לאנשים שיש להן מוגבלות בלבד.

מסקנות הדיון

א. יש להכיר בשיקולים של כבוד האישה הטובלת ובצורך בהנגשת המקווה כחלק מן השיקולים שליוו את בניית המקוואות מראשיתם. מקווה מהודר אינו בהכרח זה שמקיים בו את כל החומרות, אלא דווקא זה שמאפשר טבילה.

ב. נבדקה אפשרות לטבילה בישיבה על שפת המקווה תוך העראת מים על הטובלת. אפשרות זו נראית דחוקה מבחינה הלכתית. היא מעוררת כל מיני חששות, הן בשאלה אם אומרים גוד אסיק, הן החשש מפסול זוחלים, וכן אם החיבור למקווה כשר. נוסף לכך, יצאנו מנקודת ההנחה שפתרון זה הוא חריג ויוצא דופן גם עבור הטובלת, שתחוש בהבדל הממשי שבין טבילה רגילה לטבילה מסוג זה. קשיים נוספים עלו בעניין תפעול הפתרון. לפיכך מסקנתנו בעניין זה היא שאי אפשר להציע דרך זו כפתרון לרבים, ואם תתעורר דרישה בעתיד, יהיה צריך לדון כיצד, אם בכלל, ניתן להשמישו.

ג. אפשרות מעשית ביותר היא האפשרות לייצר מקוואות נגישים וקטנים יותר בצד המקוואות הקיימים – אמבטיה קטנה ונגישה יותר המשיקה למקווה. טכנית, מדובר בפתרון קל ולא יקר כלל. הוא גם אינו מעורר קושי הלכתי שהתרתו היא ברמת כשרות גבוהה. על כן זו הצעתנו המעשית.

ד. דיון נוסף עסק בשאלת טבילה ללא בגדים. התרנו לאישה לטבול בחלוק רחב. בסופו של דבר שאלנו אם לא היה ראוי להנהיג אפשרות זו גם בין נשים שאין להן קושי מוצהר ומוכח, בפרט לנוכח הדיון הציבורי המתעורר בשאלת נחיצות נוכחותה של הבלנית במקווה ובטבילה.

ה. ראינו חשיבות גדולה בהצבת הבעיה הצדדית של נשים כמו השואלת ששאלתה הובאה בפתח הדברים, על הרצף של הבעייתיות בטבילת נשים בכלל – הן מצד ההכרח בנגישות מקוואות הנכון לכל אישה הן מצד צניעותה של הטובלת. מקרי השוליים הם תמיד הקצנה של היבט המתקיים גם במקרים הרגילים. תובנה זו מסייעת לנו לגזור, מצד אחד, פסק שהוא אפשרי לכולן ואינו נראה חריג, ומצד שני, להבין לעומק תופעות חברתיות כלליות מתוך המקרה הפרטי.

סיכום

עיקר חשיבותו של מאמר זה הוא בעצם הצפת הקשיים העומדים בדרכם של אנשים שיש להם מוגבלות בבואם להיטהר במקוואות הסטנדרטיים. קשייהם רובצים על כתפינו כחברה, ושומה עלינו לפעול ללא לאות למען סיפוק צורכיהם, בגוף ובנפש. סוגיית הטבילה שעלתה כאן היא מהרגישות והעדינות יותר. יהי רצון שהטיפול בשאלה זו יתפתח עד למציאת הפתרונות הנכונים, הלכתית וטכנית. חשוב שיהיו אלו פתרונות שיש בהם משום איזון והתחשבות בשאלות אתיות. מצד אחד, שאלת הנטל הכלכלי הכרוך בהם המושת על כתפי הציבור. כאן יש לשקול היטב את גודל המעמסה בתוך התקציב הכללי. מצד שני התעוררו שאלות מגוונות הנוגעות לזכויות הפרט הבסיסיות ביותר, דוגמת הזכות לכבוד. המחויבות המעשית שלנו לשקול בפלס את הערכים השונים ולאזן ביניהם תעניק לנו את הזכות לזקוף את קומתנו כחברה בריאה ומתוקנת. במעשים אלו אנו מצטרפים ומשלימים את מעשיו של הקב"ה ה"מטהר את ישראל".[105]

105. משנה, יומא ח, ט.

אחרית דבר

במהלך מגפת הקורונה קיבלתי יום אחד דוא"ל מיהודי שאשתו נכנסה לבידוד למשך שבועיים (בהתאם להנחיות משרד הבריאות בזמנו) ערב ליל הטבילה. למותר לציין את הצער הגדול שנלווה לבידוד הזה. היהודי פנה אליי מפני שמצא את המאמר הזה, העוסק בטבילת נשים שיש להן מוגבלות, וממנו רצה ללמוד כיצד להפוך את הבריכה הענקית שעמדה בחצרם בקיץ למקווה טהרה. קיימתי איתו משא ומתן ארוך, בחלקו גם התייעצתי עם רב נוסף כדי שלא להכריע באיסור חמור כזה לבד. בפרט שבמאמרי עסקתי בטבילה במקווה מוסדר, והמעבר למקווה פרטי מחייב מחשבה נוספת. הדיון נסב על דרכי התקנת הבריכה והסבתה למקווה: בניית תעלה קטנה מבטון שתוביל את המים לתוך הבריכה מלמטה. חיבור הבריכה לקרקע, דיון על דרך מילויה של הבריכה ועוד. לצערי, בסופו של דבר, הפונה ויתר על הפתרון כי כבר חלף זמן ניכר וההתקנה של הבריכה דרשה זמן ארוך מדי. עד היום צר לי שלא התפניתי למקרה הזה ביתר זריזות, ותחושת החמצה מלווה אותי בנוגע לשאלה זו. יחד עם זאת, יש לדעת שבמאמר הזה בהחלט כנוסות לא מעט עמדות שבצירופן ניתן להגיע למצב של בניית מקווה ביתי במצבי דחק. הנגשתן לציבור הוכיחה את עצמה כנצרכת.

במגפת הקורונה ובזמן שרבו המבודדים והמבודדות נשמע קול בודד וכמעט אזוטרי שקרא להכשיר אמבטיה למקווה טבילה. מעבר לפסיקה היחידאית הזו, לא היה ניסיון לגשר בין הלכות מקוואות ובין "הלכות בידוד", ובמיינסטרים של הפסיקה בדרך כלל נמנעו מלעסוק בכך ומשכו כתפים בצער על הגזרה שנגזרה על זוג זה או אחר, לדלג על מצוות עונה ועל הקרבה חודש או יותר. הפנייה הזו הייתה משמחת מצד אחד, כי היה בה רצון להקפיד על ההלכה וניסיון כן לעמוד בסטנדרטים המתבקשים ממנה, ומצד שני, היה בבקשה הזו ביטוי לצער של עם ישראל, שלעיתים קיום ההלכה והקפדה

עליה מחייב ויתורים כואבים. נדמה שהספר הזה מבקש לסמן נתיב ושביל בין הקפדה כזו ובין ויתורים כואבים וקשים. לעיתים זה מצריך יציאה מהמחשבה התבניתית על ההלכה וקריאה מחודשת של המקורות, ובדרך כלל מתרבה כך אורה של תורה, היא הופכת יותר ויותר רלוונטית והיא מתעצמת ומשפיעה יותר על כל תחומי החיים.

רשימת המאמרים שבספר ומקום הדפסתם הראשון

(המאמרים נדפסים כאן לאחר עיבוד נוסף)

פרק א — זהות בדויה: לזהותן היהודית של נשים בדורנו, **אקדמות** ל (2015), עמ' 97–107.

פרק ב — דרכים חדשות בעבודת ה', **אקדמות** לא (תשע"ט), עמ' 181–185.

פרק ג — 'חברותיי, נברך': תגובה לשאלת צירופן של נשים לזימון בחוג המשפחה, **אקדמות** כו (2011), עמ' 33–39.

פרק ד — נשים בכלל ציבור ו'קהל', **כותבות הלכה** (עורכות: מיכל טיקוצ'ינסקי וחיותה דויטש), אלון שבות תשפ"ג, עמ' 15–39.

פרק ה — קריאת מגילה על ידי נשים, אתר קולך: https://did.li/yH5TY.

פרק ו — 'כשאת אומרת לא למה את מתכוונת?': על יסוד ההסכמה בקידושין, **אקדמות** כח (2013), עמ' 27–42.

פרק ז — 'תזהירם מן הפילגש', **אקדמות** יז (2006), עמ' 11–31 (כותבת שותפה: רחל שפרכר פרנקל).

פרק ח — הצניעות כעקרון יסוד: גדולה מסך חלקיה, **אקדמות** כט (2014), עמ' 69–77.

פרק ט — 'והאשה מטבלת את האשה': טבילת אישה לגרות בפני בית דין, **אקדמות** כא (2008), עמ' 65–82.

פרק י 'וספרה לה': בירור הלכתי בשאלת טבילה ללא בלנית, **אקדמות** לא (תשע"ט) עמ' 143–154.

פרק יא 'מים חיים': לשאלת הטבילה של נשים עם מוגבלות, חוברת שו"ת (ירושלים: המכון הישראלי לדמוקרטיה 2014).